基层公共服务与治理
实务案例研究

单琰秋　　王　毅　　李　敏◎编著

吉林大学出版社

·长春·

图书在版编目（CIP）数据

基层公共服务与治理实务案例研究 / 单琰秋，王毅，李敏编著 .— 长春：吉林大学出版社，2023.11
ISBN 978-7-5768-2293-9

Ⅰ . ①基… Ⅱ . ①单… ②王… ③李… Ⅲ . ①基层工作－公共服务－案例－研究－中国 Ⅳ . ① D669.3

中国国家版本馆 CIP 数据核字（2023）第 204258 号

书　　名：基层公共服务与治理实务案例研究
　　　　　JICENG GONGGONG FUWU YU ZHILI SHIWU ANLI YANJIU

作　　者：单琰秋　王　毅　李　敏
策划编辑：邵宇彤
责任编辑：郭湘怡
责任校对：范　爽
装帧设计：优盛文化
出版发行：吉林大学出版社
社　　址：长春市人民大街4059号
邮政编码：130021
发行电话：0431-89580028/29/21
网　　址：http://www.jlup.com.cn
电子邮箱：jldxcbs@sina.com
印　　刷：三河市华晨印务有限公司
成品尺寸：170mm×240mm　　16开
印　　张：20.25
字　　数：329千字
版　　次：2024年1月第1版
印　　次：2024年1月第1次
书　　号：ISBN 978-7-5768-2293-9
定　　价：98.00元

《基于新文科与应用人文实践的
公共管理实务研究》丛书

编委会

主　任：何　一

副主任：周　陶　单琰秋　徐向峰　刘廷华　陈世海　肖乾利　张义烈

总　编：何　一

副总编：周　陶　单琰秋　徐向峰

编　委：（按姓氏笔画为序）

王　毅　王　烬　王　浩　冯丽丽　冯嘉华　曲美霞　李怀宗

李　敏　李裕坤　沈　霞　张金华　庞　豪　赵　敏　晏　艳

唐　蔚　黄　河　黄　璐　龚文君　熊若柳

总　序

马克斯·韦伯在《学术作为一种志业》中尝说："学术工作要求过时。任何有志献身学术工作的人，都必须接受这项事实，这不仅是我们共同的命运，更是我们共同的目标。"的确，对于学术价值的个人、个别或单项所为的追求，是超越和恒定，但时间永宙的环宇事实，知识的紊序变迁与认知的演绎前行，终究是无阻无限。人"贱"为芦草，而"贵"为"思维的芦草"，作为自觉而兼具实然与应然世界的动物，亦即"有气、有生、有知亦且有义"的"最贵"者，其创造和改变知识的天性与行为，决定着自身历史的状态与进程。虽无力完全有序把控或绝对精准预测知识发展的无限未来，以致于终极性历史决定论"贫困"尽显，但知识自身的变化演进是必然和常态的。特别是发端于紧系主观林立的人的世界、功能指向侧重于价值认知、实践效应居"以仁统智"地位的文科知识，其主观性、多样性、颠覆性、复兴性以及融合性变换特质，更是以贯穿历史、盘互交错、日新月异的姿态，激荡着现实生活世界。为应对当今世界普遍而深刻的社会变革，探索人文社科的未来转型和发展方向，确立其新定位、新范式、新效能，从而发挥其新作为，自 2018 年始，教育部发出了大力建设新文科的倡议。

一

致思于专项问题研究。作为具备人才培养、科学研究、社会服务和文化传承基本功能的社会组织，高等学校是新文科体系化构建与系统性效能发挥的集中性原初发起点。

1

针对学科现状，广义的新文科建设诉求，在效能上，增强实用机能，以应对现实市场需求，进而匹配国家发展目标；在方法上，人文与社科、文科与自然科学无界融合；在道器体用上，新文科的建设，目的不在借他学以助己，而是如陈寅恪所言，是为了更好发挥其"天理人事之学，精深博奥者，亘万古、横九垓，而不变。凡时凡地，均可用之。而救国经世，尤必以精神之学问为根基"的特殊效能。

基于问题意识，立足应用转型地方高校的现实需求，结合公共管理学科、专业建设以及基层社会治理人才培养，以"应用人文教育"理念和实践为核心支撑的"新文科"建设，其产生的机缘和对症标的，依据实然应然、抽象具象、普遍具体的逻辑顺序，其价值效能所支撑的问题表现在：

——在生存共性上，每一人的人生存在三大普世求解：一是存在状态上，先天"本能常量"与后天"文化变量"交合的复合人性，导致"心形互役""天人大战"的人生之难；二是作为知识人之"真知知识"与"价值知识"的合理效益匹配之难；三是自觉主动经历一生的"工具人"与"目的人"亦即"生存"还是"生活"的真实理性定位。

——在大学因应的时代通识上，高等教育面临的共性背景及现实主题，亦即"时代三问"：第一，资讯自取自媒的时代，大学能做什么？第二，知识即生即灭的时代，大学该教什么？第三，追逐人工智能的时代，学生应学什么？

——在培养现代大学生必备的基本素质与能力上，如哈佛大学前校长德里克·博克在《回归大学之道》中所述：表达沟通，独立思考与批判思维，道德意识，公民意识，适应多元文化，全球化素养，学术兴趣，就业能力，内心的形上世界。为此，新文科如何应对？

——具象于宜宾学院，"应用""创新""国际化""特色鲜明"和"综合大学"为学校办学新要素。基于"应用人文教育"核心的新文科，在为"应用"立本的同时，可为"创新"修智性，为"国际化"建立中国人文底色和世界文明参照，为"特色鲜明"丰富"应用"的内在育人要素，为"综合大学"奠定人文基础。

——在专业理念上，立足法学与公共管理学部"良法从则，善管允公"是宏观理念，具体到公共管理类专业之职业特点，则以人为第一和根本工作对象，洞察人性、厘清事理是基础思维；律人驭事、建制善管是职业核心指向；知行合一、师生共建是常态化高效路径；好"技术"与高"素质"是人才完美匹配。而这一切，无不根植于人文之"以仁统智"的修养机理。

基于目标指向：

——探究"应用型"高校"新文科"建设路径。第一，功能融合：基于"应用"转型，探究人文学科与社会科学"形上"与"形下"的应用性功能融合，构建"新文科"；第二，功能延展：基于"学科思政"，探究应用型人才综合素养和科学与人文融合"以仁统智"观念的培养，构建"新文科"；第三，学科融合：基于人文、社科学科群功能的"软科学"化转化，围绕创新型应用人才培养，构建"新文科"。

——探究人才规格与标准，亦即探索构建"应用转型"与"应用人文教育"实践下的"创新型应用"人才规格的新内涵、新要素、新标准。着力培养能洞察人性事理，律人驭事，有深度、宽度、厚度和温度的"四度"职业人、开明人和生活人。

——探索现代高等教育的"纠偏"路径，亦即人才培养模式简单"工业化"、内容单一技术化、人才庸俗工具化倾向，以及"用"而无魂，重外轻内，有技术无素养，有知识无文化，有事功无价值之庸俗的科学主义、工具主义、技术主义的急功近利倾向和"应用"异化偏致。回归遵循目的人与工具人、价值理性与工具理性并重的人本原理以及道用一体，仁智同修，物我并重，有用之用与无用之用、成人与成才和谐共进的应用素质教育本真。

——实践创新诉求。第一，创造新模式："人文"＋"应用"的"应用人文教育"模式，由于此前尚无先识，当然更没有系统化的实践，因而具有独创意义和实践价值。第二，探索新机制：呼唤大学人文精神回归与"应用转型"潮流不期而遇，如何在微观实务中具体实现二者的效益互促、价值共赢，意义重大。第三，证成新理念：在应用转型中普遍追逐物质技术"高精尖新奇奥"的潮流下，以切实和独辟蹊径的实践，尝试并证实"无用之用是为大用"的育人新智慧。

基于方法论原理：

——在总体思路上：依托创新应用导向，学术化认知，应用人文渗透，软科学化转化，仿真化训练，准职业化实践的转型策略，遵循治人与自治的人学，以仁统智的准科学，私德公用的行业个性以及以人为第一和根本工作对象、以理念主导和规则制定为第一要务之文科职业个性，通过人文与社科学科

3

在知识、功能上的综合融合，有效实践学习力、应用力、就业力、发展力和有本事、有情怀、有正气、有理想的应用人才培养标准，以培养能洞察人性事理，具备和谐协调、理念主导、律人驭事、建制善管、变革思维、高效执行素养的创新型公共管理应用人才。

——技术路线包括：第一，效用原理："应用人文"教育的提出，不单纯以知识和技术培训为目标，而是立足培养一种素养、精神、内省和价值构建的内在修为。在"效用"逻辑上，则基于道器体用论的分层认知原理和大学教育之知识、能力、人格三个完整的维度，以及方法论上"有用"与"无用"、"大用"与"小用"、"道术裂"与"道术合"的体用原理。第二，特质贯通：充分挖掘和发挥人文学科比之于社会科学、自然科学更具超越与普遍性、根源性与母体性、长远性与历史纵深性、民族差异与价值性、综合性与贯通性、经典性与普适性、德性与智性、主观性与非实用性的特点，以弥补纯客观化、标准化、工具性应用精神之不足。第三，嵌入实践：亦即各专业采取组合式课堂教学的同时，延伸课程形式平台类别，特别是教师主导下的师资服务社会实务和课程化规范组织学生参与社会实践，各实践课程基于对其知识体系内在精神、思维方式和行为特质的自觉，实现"应用"与"人文"、技术与素质、专业与通识的育人结合，直击观念引导、修为养成、情怀陶育、价值构建、思维训练和视野拓展，促进学生价值理性与工具理性在认知和能力上的均衡匹配发展。同时以"师生同成"的目标获取实践上的效应：其应用，旨在工匠精神，契约精神，实学精神，事业情怀。其创新，侧重于变革理念、创新的事实与价值判断和批判思维。

——系列知识落地：第一，通用路径：全域挖掘每门课程内在的独特价值体系、思辨方式和实践技术资源，开展科学精神、人文主义、超越情怀、契约精神、工匠精神、哲学思辨、批判思维、价值构建等"应用"与"人文教育"。第二，专设课程：以道（信仰与情怀）、理（人性与事理）、法（契约与律理）、术（思维与智慧）为纲，以古今中外人文成果为主要教育资源和素材，专设12个专题：人性与人文、科学与人文、人本与人文、东方和西方、古典与现代、超越与情怀、理学与实学、常道与匠心、礼乐与契约、思辨与批判、变革与创新、六艺与礼仪。第三，博雅内涵：涵摄哲学、宗教学、伦理学、儒家实学、文化、美学、艺术、文学、史学等学科内容，指向东西方人文主义、传统文化、信仰情怀、人格人伦、躬行践道、创新求真、世界眼光、礼仪修为等方面的内修式的、安身立命内外兼修、积累传统底蕴、塑造现代素质的博雅教育。第四，目标指向：修养：东方人本、西方人文、价值构建、修为自省。能力：匠心磨砺、笃行笃业、批判包容、思辨创造。素质：人文健全、人性体悟、事理辨析、实学认知。人格：传统底蕴、现代要素、事业情怀与职业素质。

二

密切于管理实践传统。关于知识与人的渊源，荀子《解蔽》言："凡以知，人之性也。"亚里士多德《形而上学》言："求知是人的本性。"人是知识的存在物，天生于知识系统之内，而动物则生活在"物理宇宙"之中。知识是文化的载体，文化则是人在接受自然法则之外自觉约束本能的"后天法则"，它由非生物性的思想和行为习惯模式组成，所以，文化是人的本质属性和独有生活方式。文科，从知识到升华凝炼亦即文化层级，成为人之生活行为、特别是"名教"领域最为原始、直接和自发的知识体系。"知识如何可能？"的怀疑论，是知识学问化的质变性起点，而原始、自发之后的"枢纽"环节，是人自身对于人、人文的认知和行为效益的"自觉"。具体到以人为第一和核心关联对象的公共管理学科专业而言，无论个人专业自存、团队专业打造还是学术性专业创造，基于文科知识与文化效应的体系化有意呈现，其"新文科"构建的自觉，首在团队化专业的人、事、行的全域实践、验证和新知辨析。而其所直接对症的现实，就是大学事务中普遍存在的无意义的学习、无文化的知识、无温暖的技术、无人文的行政。功利取代价值，事实取代理解，现象取代思辨，当下取代长远，个别取代普世，变化代替发展，破坏代替创新，将所有新的、快的、大的、高的、强的都等同于好的——知识与科学的"非人化"等现象。

为此，基于专业自觉以及最高的管理是文化管理理念，在历时十余载的公共管理及相关专业团队建设（其中政府管理学院 12 年，法学与公共管理学部 3 年）、人才培养和学术研究实践中，立足"人学"文科及其文化升华效应，亦即文化的基础是里仁，文化的核心是价值，文化的载体是知识，文化的高度是思想，文化的目标是人格等实施点位，循序渐进开展了"新文科"的生活化与业务性融合、常态化与专业性交错的自然、细节性实践。

在组织文化方面，其中法学与公共管理学部和政府管理学院分别以"良法从则，善管允公"和"道理法术，正文立人"为总基调。在内容要素上，以崇善学术，追求卓越，发扬民主的大学精神为组织文化建设的圭臬。管理工作职业常道，基于两个朴实的假设。对教工——假如对面坐的是自己的兄弟姐妹，对学生——假如讲台下面坐的是自己的孩子。用学术思考，力戒单纯用权力思考。坚持职权面向全体，与私情保持距离。忠诚于恪守尊严，享受和谐，师者成就，学者成才的部门核心价值。着力打造先进合理的团队精神、干部风貌、学生规格。践行以师生为本位，制度为保障，变革为动力，政风带系风的管理策略，积极构建谦逊大度、朝气蓬勃、生动有序、严谨高效的组织文化，在教师中倡导知行合一、理想主义、批判精神、敬畏包容的知识分子人生姿态。努力营造清明的管理环境，健全的人文环境，和谐的人际环境，宽松的学术环境，严谨的工作环境和积极的成才环境。积极为师生创造提供发展、成才的环境和机会，在班子中带头倡导大度、敬畏、补台、沟通、干净行政的工作态度，秉持对部门的情感亲近和审视、监督、分利时的距离感以及进退并存的公权姿态。队伍建设立足创造人人有希望的机制，重视民间舆论和业务权威的培养和积极作用。师生激励强调价值多元。注重构建和运用有效积极的程序、机制平台和文化生态。以校园而不是行政话语和行为彰显部门精神气质，杜绝单纯行政化倾向。

个体为人，反省自明为人与为事、职业人与生活人的本分和差异。奉行草根物欲，贵族灵魂，深邃思考，诗意生活的人生态度。坚持人格独立，思想独立的立世准则。奉行博文而勤勉善思，约礼则止于和善的处世标准。对人与物，肫执恻怛，民胞物与，尚友天下，从善嫉恶，不卑不亢。对利有欲亦刚，在意而不钻营，取之合乎善道与正道。追求耿介纯粹、刚健有为、警惕并力戒自我异化的做人风格。在做人的格局与气象上：自觉求道无论西东的眼界，知行合一的实践，兼具道、理、法、术的内在素养以及谦逊、包容、自省、敬畏的情怀。

于公权角色，则注重身份自觉，敏于学道政道、求真与求价值并重，做到遵纪守法，敬畏道义责任，执着学术追问，努力说真言、做诤友。作为公共角色和人格健全的人，努力做到体用相成，"六艺"兼修，在公权行使特别是人事协调活动中领悟并践行器以载物，无以载人之"君子不器"古训。眼界、格局、御人、行事中努力铸就真诚、恻怛、包容、自省、谦逊、敬畏的胸襟。服务与问道取向自修目光向下，礼失求野的情怀。作为管理者，于道常驻不移，做到上有信仰，下有底线；于理谨守不悖，善意中行；于法敬畏不逾，坚贞执守；于术高效不居，变换有度。让个人修养的全面自省、各要素的辩证制约，成就知行合一的为人与为事的实践。针对学术性团队的创造性特质，以克制的行政之风，循序渐进有序建设自我主体的秩序，而非一切兜底管控的强制性秩序。

为政则尽力处理好多重关系："有用之用"与"无用之用"的关系：均衡成就事功与探究事理，杜绝庸俗实用主义，实践中兼具形上形下、体与用、道与器的思维方式，追求和实现无用则无所不用的实践价值。工具理性与价值理性的关系：深切认识人的存在和行为必受制于两种法则亦即自然的因果律与社会的价值律的制约，因此实践中应并重效率与善意的平衡，坚持以仁统智，达到工具理性与价值理性共同进步。形式合理与实质合理的关系：行事追求事理的价值根由和终极目标，超越"谁的""什么样的""新的""旧的"等狭隘阈限，执着于正确价值标准下"好的""善的""合理的""合乎实际的"和"有用的"。目的与手段的关系：清晰了解自身的真实需要，防止将手段、技术和工具目的化、价值化和终极化，造成建设、发展手段、行为与目标的异化。创新与集大成：防止"创新"舆论和行为的标签化、庸俗化，重在实施理性"变革"思维，并重创新与集大成，理性判断真实正面的效益和价值，让创新和变革真正成为发展的正面动力，方法上做到纳新而不弃旧，真正实现发展效益最大化。政绩焦虑与百年老店：为克服行为短视和过度功利的政绩焦虑，立足开"百年老店"的长远目标，公权行使者在"利"的权衡上明晰公与私、当下与将来的关系，树立长久、终极、正面、积极的利益目标，并确保每一阶段性行为的细节都正面有效地指向这一目标。建设发展的共性和个性：共性建设要素结构标准周全，以预防发展风险确保稳定安全；个性建设以突出优势特色，促进发展。

为事则积极进取，刚健有为，谦逊大度，坚持原则，谋略兼顾。强调问题意识和观念的理性觉悟，凡事必有清晰的理论、方法和价值取向。兼顾创新与集大成的成事理念。宏观工作敏于前瞻性，自觉强化守土意识、行权的人文关怀、决策行事的价值取向、职业操守的契约精神和同舟共济的团队精神。专业上多说截断众流之语，行政上多发涵盖乾坤之言。坚信道并行不悖，坚持极高明而道中庸，尊重规律，敬畏科学与学术，少为学术民工，戒为权威奴才，不为权力工具，拒为权利乞丐。力戒学术的意识形态化，深省自我局限，努力接近本质，追求实质合理，力戒形式合理。自省领与袖之脏、自身权利必藏污纳垢。对事权、财权等资源权利，坚持会商公开、接受监督、规范共享。坚信一切人文社科及人的管理最终都是人学，所有的失败和丑陋最终都是为人的失败和丑陋。警醒众口一致赞颂背后的专制污垢，尊重善待反对和异议背后的民主精神，防止知识分子工具化和下属家丁化。警惕寡头与民粹，不迷信好人政治，注重制度文明，善待基于工作利益出发的众议力量，包容大度，少做诸葛亮，多做臭皮匠。相信惩戒为恶，乃必有之恶。深切体悟掌权的原罪感，而充满对于行使权力的敬畏。

三

略述于局部成效。于外，"新文科与应用人文实践的公共管理实务研究"主题的实务性成果，亦即《基于新文科与应用人文实践的公共管理实务研究丛书》，包括《基层公共服务与治理实务案例研究》《基层公共经济与治理实务案例研究》《基层公共事务与治理实务案例研究》和《基层公共文化与治理实务案例研究》。丛书的实务内容以实践履行大学人才培养、科学研究、服务社会和文化传承四大功能的常态使命；文本的专业性和学术性成果，则源自省部级"四川省高等教育综合改革"项目《基于"应用转型"和"新文科"建设的"应用人文"教育综合改革试点》和校级"新文科研究与改革实践"项目《以系统化"应用人文教育"介入升级应用型人才培养体系研究》的课题研究内容与任务支撑，其主题核心，是课题任务设计中，以应用人文教育支撑"新文科"的理念与实践，通过师生团队服务地方亦即基层治理工作，将"新文科"和"应用人文"体系化互动效应，渗透到地方公共服务、公共经济、公共事务和公共文化及其治理实务的专业认知、规划制定、方案设计和实践落地之中，从而提升师资团队和学生应用型新文科实践素质的专项工程。

于内，基于新文科与应用人文教育理念与实践，结合学校创新学科综合建设和提升服务地方能力的大学部制改革，凝炼出部门团队具备中观实践效益的法学与公共管理学部（律政里）组织文化理念，以期实现"君自山海来，同栖律政里；学子相与契，朗朗问灵犀；惟愿近者悦，远者来，居者安，行者达"的团队工具性与目的性职业人生愿景：

——**问时篇**　资讯自取自媒的时代，大学能做什么？传授唯有走进大学才能获得的知识；知识生灭不已的时代，教师该教什么？教授恒定不变和不断创新的知识；追逐人工智能的时代，学生应学什么？学习智慧机器无以自为自足的知识。

——**问事篇**　谋事：道用一体，志功为辩。执业：道理法术，从则允公。转型：变革创新，应用导向，学术认知；新型文科，软科学化；人文渗透，仿真训练，职业实践。愿景：文化有本，专业有道；育才有方，学术有效；律人有节，资政有成；文质有型，行业有位①。

——**问里篇**　里型：人文情怀，契约精神；阳光个性，谦逊雍容；多元协同，创造有为。里风：行政清明，事业严谨；道义安全，学术宽松；人际清欢，师生同成。里禁：书生工具化，行政附庸化，学术平庸化；无意义的学习，无人文的技术，无温度的行政。

——**问师篇**　书生：理想主义，批判精神，尊严独立，经世致用。先生：理性担当，崇实超越，修己立人，经师人师②。经师：水满育人，道术明晰，精细设计，素质导向。人师：人生建议者，学业参与者，精神引导者，大学见证者。服务：事业心，书生气，包容度，敬畏感。

——**问学篇**　方向：奉道奉公，修仁修智，笃行笃业，成人成才。规格：学习力，应用力，就业力，发展力；有本事，有情怀，有正气，有理想。本事：理念主导，变革思维，洞察人性，明辨事理，通透律则，建制善管，和谐协调，高效执行。

——**问教篇**　办学：组织文化传道，应用人文育人，专业自觉明本，学术研究铸体，培养方案树标，教育实践建效。施教：工具人与目的人，工具理性与价值理性，有用之用与无用之用，成才与成人和谐共进。知识：核心知识强基础，经典知识强素质，形上知识强创造，前沿知识强专业，选修知识强个性，复合知识强就业。课堂：条理化知识，系统化观念，结构化能力，差异化审美，创新化体验。

——**问成篇**　亦即"五成"人才观：即学术追问、社会视野、仿真训练、

---

① 此处属于工作"愿景"内容，即指通过自身的努力，在行业或同行中获得实有的、有分量的、有特色的亦即重要地位或位置。

② 出自《后汉记·灵帝纪上》，"经师"本义为研究传授儒家经典的人，"人师"即教人如何做人的老师。"经师人师"则指兼具教授经典学术和培养人才品德才能的老师。

实践砥砺的"成学"观；自我约束、自我超越、学养深厚、笃行高效的"成才"观；科学精神、人文素质、艺术修养、宗教情怀的"成人"观；契约精神、天下情怀，人而仁道、志于智行的"成事"观；草根物欲、贵族灵魂、深邃思考、诗意生活的"成就"观。

关于思考、研究的动机与价值以及生命智慧应对世界实然，爱因斯坦在《探索的动机》中指出："人们总想以最适当的方式来画出一幅简化的和易领悟的世界图像，于是他就试图用他的这种世界体系来代替经验的世界，并来征服它。这就是画家、诗人、思辨哲学家和自然科学家所做的。他们都按自己的方式去做，个人都把世界体系及其构成作为他的感情生活的支点，以便由此找到他在个人经验的狭小范围里所不能找到的宁静和安定。"这是有限个体的主观认知局限。《庄子》言"吾生也有涯，而知也无涯。以有涯随无涯，殆已！"这是人识无以匹配世事的宿命。但是，人类作为主观、知识、自由以及极欲之物，注定新知永呈，卓识永现。

何 一

2022 年 10 月 25 日

目　录

地方全民健康体检实施与评估研究
——以 QYB 市全民健康体检实施为例

一、研究背景

随着我国人口老龄化进程的加速，特别是人民生活水平的提高，人们的健康意识逐渐增强，健康需求不断提升。2013 年习近平总书记提出"实现到 2020 年人人享有基本医疗卫生服务的目标"，标志着我国医疗进入大医疗、大健康时代。2015 年国民经济"十三五"规划建议提出"推进健康中国建设"，推动医疗事业从注重治疗向健康预防转变。2016 年党中央出台《"健康中国 2030"规划纲要》，提出加强体检、预防为主的方针，要求"全方位、全周期维护和保障人民健康"，体检从常规检查工作提升到保障健康的战略新高度。2017 年党的十九大进一步指出要完善国民健康政策，为人民群众提供全方位、全周期健康服务。

在此背景下，2017 年 QYB 市立足全市范围，在全国率先实施全民健康体检全覆盖，截至目前，项目已完成两轮。为了持续做好全民健康体检工作，保证 QYB 市全民体检工作的质量，使这项惠民工程深入人心，使 QYB 市居民健康得到持续改善，QYB 市在充分总结前两轮服务工作的基础上，就全民健康体检实施情况进行调研评估，通过评估，总结工作经验，分析存在的困难、受众满意度及影响因素，为下一轮工作开展提供数据支撑和政策建议。

二、评估原则

本次全民体检项目的评估，在充分做到遵循科学、客观、公正的原则，综合考虑实施项目与服务对象、实施项目与基层医院、政府机构以及社会公众等多方利益相关者关系的基础上，还遵循了以下原则。

（一）全面性与精准性相结合原则

在确定指标时，不仅要考虑评估对象的层次性，还应考虑评估内容的多样性，尽可能从不同维度反映 QYB 市全民体检项目的绩效特征全貌。同时，精准与精简也是提升评估效率与效益的重要工作指向。故在考虑指标全面性的同时，在样本及指标体系设计选取方面，要充分考量典型、指向的效益精准性。

（二）定性与定量相结合原则

定性指标分析与定量指标分析能够相结合，是由定性分析和定量分析的统一性和互补性决定的。两者的统一性能全面反映两者之间不可分割的效益联系和因果要素。与此同时，在微观上，质和量两者相互联系，互为条件，在统一性的基础上，取长补短，发挥出最佳的评估分析效用。定性与定量相结合原则在 QYB 市全民体检项目评估指标体系中的应用体现为指标的选取是根据实际情况，综合定量和定性两方面来选取的。

（三）目的性与系统性相结合原则

任何评估指标体系的设计都是为一定的目的和需求服务的。评估在确定每一个单项指标时需要考虑该项指标在整个指标体系中的地位和作用，明确该指标的评估主体和评估对象之间的联系和属性。本次全民体检项目涉及领域广，对项目的评估避免仅局限于单个项目的某一方面绩效，以围绕项目涉及的全部居民及健康要素整体作为评估对象，充分考虑整体评估与局部重点和地域性侧重评估相结合，以构建完整、科学的系统为出发点来设置评估体系和选取个体指标，注重理顺个体指标在整体评估体系中的逻辑关系，合理设置指标权重，以实现评估体系整体均衡、重点突出的最优化结果。

三、全民体检工作成效

2017年QYB市全民体检实施以来，产生了良好、积极的社会反响。全民体检不仅促进了居民健康水平与健康意识的提升，也充实了基层医院的软硬件设施配置，提高了医务人员的诊疗水平。

（一）全面推进，超额完成体检任务

为确保健康体检全员参与，QYB市各县不断细化措施，创新体检方式。体检方式以基层卫生院体检中心常年体检为主，以组织体检工作组进村巡回体检＋上门入户体检为辅，二者相互补充，确保体检工作全面推进。调查表明，各个县（区）第一轮基本完成体检任务，全市体检覆盖率为92.09%；第二轮由于疫情防控，对返乡农民工的体检数量有较大的增幅，大多数县（区）都超额完成了体检任务（基于常住人口指标），全市完成度为103.46%。总体而言，各县（区）在市全民健康体检工作领导小组的坚强领导下均出色地完成了工作任务，见表1。

表1　全民健康体检覆盖率

县区	体检人数					
	第一轮			第二轮		
	实际人数	任务数	比例	实际人数	任务数	比例
兴文	127 051	177 424	71.61%	152 025	147 700	102.93%
筠连	147 903	158 019	93.60%	148 613	153 000	97.13%
南溪	108 392	113 975	95.10%	146 214	137 600	106.26%
珙县	131 679	143 495	91.77%	145 434	152 000	95.68%
高县	129 722	138 453	93.69%	209 240	131 203	159.48%
翠屏	263 825	269 179	98.01%	254 864	302 212	84.33%
叙州	350 284	351 377	99.69%	286 727	231 354	123.93%

续　表

县区	体检人数					
	第一轮			第二轮		
	实际人数	任务数	比例	实际人数	任务数	比例
江安	149 457	150 405	99.37%	186 185	200 000	93.09%
长宁	104 688	117 570	89.04%	170 979	165 000	103.62%
屏山	95 165	107 435	88.58%	91 902	112 230	81.89%
全市	1 608 166	1 727 332	93.10%	1 792 183	1 732 299	103.46%

通过两轮的宣传和体检，群众对全民健康体检越来越支持和配合，思想逐步从"要我体检"到"我要体检"转变。通过常态化的健康体检强化对健康、保健、防病、养生、营养、饮食等健康知识的宣传教育普及，群众健康知识知晓率和健康管理意识形成率明显上升，群众健康习惯基本形成。

（二）严格管理，确保资金专款专用

调查反映，严格管理，确保资金专款专用成为该项工作的积极常态。即便有时体检经费下拨不及时，基层医院也都能做到克服困难，垫资推进全民体检工作。为了强化资金监管，大部分县专门制发了《全民预防保健补助资金管理办法》，规范资金的管理和使用，确保管好用活资金，保证资金安全。

调查反映，市级配套经费第一轮划拨比例达到112.88%，主要是因为第一轮体检各县区实际体检人数低于预报人数，形成了市级配套经费的结余。因此，第二轮市级配套经费划拨率80.17%，通过第一轮结余经费的转接，实则市级配套经费两轮的划拨比例为95.64%。县区经费划拨情况较市级经费较差，第一轮划拨率为84.32%，第二轮为74.45%，两轮合计77.29%。市级相关审计部门对全市全民健康体检工作审计后，市卫生健康委高度重视，针对全民体检过程中存在的对象识别不精准、重复、多头体检等问题，认真分析原因，积极整改，优化完善全民健康体检系统。例如，在录入过程中发现重复体检情况时，系统禁止重复录入，确保不再出现对象识别不精准、重复、多头体检现象。

表 2　全民健康体检经费划拨比（单位：元）

县区	划拨经费											
---	第一轮						第二轮					
	市级拨款	应拨款额	比例	县区拨款	应拨款额	比例	市级拨款	应拨款额	比例	县区拨款	应拨款额	比例
兴文	3 347 000	2 668 071	125.45%	5 286 770	6 225 499	84.92%	2 038 600	3 192 525	63.86%	0	7 449 225	0.00%
筠连	3 077 500	3 105 963	99.08%	3 920 000	7 247 247	54.09%	2 993 600	3 120 873	95.92%	3 359 700	7 282 037	46.14%
南溪	2 958 900	2 276 232	129.99%	5 584 800	5 311 208	105.15%	2 198 600	3 070 494	71.60%	6 893 850	7 164 486	96.22%
珙县	3 000 000	2 765 259	108.49%	7 031 300	6 452 271	108.97%	2 939 200	3 054 114	96.24%	7 200 600	7 126 266	101.04%
高县	3 669 300	2 724 162	134.69%	7 686 578	6 356 378	120.93%	1 630 500	4 394 040	37.11%	7 467 900	10 252 760	72.84%
翠屏	5 797 800	5 540 325	104.65%	12 972 079	12 927 425	100.35%	5 760 100	5 352 144	107.62%	15 115 553	12 488 336	121.04%
叙州	7 047 200	7 355 964	95.80%	9 981 643	17 163 916	58.15%	4 814 300	6 021 267	79.95%	7 634 153	14 049 623	54.34%
江安	3 866 800	3 138 597	123.20%	7 323 393	7 323 393	100.00%	3 471 600	3 909 885	88.79%	6 825 000	9 123 065	74.81%
长宁	3 203 700	2 198 448	145.73%	5 323 094	5 129 712	103.77%	2 229 100	3 590 559	62.08%	3 335 000	8 377 971	39.81%
屏山	2 151 800	1 998 465	107.67%	1 336 700	4 663 085	28.67%	2 098 400	1 929 942	108.73%	4 500 000	4 503 198	99.93%
全市	38 120 000	33 771 486	112.88%	66 446 357	78 800 134	84.32%	30 174 000	37 635 843	80.17%	62 331 756	87 816 967	70.98%

（三）分类管理，完善体检健康档案

结合全民体检，QYB市各县及时建立了居民个人电子健康档案，并动态更新，方便了群众查询和接受健康管理。加强分类管理，针对一般人群，着力宣传和普及健康知识，引导形成良好的生活行为习惯；针对高血压、糖尿病、孕产妇及严重精神障碍患者，将其纳入重点管理，按照"一人一策"原则，提供个性化健康干预和指导服务；针对需要实施医疗救治的病人，及时指导就医，逐步建立"基层首诊、双向转诊、急慢分治、上下联动"的分级诊疗制度，形成了"小病在基层，大病到医院，康复回社区"的就医格局。

（四）提升质量，信息化建设不断完善

在市委、市政府和各区县人民政府的领导和市卫健委的直接指导下，为推动全民健康体检工作高质量发展，各县（区）坚持以人民健康为中心，致力于提升医疗服务能力。大部分县（区）合理优化体检流程，对参加体检医务人员进行培训及考核，并且制定相应的体检制度、流程、应急预案及急救措施，使每一项操作更加符合专业性要求，确保各体检机构工作扎实规范，服务周全到位，流程方便快捷，切实为群众提供高质量的体检服务。通过全民健康体检工作的深入开展，全市将体检对象的基本信息、生活行为信息和体检信息录入QYB市全民预防保健免费健康体检管理信息系统，引进健康一体机，初步实现居民个人电子健康档案的动态更新，方便群众查询和接受健康管理。部分县（区）卫生院加入了QYB市第一人民医院影像专科联盟，实现了由三甲医院专家读片出具报告，大大提升了体检、诊断质量，创新地探索解决基层医务人员数量不足、质量欠缺的现状。

四、评估结果分析

（一）数据来源

评估主要对象为QYB市已进行两轮体检的居民，主要通过问卷和实地调查等方法，在全市10个县（区）开展调查，共抽取2 500名符合条件的体检居民。

此次评估调查由外业调查和内业分析两部分组成。本次调查共发放调查问卷2 500份，回收2 001份，回收率80.04%；其中有效问卷1 952份，有效率97.55%。根据实地调查和问卷发放，本次全民健康体检评估调查问卷发放分

布见表3。

表3　全民健康体检问卷回收比例

地区	发出份数	收回份数	有效份数	有效率
兴文	250	210	205	97.62%
筠连	250	190	188	98.95%
南溪	250	204	195	95.59%
珙县	250	183	181	98.91%
高县	250	195	192	98.46%
翠屏	250	205	197	96.10%
叙州	250	212	206	97.17%
江安	250	196	192	97.96%
长宁	250	211	202	95.73%
屏山	250	195	194	99.49%
总计	2 500	2 001	1 952	97.55%

（二）调查对象的社会学特征分析

（1）性别构成：全市共调查样本结构为男性居民53.5%，女性居民46.5%。性别结构见表4。

表4　全民健康体检性别比例

地区	男	女
兴文	50%	50%
筠连	60%	40%
南溪	50%	50%
珙县	50%	50%
高县	70%	30%
翠屏	45%	55%
叙州	50%	50%
江安	50%	50%
长宁	60%	40%
屏山	50%	50%
总计	53.5%	46.5%

（2）文化程度构成：小学及以下学历占 21.00%，初中学历占 43.00%，高中学历占 24.50%，大专及以上学历占 11.50%。具体文化程度构成见表 5。

表 5 全民健康体检文化程度结构

地区	小学及以下	初中	高中	大专及以上
兴文	40.00%	30.00%	30.00%	0.00%
筠连	35.00%	45.00%	15.00%	5.00%
南溪	15.00%	25.00%	20.00%	40.00%
珙县	25.00%	30.00%	30.00%	15.00%
高县	5.00%	55.00%	25.00%	15.00%
翠屏	10.00%	60.00%	25.00%	5.00%
叙州	30.00%	25.00%	35.00%	10.00%
江安	5.00%	55.00%	25.00%	15.00%
长宁	10.00%	60.00%	25.00%	5.00%
屏山	35.00%	45.00%	15.00%	5.00%
总计	21.00%	43.00%	24.50%	11.50%

（3）婚姻状况构成：未婚占 9.00%，已婚占 60.50%，离婚占 24.50%，丧偶占 6.00%。具体婚姻状况构成见表 6。

表 6 全民健康体检婚姻状况

地区	未婚	已婚	离婚	丧偶
兴文	0.00%	75.00%	20.00%	5.00%
筠连	0.00%	55.00%	40.00%	5.00%
南溪	35.00%	30.00%	25.00%	10.00%
珙县	15.00%	55.00%	15.00%	15.00%
高县	5.00%	55.00%	35.00%	5.00%
翠屏	5.00%	85.00%	10.00%	0.00%
叙州	15.00%	70.00%	15.00%	0.00%
江安	10.00%	70.00%	10.00%	10.00%
长宁	5.00%	55.00%	35.00%	5.00%
屏山	0.00%	55.00%	40.00%	5.00%
总计	9.00%	60.50%	24.50%	6.00%

（4）年龄构成：7～17岁占0.75%，18～34岁占27.61%，35～64岁占71.64%，具体年龄状况构成见表7。

表7 全民健康体检年龄状况

地区	7～17岁	18～34岁	35～64岁
兴文	0.00%	0.00%	100.00%
筠连	0.00%	20.00%	80.00%
南溪	0.00%	68.42%	31.58%
珙县	5.00%	44.44%	50.56%
高县	0.00%	5.00%	95.00%
翠屏	0.00%	15.00%	85.00%
叙州	0.00%	42.10%	57.90%
江安	0.00%	45.00%	55.00%
长宁	0.00%	55.00%	45.00%
屏山	0.00%	30.00%	70.00%
总计	0.75%	27.61%	71.64%

综上，调查对象性别与调查区域人口学特征相符，文化程度、婚姻和年龄构成也充分反映了体检对象的真实情况，抽样结果具有较好的代表性。

（三）全民健康体检情况调查分析

（1）全民健康体检居民参保情况。全民健康体检参与人员医疗保险参保情况是下一步体检项目构建内容增加、自主择重、地域及行业性增量变化的重要基础性前提，因此有必要进行摸底。通过调查发现，体检对象参保情况如下：54.00%为城乡居民基本医疗保险，40.00%为城镇职工基本医疗保险，13.50%为商业医疗保险，无保险人员占3.00%。具体参保类型比例的构成见表8。总体而言，体检对象参保情况较好，为下一步丰富体检项目和形式奠定了基础。

表 8 全民健康体检对象参保情况

地区	城镇职工基本医疗保险	城乡居民基本医疗保险	商业医疗保险	无保险
兴文	5.00%	95.00%	0.00%	0.00%
筠连	75.00%	25.00%	0.00%	0.00%
南溪	70.00%	30.00%	0.00%	0.00%
珙县	25.00%	55.00%	30.00%	10.00%
高县	80.00%	20.00%	0.00%	0.00%
翠屏	30.00%	65.00%	10.00%	0.00%
叙州	30.00%	60.00%	40.00%	10.00%
江安	35.00%	65.00%	20.00%	0.00%
长宁	20.00%	60.00%	20.00%	10.00%
屏山	30.00%	65.00%	15.00%	0.00%
总计	40.00%	54.00%	13.50%	3.00%

（2）全民健康体检宣传方式。各县（区）十分重视对全民健康体检的宣传，方式较为丰富。通过我们对体检对象的调查发现，获得其相关信息排名前三的方式是通过网络/QQ/微信获取信息（44.50%）、通过社区/街道/村委会工作人员通知获取信息（42.50%）、通过电视获取信息（26.50%）。通过此可以知道各县（区）在前两轮全民健康体检的宣传推广工作中，充分抓住了新媒体等新形式，积极开展线上线下的宣传。具体获得相关信息的比例构成见表9。

表 9 全民健康体检宣传方式

地区	电视	广播	报纸	网络/QQ/微信	宣传栏、宣传单	社区/街道/村委会工作人员通知	社区医生的通知	亲朋好友告知	其他
兴文	0.00%	0.00%	0.00%	5.00%	0.00%	10.00%	100.00%	0.00%	0.00%
筠连	0.00%	0.00%	0.00%	25.00%	25.00%	45.00%	5.00%	0.00%	0.00%
南溪	60.00%	10.00%	0.00%	70.00%	35.00%	45.00%	5.00%	20.00%	0.00%

地区	电视	广播	报纸	网络/QQ/微信	宣传栏、宣传单	社区/街道/村委会工作人员通知	社区医生的通知	亲朋好友告知	其他
珙县	10.00%	20.00%	0.00%	65.00%	30.00%	45.00%	10.00%	15.00%	10.00%
高县	0.00%	0.00%	0.00%	30.00%	0.00%	55.00%	20.00%	0.00%	0.00%
翠屏	50.00%	10.00%	0.00%	40.00%	30.00%	30.00%	30.00%	15.00%	15.00%
叙州	55.00%	15.00%	5.00%	55.00%	30.00%	50.00%	15.00%	20.00%	0.00%
江安	60.00%	10.00%	0.00%	60.00%	35.00%	45.00%	10.00%	0.00%	0.00%
长宁	10.00%	20.00%	0.00%	65.00%	30.00%	45.00%	10.00%	15.00%	10.00%
屏山	20.00%	25.00%	0.00%	30.00%	25.00%	55.00%	15.00%	10.00%	0.00%
总计	26.50%	11.00%	0.50%	44.50%	24.00%	42.50%	23.00%	9.50%	3.50%

（四）全民体检过程情况分析

（1）体检注意事项告知情况。对体检前医务人员对于体检注意事项告知情况进行了了解（表10）。统计结果表明，多数体检对象收到了全民健康体检注意事项提醒，只有6.50%的体检对象表示没有人提前告知，这表明在体检时医护人员都表现出了较强的专业素质，较好地起到了体检注意事项的提醒作用。

表10　体检注意事项提醒

地区	是	否
兴文	100.00%	0.00%
筠连	95.00%	5.00%
南溪	100.00%	0.00%
珙县	95.00%	5.00%
高县	95.00%	5.00%
翠屏	85.00%	15.00%
叙州	85.00%	15.00%

续　表

地区	是	否
江安	100.00%	0.00%
长宁	95.00%	5.00%
屏山	85.00%	15.00%
总计	93.50%	6.50%

（2）体检报告获取情况。关于体检报告的获取时间，有81.00%的居民表示在体检后的1～2周，体检机构会通知体检对象领取体检报告，大部分县（区）相对偏远的乡村，乡村医生会主动将体检报告送下乡。这反映出大部分县（区）体检机构效率较高。具体见表11。

表 11　体检报告获取时间

地区	体检后1～2周	体检后3～4周	体检结束1个月后	没有说	没记住	其他
兴文	100.00%	0.00%	0.00%	0.00%	0.00%	0.00%
筠连	80.00%	15.00%	0.00%	0.00%	5.00%	0.00%
南溪	100.00%	0.00%	0.00%	0.00%	0.00%	0.00%
珙县	75.00%	5.00%	0.00%	0.00%	20.00%	0.00%
高县	90.00%	10.00%	0.00%	0.00%	0.00%	0.00%
翠屏	25.00%	55.00%	20.00%	0.00%	0.00%	0.00%
叙州	75.00%	15.00%	0.00%	0.00%	10.00%	0.00%
江安	100.00%	0.00%	0.00%	0.00%	0.00%	0.00%
长宁	90.00%	10.00%	0.00%	0.00%	0.00%	0.00%
屏山	75.00%	15.00%	0.00%	0.00%	10.00%	0.00%
总计	81.00%	12.50%	2.00%	0.00%	4.50%	0.00%

（3）体检结果异常情况。在接受调查的体检对象中，通过全民健康体检，79.50%的居民表示没有发现身体状况存在异常；14.00%的体检对象被检查出身体异常，主要情况是一些常见的慢性病，主要包括高血压、脑血管疾病、心

脏病、神经系统疾病和其他系统疾病；表示不清楚的占 6.50%。当然，这一结果也与体检项目较少有一定关系。具体体检结果异常比例的构成见表 12。

表 12　体检结果异常情况

地区	是	否	不清楚
兴文	20.00%	80.00%	0.00%
筠连	15.00%	85.00%	0.00%
南溪	40.00%	60.00%	0.00%
珙县	5.00%	70.00%	25.00%
高县	0.00%	100.00%	0.00%
翠屏	25.00%	75.00%	0.00%
叙州	0.00%	95.00%	5.00%
江安	10.00%	80.00%	10.00%
长宁	5.00%	90.00%	5.00%
屏山	20.00%	60.00%	20.00%
总计	14.00%	79.50%	6.50%

（4）体检项目完成情况。在接受调查的体检对象中，最近一次体检中有76.50% 完成了所有体检项目，有 12.00% 遗漏了一些项目，表示不清楚的占11.50%；究其原因，主要是部分乡镇卫生院设备和人才缺乏，为了完成体检任务，乡镇卫生院医务人员主动上门体检，由于人员与设备在时空上分离或专业人员不足，导致部分项目无法完成。其次，部分地区因为经济和医疗条件的差异形成了主观认知与客观标准的"遗漏"，一般表现在各县区的中心城区与乡镇之间。其中叙州区、翠屏区表现得较为明显，通过进一步调查发现，主要是这两个地区整体医疗水平和投入较高，为了更好地服务群众，自主增设了部分方案外的体检项目，从而形成了城乡之间和乡镇之间的项目不一致，导致调查对象主观认知与体检方案的实际规定项目之间的差异，表现为实际完成率与调查对象主观认识之间的不一致。具体体检项目完成度见表 13。

表 13　全民健康体检项目完成情况

地区	是	否，遗漏了	不清楚
兴文	70.00%	5.00%	25.00%
筠连	100.00%	0.00%	0.00%
南溪	100.00%	0.00%	0.00%
珙县	55.00%	15.00%	30.00%
高县	100.00%	0.00%	0.00%
翠屏	70.00%	30.00%	0.00%
叙州	50.00%	30.00%	20.00%
江安	80.00%	20.00%	0.00%
长宁	75.00%	10.00%	15.00%
屏山	65.00%	10.00%	25.00%
总计	76.50%	12.00%	11.50%

（5）体检结果的咨询服务情况。针对体检后健康咨询服务情况的调查发现，其中有 70.50% 的居民表示体检机构医务人员对其进行了体检结果的解释和健康咨询建议，有 29.50% 的居民表示并未接受健康咨询服务。通过数据反映，大部分医疗机构都能提供健康咨询服务，并且为了提升体检报告解读能力，部分基层医院还构建了"影像专科联盟"，一定程度上提升了报告的解读能力。但总体而言，基层医院体检任务重，工作量大，对于体检结果无异常的居民难以形成健康咨询服务全覆盖。因此，有少部分居民并未接受健康咨询服务。另外，部分乡镇卫生院的医疗专业人才缺失，只能对体检结果进行简单的"直译"，专业咨询能力不强也是其中一个原因。（见表 14）

表 14　健康咨询服务的情况

地区	是	否
兴文	100.00%	0.00%
筠连	25.00%	75.00%
南溪	100.00%	0.00%

续　表

地区	是	否
珙县	15.00%	85.00%
高县	50.00%	50.00%
翠屏	100.00%	0.00%
叙州	60.00%	40.00%
江安	100.00%	0.00%
长宁	80.00%	20.00%
屏山	75.00%	25.00%
总计	70.50%	29.50%

（6）体检后健康咨询内容。机构对体检对象的健康咨询内容主要集中在调查访谈涉及具体的健康咨询内容，排名前三的是增强体育锻炼（55%）、合理膳食（37.5%）、遵从医嘱合理服药（28%）。具体健康咨询内容比例构成见表15。

表15　体检健康咨询内容

地区	合理膳食	控制体重	增强体育锻炼	减轻精神压力	戒烟限酒	遵从医嘱、合理服药	其他
兴文	30.00%	25.00%	80.00%	0.00%	35.00%	15.00%	0.00%
筠连	15.00%	25.00%	70.00%	25.00%	25.00%	0.00%	0.00%
南溪	35.00%	15.00%	55.00%	60.00%	10.00%	35.00%	0.00%
珙县	40.00%	10.00%	50.00%	0.00%	10.00%	30.00%	0.00%
高县	40.00%	15.00%	70.00%	20.00%	25.00%	5.00%	0.00%
翠屏	45.00%	35.00%	50.00%	10.00%	30.00%	35.00%	30.00%
叙州	45.00%	45.00%	35.00%	30.00%	35.00%	45.00%	0.00%
江安	45.00%	35.00%	50.00%	10.00%	30.00%	35.00%	30.00%
长宁	45.00%	45.00%	35.00%	30.00%	35.00%	45.00%	0.00%

续　表

地区	合理膳食	控制体重	增强体育锻炼	减轻精神压力	戒烟限酒	遵从医嘱、合理服药	其他
屏山	35.00%	15.00%	55.00%	60.00%	10.00%	35.00%	0.00%
总计	37.50%	26.50%	55.00%	24.50%	24.50%	28.00%	6.00%

（7）体检后提供饮食服务情况。对体检结束后医院是否提供食品和水进行调查发现，有77.67%的体检对象表示医院提供了食品和水，只有12.17%的体检对象表示并未提供。具体情况见表16。

表16　体检机构提供食品和水情况

地区	是	否	不清楚
兴文	75.00%	0.00%	25.00%
筠连	95.00%	5.00%	0.00%
南溪	100.00%	0.00%	0.00%
珙县	33.33%	33.33%	33.33%
高县	100.00%	0.00%	0.00%
翠屏	55.00%	45.00%	0.00%
叙州	58.33%	33.33%	8.33%
江安	95.00%	0.00%	5.00%
长宁	90.00%	5.00%	5.00%
屏山	75.00%	0.00%	25.00%
总计	77.67%	12.17%	10.17%

在对接受了食品和水的居民调查发现，多数调查对象表示没有收取相关费用，只有7%的居民表示对水和食品付了钱，这主要是因为这部分居民对提供食品的问题认知不清晰，如认为去医院食堂吃饭也算提供食品。（见表17）

表 17　体检机构对食品和水收取费用情况

地区	是	否	不清楚
兴文	65.00%	10.00%	25.00%
筠连	0.00%	100.00%	0.00%
南溪	0.00%	100.00%	0.00%
珙县	0.00%	66.66%	33.33%
高县	5.00%	95.00%	0.00%
翠屏	0.00%	100.00%	0.00%
叙州	0.00%	50.00%	50.00%
江安	0.00%	100.00%	0.00%
长宁	0.00%	90.00%	10.00%
屏山	0.00%	75.00%	25.00%
总计	7.00%	78.67%	14.33%

（五）满意度调查分析

通过调查，全市所抽调的体检对象对全民健康体检的整体满意度为74.27%。两轮体检期间，各县（区）对全民健康体检的时间安排、体检项目、体检工作人员的服务态度、体检流程安排、服务能力和结果相对乐观，相对较弱的是医院的仪器设备、提供体检服务的医院环境。在调查中发现，由于各县（区）之间、乡镇与中心镇之间区位和经济的差异，其医疗硬件和软件的差别较大，一些基层医疗卫生机构环境差、仪器设备老化，连续使用存在损坏，给全民健康体检群众满意度和可信度带来一定影响，见表18。

表 18 全民健康体检满意度

项目	全民健康体检的时间安排	现有的体检项目	体检流程安排	提供体检服务的医院环境	医院的仪器设备	体检工作人员的服务态度	体检工作人员的服务能力	总计
兴文	86.00%	90.00%	85.00%	82.00%	82.00%	80.00%	81.00%	83.71%
筠连	81.00%	70.00%	67.00%	64.00%	61.00%	62.00%	60.00%	66.43%
南溪	70.00%	78.00%	70.00%	77.00%	77.00%	70.00%	70.00%	73.14%
珙县	86.67%	80.00%	80.00%	80.00%	80.00%	86.67%	86.67%	82.86%
高县	73.00%	64.00%	71.00%	63.00%	69.00%	65.00%	61.00%	66.57%
翠屏	81.00%	79.00%	78.00%	77.00%	77.00%	78.00%	80.00%	78.57%
叙州	70.00%	70.00%	70.00%	66.67%	68.33%	70.00%	70.00%	69.29%
江安	77.00%	78.00%	78.00%	77.00%	72.00%	70.00%	80.00%	76.00%
长宁	77.00%	80.00%	70.00%	68.00%	70.00%	80.00%	80.00%	75.00%
屏山	70.00%	75.00%	70.00%	66.67%	68.33%	78.00%	70.00%	71.14%
总计	77.17%	76.40%	73.90%	72.13%	72.47%	73.97%	73.87%	74.27%

（六）需求和意愿分析

本次调查通过半结构式问卷对于体检对象发起了体检参与意愿和未来需求的调查，通过采用开放式问题进行数据收集。在调查中共有 328 个人回答了这个问题，具体比例见表 19。

表 19 全民健康体检需求和意愿回答情况

地区	数量	比例
兴文	33	10.06%
筠连	36	10.98%
南溪	35	10.67%
珙县	34	10.37%
高县	32	9.76%

地区	数量	比例
翠屏	22	6.71%
叙州	36	10.98%
江安	35	10.67%
长宁	29	8.84%
屏山	36	10.98%
总计	328	100.00%

（1）全民体检意愿调查分析。在对全民健康体检的意愿调查时发现，有接近半数的居民表示愿意接受体检，但还有27.92%的居民表示不愿意接受体检；此外，调查中还发现，大部分老年人对全民健康体检比较认可，很愿意去接受此项检查，但大部分中青年人对全民健康体检持消极态度，主要是这部分体检对象认为全民健康体检项目以及专业性并不能达到他们的预期要求。主要的意愿构成见表20。

表 20　全民健康体检意愿构成

地区	愿意	中立	不愿意
兴文	66.93%	19.01%	14.06%
筠连	40.89%	20.05%	39.06%
南溪	50.00%	28.91%	21.09%
珙县	58.85%	22.92%	18.23%
高县	37.76%	22.14%	40.10%
翠屏	53.91%	20.05%	26.04%
叙州	48.96%	29.43%	21.61%
江安	47.92%	19.01%	33.07%
长宁	42.97%	25.00%	32.03%
屏山	44.01%	22.14%	33.85%
总计	49.22%	22.86%	27.92%

（2）全民体检居民需求分析。现阶段的体检对象通过参与体检，对未来全民健康体检的需求逐渐有了自己的想法，其中建议增加体检项目的人占 98.70%，几乎每个人都建议增加腹部 B 超的检查，并且有部分居民还提出增加彩超、妇科、X 光的检查，较少一部分人还提出要进行乙肝检查，也有人提出免费用药的需求；除此之外，居民们对提高医疗环境以及设备质量（80.40%）和对专业医疗人才（77.20%）的要求度也较高，还有 3.70% 的居民希望优化全民健康体检，在各个方面都需要提升。具体情况见表 21。

表 21　全民健康体检未来需求

地区	优化全民健康体检系统	提高医疗环境以及设备质量	增加体检项目	更专业的医疗人才
兴文	4.00%	80.00%	100.00%	75.00%
筠连	1.00%	81.00%	98.00%	72.00%
南溪	4.00%	83.00%	99.00%	80.00%
珙县	5.00%	83.00%	97.00%	78.00%
高县	3.00%	80.00%	100.00%	78.00%
翠屏	5.00%	79.00%	98.00%	76.00%
叙州	3.00%	80.00%	99.00%	74.00%
江安	4.00%	76.00%	98.00%	81.00%
长宁	5.00%	80.00%	99.00%	79.00%
屏山	3.00%	82.00%	99.00%	79.00%
总计	3.70%	80.40%	98.70%	77.20%

（七）增强健康意识和提高健康水平分析

两轮全民健康体检对于增强全民健康意识、提高健康水平起到正向引导作用。与此同时，参与体检居民对于自身身体状况有了比较明确的了解，对后期治疗有了进一步的掌握。全民体检实施以来，产生了强烈的社会反响。在座谈中，居民表示："体检确实是一项惠民工程，体检不仅不要钱，医生、护士的态度还特别好。正因为有了我们党和政府，我们才能享受到这么好的政策。"居民对全民健康体检越来越支持，思想逐步从"要我体检"到"我要体检"转变。

通过对基层医院管理人员进行深入访谈后，基层医院管理者均对全民健康体检的整体评价较好，认为全民健康体检不仅促进了居民健康水平与健康意识的提高，也充实了基层医院的软硬件设施配置，提高了医务人员的诊疗水平。同时，两轮体检对卫生健康部门了解、掌握和研判辖区民众健康状况，加强及时性、针对性的医疗服务等方面提供了依据。

五、全民体检存在的差距和困难

（一）缺乏联动机制，居民主动响应度不高

在 QYB 市全民免费健康体检实践中，有些单位和部门对党的惠民政策理解还不够深入，没有把健康放在大民生建设的高度来审视，还存在事不关己现象，在部署落实、督促考核、处理问题等方面还存在不足，在资源整合、任务分工等方面统筹协调不够。部分镇政府、村（社区）的参与度、支持度不高，主导地位不突出，群众响应度未达到预期目标。

此外，全民体检也确实存在宣传力度不够，部分群众对全民体检政策认知不足，认可度不高，主动体检意愿不强，仍有 27.92% 的群众不愿意接受体检，缺乏健康管理意识，没有定期体检习惯，健康观念尚未转变等问题。

（二）软硬件设备不足，基层医院负担重

基层医院专业人才缺乏与全民体检庞大的工作体量之间的矛盾，加重了基层医院负担。总体而言，基层体检医务人员配置普遍不足，加之疫情防控常态化工作的开展，要保质保量完成工作量较大的全民体检，其工作压力可想而知。调研反映，77.20% 的调查对象希望基层医疗机构增加专业的医疗人员，但是基层医疗机构也对此感到乏力，亟须增加专业医疗人员数量。基层医院医务人员诊疗技能有待提升。居民对基层医务人员诊疗技能的整体满意度不高（74.27%），部分县（区）在对医务人员的培训中缺乏针对诊疗技能和体检仪器设备使用等的培训。

基层医疗设备陈旧与群众较高的体检项目需求形成矛盾，加重了基层医院的负担。在对体检服务的医院环境和仪器设备的满意度调查中发现，虽然满意度较高，这两项的满意度分别是 72.13% 和 72.47%，但在满意度调查中排名靠后，反映出部分基层医疗设备陈旧，医疗设备损耗过快，这可能会对基层医院开展全民健康体检工作产生影响，也是影响居民对健康体检评价的重要因素。

（三）体检经费标准偏低，体检项目偏少

基层医院开展全民健康体检的实际成本高于体检投入，且经费划拨与实践脱节，大部分县（区）的基层医疗机构和群众对提高体检经费的呼声很大。

体检标准预算低，导致体检项目固定单一，缺乏针对性、个性化的体检服务，对居民吸引力不够。在对未来需求的调查发现，有98.70%的调查对象都表示需要增加体检项目，这表明当前体检项目与居民需求存在差距，群众获得感不强，参加体检积极性不高。

（四）管理分散，档案管理信息化不够

全民体检系统使用复杂且不稳定，录入信息流程、内容烦冗，功能不全，各镇分院无对应的实验室信息管理系统（laboratory information system, LIS）、影像存储与传输系统（picture archiving and communication system, PACS）体检过程产生的检查结果数据需要手工录入全民体检系统，工作负担重；未与省公共卫生系统（四川省健康档案云平台）融合，数据不能实现共享共用，导致数据重复录入。

全民体检系统缺乏科学系统管理的问题。全民体检基层医院基本上建立了个人健康体检档案，但相关信息多是孤立存在的，没有实现体检机构间信息互联互通，缺乏连续性和关联性，形成大量个人健康信息孤岛。调查发现，大部分基层医疗机构都呼吁使用无纸化健康档案管理。

六、完善全民健康体检的对策建议

（一）坚持执政为民，持之以恒实施全民健康体检工程

全民健康体检是各级党委政府贯彻落实执政为民的惠民举措，是卫生健康部门践行以人民为中心的长期实践。因此，在总结前两轮全民健康体检的基础上，从资金、设施设备、服务和机制等方面进一步完善全民健康体检，持之以恒实施全民健康体检工程，让更多群众增强健康意识、提高健康水平，是市县（区）党委政府和卫生健康部门的责任。

（二）构建联动机制，推进全民体检落地落实

落实县镇党委政府对全民健康体检工作中的主体责任，明确全民预防保健工作是一项"一把手"工程，是市委、市政府确定的惠民政策、民生实事。党

政主要领导需亲自部署，统筹推进全民体检工作，明确各部门职责，建立县（区）卫健委、财政局、县委宣传部、县委编办、县教育局、县文广新局等协作联动机制，及时研究解决工作中出现的问题，确保全民体检工作有序有效推进。

市委、市政府要加大全民预防保健宣传引导，持之以恒推进全民体检工作，督促、指导各乡镇、县级有关部门开展全民预防保健宣传工作，营造全民预防保健工作舆论氛围，切实转变群众观念，提高群众参与度，营造全民参与的良好氛围。

（三）充实人才队伍，加强培训

市委、市政府要充实基层公共卫生队伍和医生队伍。卫生人力资源是保障人民健康和促进社会生产活动中最基本、最重要的资源，是在各项卫生服务中起决定性作用的资源。政府和卫生行政部门需要根据基层医院全民健康体检期间的工作量，重新核定编制人数并允许基层医院雇佣社会医疗专业人员，并提供相应经费。

市委、市政府要加强在职人员培训，提升基层医务人员的服务能力。开展双向培训，各乡镇的基层医疗机构每年必须有计划地轮流选派医生到市县定点医院进行体检专业的定向进修培训，提高业务水平，或根据乡镇基层医疗机构医务人员个人实际情况选择到大医院学习，提升实践能力；也可根据基层医疗机构的需求，向县（区）域内上级医院提出培训需求，由上级医院派专家下沉基层开展相关培训工作。市县各医院对于开展全民体检方面的双向培训，必须免费实施，予以支持。

（四）加大资金支持，改进配套设备

市委、市政府要实现全民体检常态化，市县两级财政必须加大资金支持力度，配齐、配足必需的体检设备；增设腹部B超、X光等检查项目，适当针对地域、行业性差异及不同年龄段人群设置个性化体检服务，优化体检项目；升级完善全民健康体检系统功能，争取配套财政资金，配备体检信息采集自动化导入设备，切实优化流程，统筹安排，有效减轻基层负担，提高效能。

根据QYB市财政收入情况，市委、市政府要逐年增加经费投入，提高体检标准，增设体检项目，不断满足居民实际需求；根据老人的实际需要，设置个性化的服务。另外，由于进行健康体检前不能进食、饮水，同时体检居民

多、等候时间长，因此全民体检可能影响居民对体检的满意度。医院可利用休息室或等候室为做完空腹体检项目的居民提供营养早餐，使居民在做完这些项目后先用完早餐再进行后续项目的检查。

（五）制定精准管理措施，放大提升体检结果运用效益

此外，市委、市政府相关部门要对每位体检对象进行建档，通过手机APP、网络、电话等及时发送健康体检信息，对健康人群进行健康宣传；对亚健康人群进行健康风险评估和健康干预；加强对疾病人群进行诊疗指导，重大疾病患者通过与三甲医院的远程会诊、绿色转诊等通道保证患者第一时间得到精准诊断和救治。

此外，市委、市政府相关部门要整合基本公共卫生云平台，共享一个系统，减少工作量。打通 QYB 市全民体检系统数据端口，允许其他系统对接，其他系统能直接上传至 QYB 市全民体检系统，避免重复录入、重复体检等情况的发生，实现高效管理。

执笔人：周陶

地方防控精神和智力残疾遗传实务研究
——基于 QYB 市科学防控工作调查

一、研究背景

中国共产党第十九届中央委员会第五次全体会议审议通过了《中共中央关于制定国民经济和社会发展第十四个五年规划和二〇三五年远景目标的建议》，此文件提出到二〇三五年基本实现社会主义现代化远景目标，"建成文化强国、教育强国、人才强国、体育强国、健康中国，国民素质和社会文明程度达到新高度"[①]"健康中国"是习近平总书记在党的十九大报告中提出的重要发展战略。习近平总书记在党的十九大报告中指出："人民健康是民族昌盛和国家富强的重要标志。要完善国民健康政策，为人民群众提供全方位全周期健康服务。"[②]健康是指一个人在身体、精神和社会等方面都处于良好的状态。世界卫生组织提出："健康不仅是躯体没有疾病，还要具备心理健康、社会适应良好和有道德。因此，实施健康中国战略，必须贯彻现代整体健康理念，把心理健康和身体健康放在同等重要的位置。而从现实情况来看，随着我国计划生育政策的逐步放开，高龄孕产妇的数量逐年增加，再加上部分偏远地区传统婚育观念的影响，精神残疾和智力残疾的发生数量呈现缓慢增长的趋势。

① 中国共产党第十九届中央委员会第五次全体会议. 中共中央关于制定国民经济和社会发展第十四个五年规划和二〇三五年远景目标的建议 [EB/OL]. (2020-11-03) [2023-10-31]. https://www.gov.cn/zhengce/2020-11/03/content_5556991.htm.

② 习近平. 习近平：决胜全面建成小康社会 夺取新时代中国特色社会主义伟大胜利：在中国共产党第十九次全国代表大会上的报告 [R/OL]. (2017-10-27) [2023-10-31]. https://www.gov.cn/zhuanti/2017-10/27/content_5234876.htm.

人民健康是民族昌盛和国家富强的重要标志，而预防是最经济、最有效的健康策略。党的十九大做出实施健康中国战略的重大决策部署，强调坚持预防为主，倡导健康文明生活方式，预防控制重大疾病。习近平总书记在中国共产党第十九届中央委员会第五次全体会议上作的《关于〈中共中央关于制定国民经济和社会发展第十四个五年规划和二〇三五年远景目标的建议〉> 的说明》中指出："系统观念是具有基础性的思想和工作方法……必须从系统观念出发加以谋划和解决，全面协调推动各领域工作和社会主义现代化建设。"[1]为有效降低精神和智力残疾发生比例，全面推进健康中国建设，必须坚持预防为主和系统论的工作方法，调动全社会的力量，从精神和智力残疾的主要发生源——"遗传"问题着手，建立多方协同的工作机制，采取科学精准的防控手段。

二、精神和智力残疾遗传现状调查

（一）QYB 市精神和智力残疾人群总体规模与特征分析

1.精神和智力残疾人群总体规模

根据四川省"量体裁衣"式残疾人服务平台数据统计，QYB 市持证残疾人总人数为 191 052 人，其中单一精神残疾 15 793 人，占比 8.27%，多重残疾（包括精神残疾）1 443 人，占比 0.76%，两项相加共有精神残疾 17 236 人，占比 9.02%；单一智力残疾 13 197 人，占比 6.91%，多重残疾（包括智力残疾）3 197 人，占比 1.67%，两项相加共有智力残疾 16 394 人，占比 8.58%。因数据库统计指标限制，在以上多重残疾人数统计数据中，有 56 人同时存在精神残疾和智力残疾，减去重复计算，QYB 市精神和智力残疾总人数应为 33 574 人，占持证残疾人总人数的 17.57%，占有相当大比例，已成为残疾预防与服务救助工作中的突出问题。

2.精神和智力残疾人群个体特征

（1）男性比例高于女性。在 QYB 市精神残疾人中，男性为 8 271 人，占比 52.4%，女性为 7 522 人，占比 47.6%。QYB 市智力残疾人中，男性为 7 803 人，占比 59.1%，女性为 5 394 人，占比 40.9%。

---

① 习近平 . 习近平：关于《中共中央关于制定国民经济和社会发展第十四个五年规划和二〇三五年远景目标的建议》的说明 [EB/OL].（2020-11-03）[2023-10-31]. http://jhsjk.people.cn/article/31917564.

（2）精神和智力残疾人群各年龄段分布较为复杂，如图1所示。从图1中可以看出，QYB市现有智力残疾人年龄分布比例最高的是10～19岁年龄段。在一般家庭中，因为缺少对智力残疾的有效评估手段，在儿童期对智力残疾的发现不够及时，而在10岁之后家庭发现智力缺陷的比率会显著提高。而精神残疾人分布年龄段比例最高的为40～59岁年龄段，说明在中年之后，因为工作、生活等压力增大，会出现精神问题疾病的比率显著增加。

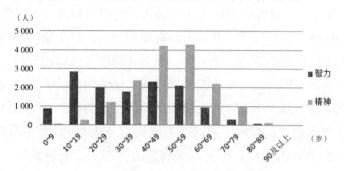

图1　QYB市精神和智力残疾人分年龄段统计

（3）农村明显高于城市。在QYB市精神和智力残疾人中，农业户口人数远高于非农户口人数，说明由于经济条件等因素的限制，精神和智力残疾的发生比率在农村更高，农村应成为防控精神和智力残疾遗传的重点。

表1　QYB市精神和智力残疾人户口类型

残疾类别	户口类型	
	农业（人）	非农业（人）
智力	11 166	2 066
精神	12 734	3 083

（4）建档立卡贫困户和低保、特困救助比例较高。在QYB市精神残疾人中，建档立卡贫困户有4 649人，占精神残疾总人数的27%；享受低保救助6 688人，占精神残疾总人数的38.8%；享受特困人员救助1 009人，占精神残疾总人数的5.9%。

在QYB市智力残疾人中，建档立卡贫困户有4 325人，占智力残疾总人数的26.4%；享受低保救助5 851人，占智力残疾总人数的35.7%；享受特困人员救助 1 256 人，占智力残疾总人数的 7.7%。

（二）QYB 市精神和智力残疾致病原因分析

1.精神和智力残疾主要致病原因

精神残疾是指各类精神障碍持续一年以上未痊愈，存在认知、情感和行为障碍，影响日常生活和活动参与的状况。精神残疾患者以精神分裂症居多，多为 1 级、2 级残疾。精神分裂症致残率最高，其次为精神发育迟滞、癫痫所致精神障碍、情感性精神障碍、其他器质性精神障碍。科学研究表明，多种精神类疾病受到遗传因素的调控，并且可以通过评估遗传力和遗传相关性，发现疾病间的共享遗传基因元素。智力残疾是遗传、脑成熟与后天环境因素相互作用的结果。从遗传学观点来看，智力残疾的原因可分为四类：染色体异常所致的智力残疾，单基因遗传疾病所致的智力残疾，多基因性疾病所致的智力残疾，环境因素所致的智力残疾。据美国疾病预防控制中心资料显示，因遗传导致的儿童智力残疾占到 40%。遗传性疾病在智力残疾中占有重要的地位。由此可见，遗传因素是造成精神和智力残疾的主要原因，而通过规范的产前诊断和优生优育知识宣传是防止由遗传因素起主导作用的精神和智力残疾的有效措施。

2.精神和智力残疾遗传发生比例

根据四川省"量体裁衣"式残疾人服务平台数据统计，QYB 市精神残疾人中致病原因为遗传的 1 376 人，占精神残疾总人数的 8%，QYB 市智力残疾人中，致病原因为遗传的 3 027 人，占智力残疾总人数的 18.5%。此统计数据比例不高，是由于基层工作人员在录入数据时，对精神和智力残疾致病原因缺乏专业客观的判断，没有严格区分疾病和遗传两种致病原因的区别。在我们相关调研活动中发现，特别在农村地区，遗传是造成精神和智力残疾的主要原因。

（三）QYB 市精神和智力残疾遗传发展趋势

QYB 市精神和智力残疾遗传的主要发展趋势表现为：一方面整体规模进一步扩大，单户生育数量有所增加。在我们调研中发现，特别在农村地区，精神和智力残疾人结婚和再生育的比例较高，而且个别家庭生育数量较高，极端情况下单户生育子女能达到 7～8 人。另一方面，QYB 市精神和智力残疾育龄妇女基数较大，防控形势面临较大压力。QYB 市女性精神残疾人中，育龄妇女（15～49岁）总人数为3 453，占比45.9%，QYB市女性智力残疾人中，育龄妇女（15～49岁）总人数为2 968，占比55%。而且在调研中发现，精神和智力残疾女性结婚再生育的机会也远高于男性，为防控带来更大的压力。

三、精神和智力残疾遗传问题成因分析

（一）相关政策法规不够完善，多部门协同机制未建立

2020年5月28日，十三届全国人大三次会议表决通过了《中华人民共和国民法典》，自2021年1月1日起施行。编纂民法典，是对我国制定于不同时期的民法通则、物权法、合同法、担保法、婚姻法、收养法、继承法、侵权责任法和人格权方面的民事法律规范进行全面系统的编订纂修，它是一部具有中国特色、体现时代特点、反映人民意愿的法典。新的民法典对结婚的条件进行了原则性的规定："结婚应当男女双方完全自愿。"但精神和智力残疾人由于其自身不同残疾等级所导致的认知能力限制，在婚姻关系中如何清楚明晰地表达"自愿"存在一定的问题。虽然在民法典中确认了"不能辨认自己行为的成年人为无民事行为能力人""不能完全辨认自己行为的成年人为限制民事行为能力人"，由其法定代理人代理实施民事法律行为。但对于婚姻、生育这类完全属于个人人身自主权的法律代理关系并没有非常明晰的规定。

另外，在精神和智力残疾人管理服务实际工作中，也存在着缺乏统一标准、多部门协作难的问题。由于种种原因，存在着残疾人工作只是残联的工作的观点，没有把残疾人工作当作是全社会共同的责任和义务。做好残疾人工作要充分发挥政府各部门职能作用，各部门各司其职，各负其责，形成合力，共同推动残疾人事业不断向前发展。按照系统论的观点，任何系统都是一个有机的整体，系统中各要素不是孤立地存在着，每个要素在系统中都处于一定的位置上，起着特定的作用。要素之间相互关联，构成了一个不可分割的整体。科学防治精神和智力残疾遗传是一个受到政府政策、社会参与、家庭关系等多因素影响的复杂问题，因此需要所有相关参与者，特别是政府各相关管理服务部门建立起协同合作机制，采取多渠道、多方位、多环节的一致行动，发挥最大效力，实现最优结果。

（二）遗传健康知识宣传不够，传统生育观念亟待转变

由于大多数精神和智力残疾家庭自身家庭条件和教育水平的限制，他们普

遍缺乏遗传健康和优生优育相关知识，因此加强出生缺陷遗传等相关知识科普宣传非常重要。相关部门可以通过科普宣传使其认识到优生优育的重要性，积极采取措施避免意外怀孕，完善孕前优生健康检查。但我们在实地调研中发现，由于多数精神和智力残疾人主要分布在农村区域，医疗服务水平相对落后，因为人力和资金限制，负责妇幼保健和残疾人服务的专业机构也很难深入到每一个精神和智力残疾家庭，进行针对性的健康教育和宣传引导工作。再加上传宗接代、养儿防老等传统生育观念的影响，精神和智力残疾家庭往往很难以更加科学健康的态度和方式，来对待处理精神和智力残疾人的婚育问题。

（三）基层管理服务人员不足，专业社会服务机构缺乏

精神和智力残疾防治与服务是一项专业性较强、人员素质要求较高的工作项目。而 QYB 市现有基层残疾人管理服务机构和人员与有效防治精神和智力残疾遗传工作要求之间还存在着较大的差距。一方面现有基层残疾人管理服务机构，特别是农村社区的服务人员数量严重不足。依据 2018 年国家有关部门联合印发的《残疾人服务机构管理办法》，民政、卫生计生、人力资源社会保障等部门是残疾人服务机构的行业主管部门，中国残联及其地方组织可经法律授权或政府委托进行监督。但实际上，基层残联在残疾人管理和服务工作中扮演了多重角色，基层残联是残疾人的代表者，要了解和反映群众需要；又是协调者、参与者，要沟通协调并配合基层党委、政府开展工作；还是监督者，要确保基层党委、政府落实属地责任。仅靠残联机构现有的管理服务方式和人员配备状况很难满足防治精神和智力残疾遗传的紧迫需求。另一方面，由于精神和智力疾病的特殊专业性，也需要精神诊断、妇幼保健等专业医疗结构的介入配合，而大多数农村地区的村级卫生室及基层医生很难承担专业化的工作，需要更多专业服务机构的支持。

（四）残疾家庭经济条件受限，家庭成员担当能力不足

通过数据分析，在 QYB 市精神和智力残疾人中，农业户口的比例远高于非农户口，其中建档立卡贫困户和享受低保、特困救助比例较高。在调查走访过程中也发现，农村精神和智力残疾家庭普遍经济状况较差，家庭成员中除有精神和智力残疾人外，其他主要家庭成员也往往有身体残疾、长期患病、年老体弱、幼年子女较多等情况存在，缺乏足够的劳动力和生产自救能力。因为家庭经济条件受限，精神和智力残疾人在怀孕生育过程中，往往缺少规范的医学

检查和治疗，导致新生儿出现精神智力异常和其他疾病的概率更高。同时，由于家庭经济条件限制，精神和智力残疾人的监护人和其他家庭成员也难以为其提供良好的生活照顾和康复教育条件，对待精神和智力残疾人的婚姻生育问题也往往抱着甩包袱的心理，采用较为随意的处置方式，进一步增加了防治精神和智力残疾遗传的难度。

（五）自主婚育权难以保证，缺少科学规范的医疗检查

《中华人民共和国人口与计划生育法》第二十条："育龄夫妻自主选择计划生育避孕节育措施，预防和减少非意愿妊娠。"但在实际调研中发现，精神和智力残疾人由于自身认知条件的限制，很难实现完全独立自主的婚育权。其结婚、生育等行为要受到监护人和其他家庭成员的限制，由于家庭经济、婚育观念等条件的限制，精神和智力残疾孕妇很难得到科学规范的孕前、产前医疗检查，进一步增加了缺陷新生儿的出生比例。

四、科学防治精神和智力残疾遗传的对策建议

（一）科学防治精神和智力残疾遗传的目标与原则

1.政策目标

一个"降低"：精神和智力残疾遗传比例明显降低。遗传是造成精神和智力残疾的主要因素，因此从提高人口素质，建设健康中国的需要出发，应通过各种有效手段切实降低精神和智力残疾遗传比例。

两个"提升"：精神和智力残疾家庭生活质量显著提升，精神和智力残疾人群服务水平显著提升。QYB市科学防控精神和智力残疾遗传的政策目标是有效降低精神和智力残疾的遗传发生比例，但从根本上来说，只有真正提升精神和智力残疾家庭的基本生活质量，实现针对精神和智力残疾人群的全方位服务，才能解除精神和智力残疾家庭的后顾之忧，减少有缺陷儿童的出生比率。

2.基本原则

科学防治精神和智力残疾遗传的基本原则是以人为本，以法为据，以科学为指引，以服务为核心。在科学防治精神和智力残疾遗传各项工作的开展过程中，QYB市要充分贯彻以人为本的发展理念，以国家颁布制定的各项法律法规为依据，充分保障精神和智力残疾人及其家庭的合法权益。以科学理论和技

术手段为指引，以提升精神和智力残疾人群服务能力与服务水平为重心，着眼于进一步提高人口素质，提升精神和智力残疾人群生活水平，为QYB市社会经济的高质量发展做出贡献。

（二）科学防治精神和智力残疾遗传的对应措施

1.全面梳理相关政策法规，建立多部门协同机制

以《中华人民共和国民法典》为基础，QYB市要全面梳理有关精神和智力残疾人婚姻生育权保护的相关法律法规，如《中华人民共和国人口与计划生育法》《中华人民共和国残疾人保障法》等相关法律制度，为充分保护精神和智力残疾人婚姻生育自主权，最大限度降低精神和智力残疾遗传比例提供法律法规支持。同时，QYB市要充分利用人民代表大会及其常务委员会地方立法权，在促进残疾人权益保护和城乡服务设施均等化等方面进行有益的立法探索。

在依法合规的基础上，QYB市要充分调动各级政府主管部门及相关服务机构力量，以科学防治精神和智力残疾遗传，有效降低精神和智力出生缺陷为目标，建立跨部门、多系统的联动工作机制；建议以QYB市人民政府残疾人工作委员会为主导，抽调QYB市卫健委、QYB市残联、QYB市民政局、QYB市第四人民医院、各重点区县乡镇部门共同组建防治精神和智力残疾遗传工作组，各部门既各司其职又相互合作，详细明确各部门在防治工作中应承担的具体职责，齐抓共管、共同协作，以实现最大限度降低精神和智力残疾遗传比例的目标。

2.加强遗传健康知识宣传，扭转落后生育观念

加强出生缺陷和遗传知识科普宣传能提高目标人群孕前优生健康检查参与率以及优生知识掌握水平，对扭转农村落后生育观念，防治因遗传导致的出生缺陷问题具有重要意义。秉承以人为本的现代服务理念，应由专业医疗结构和残疾人服务部门联合建立健康知识宣传队伍。宣传服务人员要认真为精神和智力残疾人及其家属讲解遗传健康和优生优育相关知识，通过引入具体事例，视听手段相结合的方法提高精神和智力残疾人及其家属对遗传防治的重视程度，利用微信、抖音等线上平台提升生育健康知识的传播效果，积极响应并解决基层残疾人提出的实际问题，确保更多残疾人能够及时得到高质量、针对性强的宣传和服务。

3. 明确基层干部职责，增加服务人员数量

精神和智力残疾人等特困群体对基层社区（村组）依赖程度非常高，基层村社干部要加强对精神和智力残疾家庭的日常走访和针对性服务工作，随时关注精神和智力残疾人的基本生活状况，加强对精神和智力残疾人家属的教育引导工作，使其树立正确的婚姻和生育观念。对精神和智力残疾人结婚、怀孕、生育等情况要做到及时掌握，迅速上报。2014 年 6 月，中国残疾人联合会发布《村（社区）残疾人协会工作规范（试行）》和《残疾人专职委员工作规范（试行）》，进一步推进基层残疾人组织建设和残疾人专职委员队伍建设。服务队伍的建设需要资金资源支持，在降低精神与智力残疾出生遗传比例，提高服务质量的要求下，有关部门需进一步加大资金投入力度，完善制定残疾人服务经费使用标准，充分动员社会力量，加强基层残疾人组织建设，逐步增加服务人员数量，形成精神和智力残疾预防与服务工作完善的社会支持系统。

4. 采取多种服务手段，强化监护人责任意识

除加强基层村社干部的日常探访和残疾人组织的常规服务项目之外，QYB市还需进一步强化民政部门、专业医疗卫生机构、社会志愿者组织等的协同配合意识，为精神和智力残疾家庭提供如临时困难救助、健康知识宣传、疾病状态监控、心理问题纾解、日常生活帮扶等综合性全方位的服务内容。充分利用现代技术手段，通过微信聊天、视频连线、远程诊断等线上线下相结合的多样化服务手段，为精神和智力残疾人提供及时的问题反馈和服务回应。同时，相关管理人员需结合相关法律法规具体细则，对精神和智力残疾人的主要监护人进行责任意识教育和法律规范宣传，充分保障精神和智力残疾人的合法权益。

5. 充分动员社会力量，扶持发展民间助残组织

2005 年 8 月 11 日国务院残疾人工作委员会通过的《关于进一步加强基层残疾人组织建设的意见》明确指出："充分发挥基层残疾人组织作用，提高为残疾人服务的能力。基层残疾人组织要依靠政府，动员社会，充分履行职能，努力为残疾人办实事、解难事。县（市、区）、乡（镇、街道）残联要充分发挥'代表、服务、管理'职能，村（社区）残协要积极提供切实有效的服务。"据此可知，基层残疾人组织服务的策略是"依靠政府，动员社会"。但从实际情况来看，依靠政府做得比较充分，而动员社会则明显不足。2016 年国务院印发《"十三五"加快残疾人小康进程规划纲要》（国发〔2015〕7 号），提出积极培育、扶持助残社会组织健康发展，支持引导其开展助残活动，建立调动社会力量帮扶残疾人服务的机制和平台等。对待精神和智力残疾家庭，更需要充分发挥民间助残组织在日常探访、心理陪伴、活动组织等方面的积极作用，提供专业的个案管理式的服务内容。应积极鼓励和大力扶持民间助残组织，把助残民间组织纳入残联基层残疾人组织的发展规划中，以有效弥补社区残协组织建设的不足，更好地调动社会力量为残疾人提供服务。

6.加强规范医疗诊断检查，及早发现、治疗致残性疾病

对于导致精神和智力残疾的遗传、先天异常或发育障碍，相关部门应做好婚前教育、婚前检查，加强孕期保健，避免新生儿精神和智力残疾的发生。建议以城市社区和农村村委会组织为主导，开展精神和智力残疾人家属培训和宣传教育活动，提供信息服务、智力训练和心理康复指导。组织基层医疗机构进行基本的精神和智力残疾筛查工作，实行免费定期检查制度，可疑病例由县级医院神经科做好智力残疾检查诊断，再由社区建立精神和智力残疾档案，完成训练指导、转介服务和愈后随访等工作，对可治疗的致残性疾病做到早期发现，及时治疗。

执笔人：徐向峰

县域居家养老调查研究
——基于2019年度QXW县居家养老服务第三方调查

一、研究背景

实现"老有所养，老有所依，老有所乐"是每个老年人所追求的理想晚年生活状态。为社会公民提供基本的养老服务保障，提高公民晚年生活质量，更是现代服务型政府的主要职责。国家统计局数据显示，2019年年末我国65岁及以上老人达到1.76亿，占总人口数的12.57%。我国老龄化人口的不断增加为政府解决老龄化问题提出了更高的要求。在研究政府购买居家养老服务的过程之中，如何探索出适合我国社会主义初级阶段基本国情、具有中国特色、解决我国现阶段和未来老年人需求的道路是研究政府购买居家养老服务的重点。

随着QYB市社会经济的转型发展，人口的老龄化及高龄化加剧，空巢老人、独居老人不断增多，家庭养老功能不断弱化。为了积极应对人口老龄化，提高我县老龄工作水平，提升养老服务的质量，更好地满足QXW县百姓对养老服务的需求，根据《四川省人民政府关于加快发展养老服务业的实施意见》《四川省人民政府办公厅关于推进政府向社会力量购买服务工作的意见》《四川省政府购买居家养老服务实施办法》《四川省"十三五"老龄事业发展和养老体系建设规划》《QYB市民政局关于加快推进政府购买居家养老服务的通知》等文件，QYB市QXW县民政局2019年采取投标、招标的方式，QYB市阿托家政服务有限公司中标。QXW县民政局针对户籍居住均在QXW县范围内60周岁以上的散居城乡特困人员，60周岁以上的城乡低收入家庭中的失能老人、残疾老人和留守老人，城乡低收入家庭中80周岁以上的高龄老人，共计为7 000居家养老服务对象人购买了2019年度居家养老服务。

QXW县为切实落实省、市人民政府购买居家养老工作部署，建立健全养老服务评估制度，根据《四川省政府购买居家养老服务实施办法》要求引入第三方机构对政府购买居家养老服务工作进行调查评价，在推进居家养老服务社会化、确定养老服务需求和照料护理等级、开展老年人健康管理、规划布局养老机构建设等方面发挥作用，并依此制定了QXW县2019年度政府购买居家养老服务第三方评估方案。我方根据方案要求，对QXW县2019年度政府购买居家养老服务工作进行全面系统的评估，以科学、客观、公正的工作方法和工作态度，撰写本评估报告。

二、指导思想

深入学习贯彻习近平新时代中国特色社会主义思想、党的十九届五中全会精神、省委十一届七次全会精神、省委十一届八次全会精神、QYB市委五届十次全会精神，认真落实党中央、国务院决策部署，紧紧围绕"五位一体"总体布局和"四个全面"战略布局，坚持以新发展理念引领经济发展新常态，坚持中国特色卫生与健康发展道路，持续深化简政放权、放管结合、优化服务改革，积极应对人口老龄化，培育健康养老意识，加快推进养老服务业供给侧结构性改革，保障基本需求，繁荣养老市场，提升服务质量，让广大老年群体享受优质养老服务，切实增强人民群众获得感。紧扣创新、协调、绿色、开放和共享发展理念，坚持以满足老年人养老需求为中心，坚持"党政主导、社会参与、全民关怀"的养老工作方针，从提供养老服务和养老产品入手，以普惠性、多元化、本土化、可持续为方向，大力发展以居家为基础、社区为依托、机构为补充、医养相结合的社会养老服务体系，完善养老保障制度。规范我省社会养老服务体系建设工作中的政府购买服务行为，根据《国务院办公厅关于全面放开养老服务市场提升养老服务质量的若干意见》《四川省"十三五"老龄事业发展和养老体系建设规划》《民政事业发展第十三个五年规划》《四川省人民政府办公厅关于推进政府向社会力量购买服务工作的意见》等相关文件精神，结合QXW县居家养老服务的实际，充分利用第三方评估机构具有的科学、客观、公正、高效等特点，通过第三方客观评估QXW县2019年度居家养老服务工作绩效，为全县有需求的老人提供更规范、更贴心、更优质的服务，推动社会治理创新。不断提升老年人健康养老水平，确保老年人共享改革发展的成果，促进社会和谐，推进经济社会持续健康发展。

三、评估依据

对 QYB 市 QXW 县居家养老服务满意度进行科学准确评估，客观公正反映 QXW 县居家养老服务的质量和效果，促进 QXW 县居家养老服务水平和质量的提升，其主要依据如下：

（1）《国务院关于加快发展养老服务业的若干意见》。

（2）《关于全面推进居家养老服务工作的意见》。

（3）《"十三五"国家老龄事业发展和养老体系建设规划》。

（4）《民政事业发展第十三个五年规划》。

（5）《四川省国民经济和社会发展第十三个五年规划纲要（2016—2020 年）》。

（6）《四川省"十三五"老龄事业发展和养老体系建设规划》。

（7）《四川省人民政府关于加快发展养老服务业的实施意见》。

（8）《四川省政府购买居家养老服务实施办法》。

（9）《QYB 市民政局关于加快推进政府购买居家养老服务的通知》。

四、目标任务

通过第三方调查评估，QYB 市 QXW 县从服务对象满意度、及时性、准确率、规范性、有效投诉、服务档案资料完整性等方面进行综合考评，掌握 QXW 县 2019 年度居家养老服务综合成效、居家老人对线下服务成效满意度情况、居家老人对线下服务质量满意情况、居家老人拓展服务项目需求等，评估 QYB 市阿托家政服务有限公司提供的居家养老的实际效用，构建 QYB 市 QXW 县居家养老服务支持机制，为 QXW 县下一步居家养老项目外包、综合养老体系建设提供依据。

五、技术路线

（一）调查原则

为使居家养老服务评估工作体现科学性和客观性，QXW 县居家养老服务评估调查必须遵循以下基本原则：

（1）第三方原则。第三方指除两个相互联系的主体之外的某个客体。通过第三方独立开展调查工作，可以在组织工作上确保调查结果的客观性、真实性。

（2）因地制宜原则。QXW 县居家养老服务评估调查要充分考虑各样本乡镇发展的差异，尊重当地社会经济发展情况和人民生活风俗，设计符合 QXW 县实际情况的评估程序和内容。

（3）标准统一原则。为全面客观反映调查工作的成果，便于纵向比较，评估在设计形式和程序上要力求标准统一。

（4）保密原则。评估项目组在调查研究过程中所收集的相关文件、资料、数据以及结果等信息不得对外泄露，尤其不得泄露居家老人的个人隐私问题；未经许可也不得以论文、学术报告等任何形式使用有关调查数据和报告内容等。

（5）信息对称原则。为提高居家养老服务调查过程中信息的对称性，除调查问卷为调查评估的主要形式外，项目组通过对象访谈、现场考察和查阅资料等多种形式，从不同渠道收集信息，尽量保证信息来源客观、可靠和全面。

（6）实地印证原则。在居家养老服务调查过程中，项目组对相关内容进行随机抽查，以查阅档案、实地验证、随机走访等形式，印证相关资料和活动开展、运行情况。

（7）量化为主原则。评估的标准要求有明确的量化指标，难以量化的，以质量、时限、进度等语句表述，便于进行纵向和横向比较。

（二）组织框架

为了保证调查评估工作的顺利开展，该项目拟成立 QYB 市 QXW 县居家养老服务满意度第三方调查评估项目组，下设协调组、实施组和后勤组。

协调组：承担项目的组织、协调工作，确保项目有序、顺利完成。

实施组：主要成员由 QYB 市学院熟悉社会调查工作的老师以及有相关调查经验的大学生组成，承担项目的调查设计、样本抽选、问卷设计、入户调查、统计分析和报告撰写等具体的技术工作。

后勤组：主要承担项目实施组人员的后勤工作保障、交通安排以及老师和学生课程的调节，保障项目实施组的安全和工作效率，从而确保项目的顺利完成。

（三）样本筛选

根据《QYB 市民政局关于加快推进政府购买居家养老服务的通知》，调查主要对象为 QYB 市 QXW 县 2019 年线上线下服务的居家老人，主要为户籍、居住均在 QXW 县范围内的 60 周岁以上的散居城乡特困人员，60 周岁以上的城乡低收入家庭中的失能老人、残疾老人和留守老人，城乡低收入家庭中 80 周岁以上的高龄老人。项目表按照分层抽样与随机抽样相结合的方式，拟在古宋镇、僰王山镇、共乐镇、麒麟苗族乡、九丝城镇、大坝苗族乡、五星镇、莲花镇、大河苗族乡、周家镇、石海镇、仙峰苗族乡共 12 个乡镇开展调查，此次调查抽取按照 10% 的比例进行，共抽取 700 名符合条件的居家老人。具体调查样本分布见表 1。

表 1　2019 年度 QXW 县居家养老服务第三方调查样本分布表

地区	服务人数	比例	抽样人数
古宋镇	1 449	9.66%	140
僰王山镇	1 122	10.34%	116
共乐镇	800	10.00%	80
麒麟苗族乡	482	10.37%	50
九丝城镇	400	10.00%	40
大坝苗族乡	450	10.00%	45
五星镇	990	10.10%	100
莲花镇	369	9.21%	34
大河苗族乡	300	10.00%	30
周家镇	290	10.34%	30
石海镇	145	10.34%	15
仙峰苗族乡	203	9.85%	20
总计	7 000	10.00%	700

（四）调查方式

项目组采用现场察看、查阅资料、随机走访、问卷调查、座谈会（院坝会）、深度访谈等方式进行。

在征得被调查对象同意的情况下，对整个调查过程将采用笔记、拍照等方式进行记录，保证采集数据的真实性和完整性。

（五）问卷发放

依据居家养老综合考评标准，设计居家养老线下服务满意度调查问卷主要用于对采集服务对象的满意度、服务质量和服务需求等方面的数据进行综合考评（见附件）。

问卷采取李克特量表设置：分为非常满意、基本满意、一般、不满意、非常不满意 5 级量表，抽取居家养老服务对象进行调查评分，对未进行的服务项目记为"弃权"。5 级量表对应的评价分数分别为 100、80、60、40、20 分值。

综上，QXW 县居家养老服务工作成效调查流程见图 1。

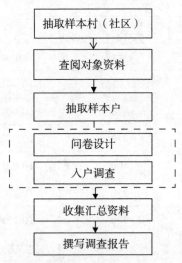

图 1　QXW 县居家养老服务评估工作流程图

六、组织评估过程

（一）人员组织

本次评估调查 3 个实施小组设置督导员、调查员共计 20 人，其中督导员为相关社会调查的专业老师，共计 3 人，负责调查工作过程中的监督指导工作。此次调查员为在校的本科生，共计 17 人，负责主要的入户调查。具体人员分组情况如下：

第一组：督导员 1 名，调查员 3 名。

第二组：督导员 1 名，调查员 7 名。

第二组：督导员 1 名，调查员 7 名。

（二）业务培训

为了保证调查结果的准确性，提高工作效率，项目实施组将组织所有调查参与人员进行相关业务培训，主要包括政府购买养老服务的内容和质量标准的解读、调查问卷的题目及答案的解释和其他佐证材料的讲解。同时，培训讲授入户调查的基本调查方法手段的应用和注意事项，并现场组织调查员进行等距抽样练习和模拟调查。

（三）评估内容

根据《2019 年 QXW 县居家养老服务合同》的具体要求，此次评估调查主要评估验收内容为档案的完整性、服务质量、满意度和有效投诉四个方面。因此，评估小组通过到养老服务提供机构实地调查和资料收集等方式，收集养老服务供给情况，以评估其档案资料的完整性和有效投诉情况。养老服务质量和满意度调查采用入户问卷法，入户调查抽选 700 人。入户调查的目的是通过实地走访和观察详细了解服务提供机构所提供线下服务的完成情况和质量，并利用面对面的问卷调查摸清养老服务的真实情况以及老人对服务人员的态度、项目服务质量的满意度，并了解和收集老人对养老服务的其他需求内容。具体服务项目见表 2。

表 2　2019 年度 QXW 县居家养老线下服务项目

类别	具体服务内容
健康服务	局部按摩
	测量血压血糖
助洁	理发
	刮脸
	修剪指甲（手、脚）
	居室卫生
	床单、被套、枕套、枕巾（四件套）洗涤
	衣服、裤子洗涤
	毛毯、沙发套洗涤

续　表

类别	具体服务内容
助洁	鞋子洗涤
	袜子洗涤
代理服务	送餐（盒饭）双向自选
	代缴费用
	代为购物
	水电维修
	开锁
	煮饭（含炒菜）或煎药
	陪同挂号、就诊、购药
助浴	洗头
	洗脚
	洗澡
	更衣
	打扫浴室场地
精神慰藉服务	巡访关爱、心理疏导

（四）调查执行

此次评估调查由外业调查和内业分析两部分组成。调查共发放调查问卷700份，回收700份，回收率100%；其中有效问卷700份，有效率100%。

（五）数据审核与处理

督导员对调查采集回来的问卷进行审核，仔细核查所有考核指标，如果发现有数据异常的现象，及时联系调查员了解具体情况，以确定数据真实性并及时更正准确。

（六）数据分析

（1）在审核、修改、补充调查完成后，项目组对所有合格的调查问卷进行数据录入工作，采取 SPSS21.0 软件对问卷进行编码录入电脑。

（2）项目组对录入的数据进行抽样调查，通过对照片、录音及文字记录的交叉验证，全面保证数据的精准录入效果。

（3）项目组组织专业人员对录入后的数据进行分析，并形成评估报告。

七、评估结果

（一）样本分析

本次调查采用纸质版问卷调查。实地调查的三个调查小组，于 2021 年 1 月 8 日至 12 日在 QXW 县开展居家养老服务工作评估调查，评估调查问卷发放分布见表 3。

表 3　2019 年度 QXW 县居家养老服务第三方调查问卷发放分布表

地区	发出份数	收回份数	有效份数	有效率
古宋镇	140	140	140	100.00%
僰王山镇	116	116	116	100.00%
共乐镇	80	80	80	100.00%
麒麟苗族乡	50	50	50	100.00%
九丝城镇	40	40	40	100.00%
大坝苗族乡	45	45	45	100.00%
五星镇	100	100	100	100.00%
莲花镇	34	34	34	100.00%
大河苗族乡	30	30	30	100.00%
周家镇	30	30	30	100.00%
石海镇	15	15	15	100.00%
仙峰苗族乡	20	20	20	100.00%
总计	700	700	700	100.00%

调查对象性别结构：男性 328 人，占 46.86%；女性 372 人，占 53.14%。性别结构见表 4。

表 4　2019 年度 QXW 县居家养老服务样本性别结构

性别比例	人数	百分比
男	328	46.86%
女	372	53.14%
总计	700	100.00%

文化程度构成：小学及以下学历 656 人，占 93.71%；初中学历 35 人，占 5%；高中（中专）学历 7 人，占 1%；本科（大专）及以上学历 2 人，占 0.29%。具体文化程度构成见表 5。

表 5　2019 年度 QXW 县居家养老服务样本文化程度结构

文化程度	人数	百分比
小学及以下	656	93.71%
初中	35	5.00%
高中（中专）	7	1.00%
本科（大专）及以上	2	0.29%
总计	700	100.00%

居住状况构成：独居老人有 91 人，占 13%；与配偶居住的老人有 125 人，占 17.86%；与子女居住的老人有 484 人，占 69.14%。具体居住状况构成见表 6。

表 6　2019 年度 QXW 县居家养老服务样本居住状况结构

居住情况	人数	百分比
独居	91	13.00%
与配偶居住	125	17.86%
与子女居住	484	69.14%
总计	700	100.00%

（二）结果分析

1.考评得分总体情况

本次考核主要从服务档案资料完整性、服务质量、服务对象满意度、有效投诉等四个方面进行综合考评，具体考核标准以《2019 年 QXW 县居家养老服务合同》核定的考核办法为准。考核得分详见表 7。

表 7　QXW 县居家养老服务工作考评得分表

	考评项	得分	方法	备注
综合得分（100）	档案资料完整性	20	资料检查	根据实地资料检查，服务对象信息资料完整，服务对象信息内容准确，无扣分，档案资料完整性得分记 20 分
	服务质量	40	问卷调查	根据问卷调查与访问，服务质量满意度为 95.43%，记 40 分
	满意度测评	20	问卷调查	根据问卷调查与访问，整体满意度为 96.21%，记 20 分
	有效投诉	20	资料检查	根据实地资料检查，有效投诉的例次为 0，无扣分，记 20 分

从表 7 可以看出，QXW 县居家养老服务工作在 2019 年的开展情况非常不错，服务工作做得相当扎实。评估调查通过综合考评得出 QXW 县居家养老服务工作最终得分为满分（100 分）。其中，档案资料、有效投诉通过向 QYB 市阿托家政服务有限公司调阅以及实地调查考核，无扣分项；在对 QXW 县所抽取的 700 名服务对象的调查中，没有服务不及时、服务态度恶劣、违规收费等行为产生，满意度测评总体得分为 96.21%，大于 90%，记满分。

2.线下服务项目满意度情况分析

2019 年度 QXW 县居家养老线下服务采用菜单式定额服务，在提供健康服务、助洁、代理服务、助浴和精神慰藉服务等方面提供了比较丰富的服务内容和价格清单。按照固定金额 300 元 /（人·年）的标准，由政府购买服务，服务项目由老人根据需求自行选择，直至用完 300 元 /（人·年）。具体满意度得分情况见表 8。

表8　2019年度QXW县居家养老服务项目满意度（%）

项目	内容	古宋镇	僰王山镇	共乐镇	麒麟苗族乡	九丝城镇	大坝苗族乡	五星镇	莲花镇	大河苗族乡	周家镇	石海镇	仙峰苗族乡	总计
健康服务	局部按摩	95.43	87.24	95.50	92.80	94.50	92.59	95.80	94.71	93.33	94.00	92.00	94.00	93.49
	测量血压血糖	96.00	87.41	96.25	94.00	96.00	93.78	96.60	95.88	96.67	96.00	96.00	96.00	95.05
	小计	95.71	87.33	95.88	93.40	95.25	93.19	96.20	95.29	95.00	95.00	94.00	95.00	94.27
	理发	96.67	86.53	96.71	92.80	97.00	95.11	96.75	96.47	94.67	96.67	94.67	96.00	95.00
	刮脸	97.50	89.66	93.33	93.33	/	93.53	95.00	95.29	97.14	/	94.29	98.00	94.71
	修剪指甲（手、脚）	96.69	86.48	96.50	96.00	96.50	94.22	96.36	95.29	96.67	95.33	96.00	95.00	95.09
	居室卫生	94.42	86.78	96.46	93.20	95.00	94.87	97.08	94.71	96.67	96.00	100.00	94.55	94.98
助洁	床单、被套、枕套、枕巾（四件套）洗涤	/	/	/	/	/	/	/	/	/	/	/	/	/
	衣服、裤子洗涤	/	/	/	/	/	/	/	/	/	/	/	/	/
	毛毯、沙发套洗涤	/	/	/	/	/	/	/	/	/	/	/	/	/
	鞋子洗涤	/	/	/	/	/	/	/	/	/	/	/	/	/
	袜子洗涤	/	/	/	/	/	/	/	/	/	/	/	/	/
	小计	96.32	87.36	95.75	93.83	96.17	94.43	96.30	95.44	96.29	96.00	96.24	95.89	95.00

续表

项目	内容	古来镇	樊王山镇	共乐镇	麒麟苗族乡	九丝城镇	大坝苗族乡	五星镇	莲花镇	大河苗族乡	周家镇	石海镇	仙峰苗族乡	总计
代理服务	送餐（盒饭）双向自选	/	/	/	/	/	/	/	/	/	/	/	/	/
	代缴费用	/	/	/	/	/	/	/	/	/	/	/	/	/
	代为购物	/	/	/	/	/	/	/	/	/	/	/	/	/
	水电维修	/	/	/	/	/	/	/	/	/	/	/	/	/
	开锁	/	/	/	/	/	/	/	/	/	/	/	/	/
	煮饭（含炒菜）或煎药	/	/	/	/	/	/	/	/	/	/	/	/	/
	陪同挂号、就诊、购药	/	/	/	/	/	/	/	/	/	/	/	/	/
	小计	/	/	/	/	/	/	/	/	/	/	/	/	/
助浴	洗头	100.00	/	/	/	/	95.00	/	/	/	/	/	/	97.50
	洗脚	/	/	/	/	/	100.00	/	/	/	/	/	/	100.00
	洗澡	/	/	100.00	/	/	/	/	/	/	/	/	/	100.00
	更衣	/	/	/	/	/	/	/	/	/	/	/	/	/
	打扫浴室场地	/	/	/	/	/	100.00	/	/	/	/	/	/	100.00
	小计	97.25	89.33	97.14	/	96.00	95.71	/	/	96.67	96.67	96.00	96.00	95.64
精神慰藉服务	巡访关爱、心理疏导	98.62	89.33	98.57	93.67	96.00	97.68	96.26	/	96.67	96.67	96.00	96.00	96.17
总体满意度		96.78	87.75	96.55	93.67	95.82	95.39	96.26	95.39	95.98	95.81	95.52	95.64	96.21

47

综上所述，全县所抽调的服务对象绝大多数都对居家养老线下服务感到非常满意，整体满意度为96.21%，调查对象均对线下服务人员的态度和服务水平感到认可。大部分调查对象对调查人员也非常热情，积极配合调查，可见调查对象对所提供的服务均非常满意。根据实地调查和对阿托家政服务公司的访谈发现：该公司在QXW县居家养老服务中就地培训和发展服务人员，发挥了地缘优势，使老人对服务人员的信任感和认同感增强。而且该公司项目经理从头到尾参与整个居家养老服务的策划和实施，十分熟悉项目和服务对象的需求反馈，每完成一次服务，都自我抽查，促使服务质量不断改善。

3.菜单式服务项目需求构成情况

2019年度QXW县居家养老服务采用了定额菜单式服务项目，该服务由通信服务、精神关爱、信息咨询等多样化、多层次的居家养老健康服务、助洁、代理服务和助浴共计24个子项目构成。从一个侧面可以看出，本年度提供居家养老服务机构在经验和专业性上的提升，但是从实际调查情况来看，菜单式服务尚未能够发挥出其优势，未在范围的涵盖性上面表现出较强的经验和专业性，24个子项目的选择分布还是较为集中，具体需求序列见表9。

表9　2019年度QXW县居家养老服务项目选择排序列表

排序	项目	比例
1	测量血压血糖	18.13%
2	局部按摩	18.00%
3	修剪指甲（手、脚）	17.77%
4	理发	15.62%
5	居室卫生	14.61%
6	巡访关爱、心理疏导	11.42%
7	刮脸	4.20%
8	洗头	0.18%
9	洗脚	0.03%
10	打扫浴室场地	0.03%
11	洗澡	0.02%

排序	项目	比例
12	床单、被套、枕套、枕巾（四件套）洗涤	0.00%
13	衣服、裤子洗涤	0.00%
14	毛毯、沙发套洗涤	0.00%
15	鞋子洗涤	0.00%
16	袜子洗涤	0.00%
17	送餐（盒饭）双向自选	0.00%
18	代缴费用	0.00%
19	代为购物	0.00%
20	水电维修	0.00%
21	开锁	0.00%
22	煮饭（含炒菜）或煎药	0.00%
23	陪同挂号、就诊、购药	0.00%
24	更衣	0.00%

从表 9 中可以发现，目前菜单式服务项目的前十位需求项目分别是测量血压血糖，局部按摩，修剪指甲（手、脚），理发，居室卫生，巡访关爱、心理疏导，刮脸，洗头，洗脚，打扫浴室场地，主要集中在健康服务、精神慰藉服务、助洁这三个板块。

从此次评估调查来分析，不难发现，目前需求量最大的 10 项服务都集中在居所和个人卫生清洁、精神慰藉、按摩等，基于调查事实分析，有待提高之处主要表现在以下两个方面：①菜单式服务在操作上面尚有一定的难度，面对 24 个子项目就是年轻人都很难理性地选择出一定金额标准下的最优项目组合，更何况是老人家。这也就导致了菜单式服务中各子项目的选择需求在不同特征样本之间几乎不存在差异性以及不同区域服务内容的一致性趋势。②基于现行的定额服务菜单，单次服务需求金额达到或超过规定金额的情况难以发生，因此线下服务人员通常是分六次上门为老人提供服务。根据调查和资料调阅，线下服务人员六次提供服务项目内容按计费标准核算均能达到 300 元，老人除了选择基础的服务项目之外，还有个别要求（以菜单内容为主，也包括少数菜单列表外的服务）也力所能及地提供并未再收取费用。经费使用均值见表10。

表10 2019年度QXW县居家养老项目经费使用均值表

地区	经费均值（元）
古宋镇	368.86
㮸王山镇	355.65
共乐镇	431.56
麒麟苗族乡	434.40
九丝城镇	430.00
大坝苗族乡	388.22
五星镇	382.20
莲花镇	436.76
大河苗族乡	320.00
周家镇	364.00
石海镇	454.60
仙峰苗族乡	376.00
总计	395.19

4.服务质量情况

根据《2019年QWW县居家养老服务合同》的规定，QXW县居家养老线下服务质量满意度达到95.43%，及时性达到100%。根据问卷调查与访问，并未出现违规收费、未上门及时服务等行为。具体情况见表11、表12。

表 11　2019 年度 QXW 县居家养老项目服务质量满意度

项目乡镇	服务内容满意度（%）	服务态度满意度（%）	服务设施满意度（%）	对服务机构管理员的服务能力是否满意（%）	语言和行为表现满意度（%）	责任心满意度（%）	总体满意度（%）
古宋镇	98.29	97.14	96.00	96.57	97.29	96.86	97.03
硐王山镇	87.59	89.31	85.00	86.03	86.21	89.83	87.33
共乐镇	96.75	97.00	96.75	97.00	97.00	97.00	96.92
麒麟苗族乡	96.80	97.60	92.80	94.00	94.00	94.80	95.00
九丝城镇	98.50	100.00	95.50	94.00	95.00	97.50	96.75
大坝苗族乡	96.00	95.56	93.78	96.44	95.56	96.00	95.56
五星镇	96.80	96.80	96.20	97.20	96.80	96.80	96.77
莲花镇	95.29	95.29	95.29	95.29	95.29	95.29	95.29
大河苗族乡	94.67	94.67	94.00	95.33	96.00	96.00	95.11
周家镇	96.67	96.67	98.00	96.00	94.67	97.33	96.56
石海镇	97.33	96.00	93.33	97.33	97.33	96.00	96.22
仙峰苗族乡	100.00	97.00	93.00	97.00	95.00	98.00	96.67
总计	96.22	96.09	94.14	95.18	95.01	95.95	95.43

表 12　2019 年度 QXW 县居家养老项目服务及时性

项目	及时性
古宋镇	100.00%
硐王山镇	100.00%
共乐镇	100.00%
麒麟苗族乡	100.00%
九丝城镇	100.00%
大坝苗族乡	100.00%

续　表

项目	及时性
五星镇	100.00%
莲花镇	100.00%
大河苗族乡	100.00%
周家镇	100.00%
石海镇	100.00%
仙峰苗族乡	100.00%

服务质量直接决定服务效果，因此除了基本的及时性这类客观性的二项式变量外，此次评估调查还对主观性服务质量进行了量表评估测算。根据表11，2019年度各乡镇在线下服务中的服务内容、服务态度、服务设施、服务管理员能力、责任心和行为言语满意度的测算结果十分乐观，相对较弱的是服务设施。根据调查发现，对于服务设施老人们很多不能理解其所指范围，部分老人认为服务人员利用自家工具打扫卫生，没有服务设施而进行低分选择，从而拉低了分数。

不过总体而言，线下服务人员均能严格执行服务合同的服务质量要求，所抽查的全部服务对象对各乡镇的线下服务人员的服务质量都感到认可，辖区内的线下服务人员也能认真踏实完成自身工作，受到了服务对象普遍的认可与赞扬。

5.未来发展方向情况

通过入户实地调查，QXW县居家养老服务工作在2019年度的开展情况总体很优秀，服务对象普遍对所享受的服务非常满意，对线下服务人员的工作十分肯定，对线上居家养老服务平台的搭建持乐观态度。在谈及未来发展方向情况时，此次评估调查主要询问了调查对象对未来加付费用获取优质服务的意愿和对未来居家养老服务需求情况这两个方面，以便未来几年更好地建设QXW县居家养老服务平台，满足居家老人真正的需求，给需要帮助的老人提供更完善的服务。具体情况见表13、表14。

表 13　对未来加付费用获取优质服务的意愿表

地区	愿意	中立	不愿意
古宋镇	17.90%	46.40%	35.70%
梗王山镇	22.40%	29.30%	48.30%
共乐镇	1.30%	2.50%	96.20%
麒麟苗族乡	92.00%	8.00%	0.00%
九丝城镇	0.00%	0.00%	100.00%
大坝苗族乡	22.20%	77.80%	0.00%
五星镇	0.00%	1.00%	99.00%
莲花镇	23.50%	29.40%	47.10%
大河苗族乡	0.00%	100.00%	0.00%
周家镇	0.00%	0.00%	100.00%
石海镇	6.70%	46.60%	46.70%
仙峰苗族乡	0.00%	10.00%	90.00%
总计	15.50%	29.25%	55.25%

QXW 县现阶段的居家养老服务，是由省、市、县三级财政共同筹款为困难老人和失能老人提供无偿服务。老人们在享受关怀照顾服务时，自身没有任何费用需要缴纳。表 13 统计表明，在调查未来通过自身加付一定费用以享受更好的服务时，整体有 55.26% 的服务对象不愿意以出钱的方式获取更好的服务。并且在调查过程中，这部分老人对加付一定费用这个问题反应比较大，这与我国传统的养老观念有很大关系，大多数老人家庭都有自己血脉相连的儿女专职负责老人的生活起居。同时，由于居民收入整体不高，服务类支出在有限的收入中占比虽不高，但仍然是老人们不愿意付费购买优质服务的主要原因。不过也有 15.5% 的老人愿意支付费用来享受更好的或者更持续的服务，相比较其他区县这个比例也算是中上位数，而且还有 29.26% 的老人表示中立，也从一个侧面反映出本次服务的质量很高，致使县域经济相对居中区域的居家养老对象有这样相对较高比例的获取意愿。

表14 对未来居家养老服务的需求情况表

地区	服务项目需求	服务专业性需求	服务时间需求	无其他需求
古宋镇	2.10%	12.90%	24.30%	75.00%
僰王山镇	0.00%	22.40%	37.90%	61.20%
共乐镇	1.30%	0.00%	13.80%	85.00%
麒麟苗族乡	66.00%	6.00%	14.00%	16.00%
九丝城镇	2.50%	2.50%	0.00%	95.00%
大坝苗族乡	2.20%	15.60%	11.10%	73.30%
五星镇	0.00%	0.00%	0.00%	100.00%
莲花镇	0.00%	2.90%	3.80%	88.20%
大河苗族乡	0.00%	3.30%	6.70%	100.00%
周家镇	0.00%	0.00%	0.00%	100.00%
石海镇	0.00%	6.70%	13.30%	86.70%
仙峰苗族乡	0.00%	0.00%	0.00%	100.00%
总计	6.18%	6.03%	10.41%	81.70%

对于未来的服务需求方面，我们对老人的拓展需求从纵向出发在服务项目需求、服务专业性的需求、服务时间的需求、无其他需求四方面进行了调查，而具体项目内容采用了开放式问题。由表14可以知道，现阶段服务对象对未来居家养老服务的需求情况逐渐有了自己的想法，从整体来看有81.70%的老人认为不需要再增添任何服务，反映出老人们对现在提供的服务项目内容、服务人员的素质和服务时间已经很认可；有6.03%的老人希望能够提升服务的专业性，主要表现为服务人员在助医方面的专业性；有10.41%的老人希望能够增加服务项目的服务时间，这部分老人希望能够每月上门服务一次，特别是针对按摩、理发、修剪指甲等服务均希望增加时长。

（三）小结

综上所述。2019年度QXW县居家养老线下服务成效调查结果整体情况总结如下：

（1）通过对资料的调阅，QYB市阿托家政服务有限公司利用养老平台，收集、整理了所有服务对象的各类资料，纸质和电子资料完备。

（2）通过实地调查发现，从服务内容、服务态度、服务设施、服务管理员能力、责任心和行为言语的满意度来看，满意度为95.43%，反映出服务对象对所提供的服务质量的认可。

（3）通过入户问卷访谈发现，服务对象对所提供的服务项目的满意度为96.21%，整体满意度处于相当高的水平。

（4）每个老人均获得六次居家养老服务，老人们所享受的养老服务金额均达到300元甚至更高。据调查，这是由于某些地区的线下服务人员除了完成基础服务之外，还无偿性地额外做了力所能及的事情，从而拉高了整个县的服务经费的均值，反映出线下服务人员服务态度十分热情以及对老人十分关心。

（5）从资料调阅和实地调查中，未发现有效投诉，没有服务不及时、服务态度恶劣、违规收费等行为产生。

（6）有待提高之处表现为：①定额菜单式服务未能达到预期效果。就调查结果来看，目前的服务对象对定额菜单式服务子项目选择需求最高的几项服务项目趋近一致，老人普遍认为只有那几项基础服务，每次选择都比较单一，所以未能发挥出其丰富性和覆盖性的优势；②服务机构在医疗方面的专业人才还比较缺乏，难以做到将医养融合到居家养老，未能满足老人日益增加的健康服务需求。

八、思考与建议

居家养老服务推行是一项得民心、暖人心的夕阳工程，是老龄事业发展的重要内容。因此，居家养老服务推行工作首要体现政府的意志和其倡导的社会价值观。政府的推动、引导作用，必须作为这项工程的初始动力，贯穿于发动、规划、组织等各个环节和过程。政府要发挥主导作用，随着经济发展水平的提高和老年人口增长速度的加快不断加大对这一事业的投入，从宏观规划、管理到舆论宣传、政策制定和资金投入上给予大力支持，不断促进养老服务与关联产业融合发展。探索建立长期护理保险制度，培育发展为老年人服务的社会组织，加大对困难老年人的社会救助力度，全面放开养老服务市场。全面构建以居家为基础、社区为依托、机构为补充的多层次养老服务体系。

（一）完善政府主导的多元化居家养老服务机制

当前，我国居家养老服务模式集中在"政府主导，层级执行""政府主办，组织参与""政府购买，市场运行"三种模式。政府应该结合本地社会组织成熟情况、居家养老民间资本市场发育程度灵活调配，形成以政府为主导，社会组织、社会资本为重要参与的市场化运营模式。

从长远来看，居家养老服务也是一种社会投资。随着居家养老服务覆盖面的拓展、服务内容和形式的不断丰富以及服务队伍的不断壮大，政府作为居家养老服务的主导方，在财政支出中应适当扩大政策项目的支出，同时建立专门的整体财政预算制度，以确保服务的正常运行。同时，政府应吸引慈善机构、社会企业以及爱心人士等各界社会力量参与进来，建立多元化和多渠道的资金筹集机制，保证足够的资金来源，并不断扩大政府资金投入，形成多元化和多渠道的资金筹集机制。另外，政府大力扶持非营利公益性社会组织成长，为居家养老服务提供弹性支撑，提供专业公共服务产品，从而弥补政府因资源、能力及利益所限，无法满足多元化的居家养老服务需要的情况，使政府真正从包管一切的"家长"转变为起到引领和指导作用的"船长"。

（二）建立预调查机制，确保服务的针对性

老龄化社会中老年人的养老不是单个人、部门的事，养老政策能否行之有效，最重要的是要知道老年人需要什么，因此，应建立"老年人—家庭—社区（服务中心）—相关社会组织或机构—政府"为轴心的养老预调查机制。首先，政府要明确老年人需要什么，这些需求家庭和社区能否满足和解决，社会组织能提供什么帮助和支持，政府需要做什么；其次，政府在明确需要做什么的前提下，制定相关政策，从人、财、物以及组织上进行政策保障；再次，在针对老年人养老共性需求及政策供给的基础上，政府可以适当考虑和满足老年人个人的特殊需求。充分的需求调查有利于提高居家养老服务项目的针对性和时间安排均衡性，有利于服务实施中形成点菜式服务和套餐式服务相结合的灵活、简洁的操作机制，更有效地提高服务质量。

（三）提高居家养老服务人员的专业化和稳定性

首先，项目组建议由市级人社部门牵头，加强对服务机构、服务队伍专业化培训的支持与监管，将服务人员的职业道德教育和业务技能培训纳入政府免费培训范围，并将培训过程标准化，如使用统一教材和统一考试机制等，实行

养老服务职业资格认证制度，对于取得职业资格者，可由财政提供公益性岗位补贴。其次，服务机构要大力引进专业社工人员，招聘更多年轻、学历高且有相关专业知识的人员加入居家养老服务工作中来，注重老少结合，优化年龄结构和知识结构，提高服务人员的综合素质，从而提升居家养老服务的档次，为更多的老年人提供差异化的优质服务。最后，创新绩效考核机制，适当提高居家养老服务人员的待遇，拓展服务人员职业发展空间，严格保障服务人员社会保险和意外伤害保险费用的足额缴纳，提升职业的吸引力和凝聚力，确保留得住人、用得了人。

附件：2019 年度 QYB 市 QXW 县居家养老线下服务满意度问卷

问卷编号：

调查时间：	调查地点：	调查对象姓名：
问卷质量：□合格　　　□作废		审卷督导签名：
（本部分信息为问卷调查工作人员填写）		

敬爱的爷爷 / 奶奶：

您好！我们是 QYB 市 QXW 县居家养老线下服务满意度测评项目的访问人员，正进行有关居家养老线下服务满意度的调查，所以您的意见对我们的调查有着极大的意义和价值。您的回答无所谓对错，只要表达了您的态度和认识就能给我们的调查提供有价值的信息。您的个人信息与本次调查无关，请您不用担心个人信息的泄露。对于您的协助，我们表示最诚挚的谢意！

A 基本信息

A1. 请问您的性别：_____　　　您的年龄：_____

A2. 请问您的文化程度是：

（1）小学及以下（2）初中（3）高中（中专）（4）本科（大专）及以上

A3. 请问您居住情况？

（1）独居 （2）与配偶居住 （3）与子女居住

B 服务质量部分

序号	服务质量内容	满意度
1	对服务机构提供的服务内容是否满意？	
2	对服务机构工作人员的服务态度是否满意？	
3	对服务机构提供的服务设施是否满意？	
4	对服务机构管理员的服务能力是否满意？	
5	对服务人员服务时的语言和行为表现是否满意？	
6	对服务人员服务时的责任心是否满意？	
7	服务人员的服务是否及时？	

满意度值采用李克特量表设计，请填写 1～5，分别代表：1 非常不满意，2 不满意，3 一般，4 满意，5 非常满意。及时性为：0 和 1 二项式。

B1. 相比较原来定期服务（确定次数），您觉得现在定额服务（确定金额）怎么样？

（1）更喜欢定期服务 _____ （2）更喜欢定额服务 _____

（3）无所谓（不能识别）

B2. 您认为还需要提供的居家养老服务有？（多选）

（1）服务项目需求（请具体说明 ＿＿＿＿＿＿＿ ）

（2）服务专业性的需求（如更专业的技术、人员以及设备）

（3）服务时间的需求（如现有条件下增加服务时间、陪伴时间等）

（4）无其他需求

B3. 您愿意加付一定的服务费用获取更优质的服务吗？

（1）愿意　　　　　（2）中立　　　　　（3）不愿意

C 服务项目满意度

类别	序号	具体服务内容	计分标准（分）	服务次数	是否违规收费	满意度
健康服务	1	局部按摩	20分			
	2	测量血压血糖	15分			
助洁	3	理发	10分			
	4	刮脸	5分			
	5	修剪指甲（手、脚）	5分			
	6	居室卫生	20分			
	7	床单、被套、枕套、枕巾（四件套）洗涤	15分			
	8	衣服、裤子洗涤	5分			
	9	毛毯、沙发套洗涤	35分			
	10	鞋子洗涤	3分			
	11	袜子洗涤	1分			
代理服务	12	送餐（盒饭）双向自选	10分			
	13	代缴费用	5分			
	14	代为购物	5分			
	15	水电维修	20分			
	16	开锁	20分			
	17	煮饭（含炒菜）或煎药	20分			
	18	陪同挂号、就诊、购药	10分			
助浴	19	洗头	10分			
	20	洗脚	20分			
	21	洗澡	30分			
	22	更衣	5分			
	23	打扫浴室场地	10分			
精神慰藉服务	24	巡访关爱、心理疏导	5分			
合计						

注：满意度值采用李克特量表设计，请填写 1～5，分别代表：1 非常不满意，2 不满意，3 一般，4 满意，5 非常满意。

人民幸福指数调查研究之一

——基于对 QYB 市 QG 县的调查

社会建设的终极目的是国民幸福。国民幸福指数调查与测评有利于深化对社会经济可持续发展中非经济因素的认识，并为政府理性科学地制定社会发展综合规划和社会和谐策略，有的放矢地解决现实问题建立参照系，提供信息源。基于此，QYB 市 QG 县委、县人民政府率先在全市提出建设"幸福 QG 县"的工作目标，并委托第三方就该县国民幸福指数进行连续调查和评估。

一、思想原则

（1）邓小平理论、"三个代表"重要思想、科学发展观、党的十八大"五位一体"发展战略及中国梦的基本精神。

（2）QG 县委、县政府"一二三四五"战略部署，先于全市实现全面小康的战略目标和 2013—2018 年逐年细化的五大指标：GDP、公共财政预算、城镇居民人均可支配收入、农民人均纯收入、幸福指数。

（3）QG 县委、县政府在全市率先提出构建国民幸福指数指标体系的要求，编制、确立 QG 县国民幸福指数，弥补 GDP 评价机制的缺陷，使"和谐社会"从理念转化为一种可量化、操作、测评、适用的实践载体，进而为评价宏观经济发展质量与和谐社会的发展程度提供有效的分析手段。

二、理论模型

随着社会经济发展从形式合理到实质合理的理性转化和相关学科的日益融合，学界和政府开始关注和研究除经济增长以外能更广泛地体现经济社会和谐发展的综合指标。"幸福指数"或称"国民幸福指数"便是其中之一。

（一）基本思路

本次调查的目的侧重于为提升居民幸福感和优化政府公共服务水平提供依据，拟在空间和时间序列上进行比较，相互求证并相互补充，采用主、客观指标相结合的办法。基本思路：选取一定数量的客观指标和主观指标，分别逐级合成评价某地区居民社会福祉和主观幸福感的客观指数 H_o 和主观指数 H_s，再加权合成总的国民幸福指数 NHI，公式如下：

$$\text{NHI} = H_o \cdot \alpha + H_s \cdot (1-\alpha), \quad \alpha \in [0,1] \tag{1}$$

$$H_o = \sum h_{oi} \cdot p_{oi} \qquad i=1,\cdots,5 \tag{2}$$

$$H_s = \sum h_{si} \cdot p_{si} \qquad i=1,\cdots,5 \tag{3}$$

$$h_{ij} = h_{ij1}^{\alpha} \cdot h_{ij2}^{\beta} \cdot h_{ij3}^{\gamma}, \, i=0, S, j=1,\cdots,n, \alpha+\beta+\gamma+\cdots=1 \tag{4}$$

式（1）中 α 为客观指数与主观指数的权数，式（2）和式（3）中的 p，以及式（4）中的 α、β、γ 等为客观指数、主观指数所属指标的权数，合成上级指标值的下级指标权数之和等于1。

（二）指标选择

指标的选取对于结果的测算意义重大。鉴于当前国内外有关"幸福指数"指标选择的研究比较一致，且据此开展的调查结论基本符合实际，本次调查的指标体系构建主要借鉴现有文献相关资料，紧扣当地政府作为目标，适当损益，最终建构指标体系。选取指标主要满足以下几个原则：

（1）针对性原则。紧扣政府作为目标，侧重对于提升居民幸福感和政府公共管理可以作为的方面和环节，筛选指标。

（2）科学性原则。既能科学反映现阶段居民幸福感的内涵，又与构建指标体系的目标相一致，能借助所选取指标的指标值统计表现，反映一定问题，为提升政府服务效能提供依据。

（3）可行性原则。能组织实施所构建指标体系设计的调查，所选取指标易被认知，能为被访者接受并有效反馈。

（4）简洁性原则。指标选取紧扣目标，避繁就简，依据所建指标体系开展的调查既服务于调研预期目的，又尽可能节约成本。

（三）指标设置

综合现有文献，紧扣当地政府和县域社会经济文化现状，经与有关部门反复讨论，本次调研对幸福指数的指标体系设置见图1。

（1）客观幸福指数：包括发展指数和水平指数两个方面。其中，发展指数涉及 QG 县全县幸福指数较上一年的变化情况以及 QG 县各乡镇幸福指数较上一年的变化情况；水平指数涉及 QG 县各乡镇幸福指数的横向比较。正式测评拟同时公布两个指数的评价结果，既反映政府的工作所取得的成绩，也反映政府工作的变化趋势。

（2）主观幸福指数：采用抽样调查的方法，在全县各乡镇进行问卷调查。在充分考虑 QG 县人口分布特点的情况下，按照分层抽样与随机抽样相结合的方法，对 QG 县居民的主观幸福感进行调查。

综合评价指标体系分主观指标和客观指标（见表 1、表 2），在操作上相对独立运行。其中，客观指标占 40% 的权重，二级指标共 7 项，三级指标共 74 项；主观评价指标占 60% 的权重，二级指标共 7 项，三级指标共 74 项。

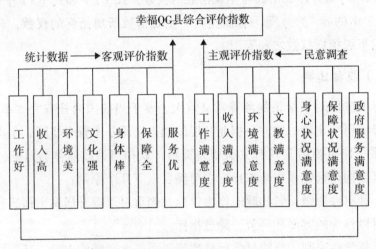

图 1　幸福指数指标体系

表1　客观幸福指数指标体系

一级指标		二级指标	
指标	名称	指标	名称
h_{o1}	工作好	h_{o11}	新增就业岗位数
		h_{o12}	劳动合同签订率
		h_{o13}	城镇登记失业率
		h_{o14}	安全事故死亡人数
		h_{o15}	年职业培训人数
h_{o2}	收入高	h_{o21}	城乡居民收入比
		h_{o22}	农村居民户均纯收入
		h_{o23}	居民消费价格指数
		h_{o24}	城镇人均住房面积
		h_{o25}	农村人均住房面积
		h_{o26}	企业职工平均工资增长速度
		h_{o27}	城乡居民人均储蓄存款余额
h_{o3}	环境美	h_{o31}	每万人拥有公共交通标台数
		h_{o32}	城市人均公共绿地面积
		h_{o33}	空气二级以上的天数占全年的比例
		h_{o34}	森林覆盖率
		h_{o35}	每万人治安刑事发案数
		h_{o36}	城镇生活污水集中处理率
h_{o4}	文化强	h_{o41}	义务教育规范化学校覆盖率
		h_{o42}	居民文教娱乐服务支出占家庭消费支出的比例
		h_{o43}	教育支出占财政的比例
		h_{o44}	城乡居民文化公共场馆面积
		h_{o45}	规范化幼儿园达标率
h_{o5}	身体棒	h_{o51}	每万人拥有医生数
		h_{o52}	人均预期寿命
		h_{o53}	每千人拥有床位数
		h_{o54}	5岁以下儿童死亡率
		h_{o55}	城乡居民人均公共体育设施面积

续　表

一级指标		二级指标	
指标	名称	指标	名　称
h_{o6}	保障全	h_{o61}	每千名老人拥有福利床位数
		h_{o62}	城乡基本养老保险覆盖率
		h_{o63}	城镇基本医疗保险覆盖率
		h_{o64}	农村基本医疗保险覆盖率
		h_{o65}	工伤保险参保率
		h_{o66}	农村最低生活保障
		h_{o67}	城镇最低生活保障
		h_{o68}	城镇保障性住房完成率
		h_{o69}	困难群众救助覆盖率
h_{o7}	服务优	h_{o71}	行政复议案件按时办结率
		h_{o72}	信访案件按时办结率
		h_{o73}	法院案件法定审限息诉服判率
		h_{o74}	法院案件法定审限执行标的到位率

表2　主观幸福指数指标体系

一级指标		二级指标	
指标	名称	指标	名　称
h_{s1}	工作满意度	h_{s11}	工作岗位满意度
		h_{s12}	安全设施满意度
		h_{s13}	个人发展前景满意度
		h_{s14}	劳动强度满意度
h_{s2}	收入满意度	h_{s21}	现有收入满意度
		h_{s22}	收支平衡满意度
		h_{s23}	回报率水平满意度
		h_{s24}	住房状况满意度
h_{s3}	环境满意度	h_{s31}	环境卫生满意度
		h_{s32}	交通出行满意度
		h_{s33}	社会治安满意度
		h_{s34}	社会诚信满意

一级指标		二级指标	
指标	名称	指标	名　称
h_{s4}	文教满意度	h_{s41}	教育满意度
		h_{s42}	业余生活满意度
		h_{s43}	文化设施满意度
		h_{s44}	文化氛围满意度
h_{s5}	身心状况满意度	h_{s51}	心理状况满意度
		h_{s52}	健康状况满意度
		h_{s53}	邻里关系满意度
		h_{s54}	社会适应能力满意度
h_{s6}	保障状况满意度	h_{s61}	养老金水平满意度
		h_{s62}	医疗服务满意度
		h_{s63}	民主权利保障满意度
h_{s7}	政府服务满意度	h_{s71}	购物环境满意度
		h_{s72}	机关效能建设满意度
		h_{s73}	政府服务态度满意度
		h_{s74}	诉求表达畅通满意度

（四）权重确定

本次调研运用层次分析法对各级指标的权重进行确定。层次分析的信息主要是通过邀请各级专家教授对每一层次中各因素的相对重要性做出判断，这些判断通过引入合适的标度进行定量化，即可形成判断矩阵。判断矩阵表示上一层次的某一因素与本层次有关因素之间相对重要性的比较。例如，在 A 层因素中 A_k 因素与下一层次中的 B_1，B_2，$\cdots$，B_n 有联系，于是就可以构造出它的判断矩阵，其一般形式如下：

$$A_k = \begin{pmatrix} B_{11} & B_{12} & \cdots & B_{1n} \\ B_{21} & B_{22} & \cdots & B_{2n} \\ \vdots & \vdots & B_{ij} & \vdots \\ B_{n1} & \cdots & \cdots & B_{nn} \end{pmatrix}$$

判断矩阵中各元素 $\{B_{ij}\}$ 表示在对上层因素 A_k 有联系的因素中，第 i 因素与第 j 因素相比较，对于 A_k 因素相对的重要程度。为了使判断定量化，一般都引用 Seaty 提出的 $1 \sim 9$ 标度方法，见表3。

表 3 Seaty 标度法及其含义

标度值	含义
1	表示两个因素相比，具有同样重要性
3	表示两个因素相比，一个因素比另一个因素稍微重要
5	表示两个因素相比，一个因素比另一个因素明显重要
7	表示两个因素相比，一个因素比另一个因素强烈重要
9	表示两个因素相比，一个因素比另一个因素极端重要
2，4，6，8	表示上述两相邻判断的中间值
倒数	因素 i 与 j 比较得到 a_{ij}，则因素 j 与 i 比较得 $a_{ji} = a_{ji}^{-1}$

根据某层次的某些因素对上一层某因素的判断矩阵，计算出该判断矩阵的最大特征值及特征向量，即可计算出某层次因素相对于上一层中某一因素的相对重要性数值，这些排序计算称为层次单排序。判断矩阵最大特征值及其对应的特征向量计算步骤如下：

①计算元素 B_i 排序权重（权向量），公式为

$$M_i = \frac{1}{n}\sum_{j=1}^{n} B_{ij}\,(\,i = 1,\ 2,\ \cdots,\ n\,)$$

②元素 B_i 的权重 w_i，公式为

$$w_i = \frac{M_i}{\displaystyle\sum_{i=1}^{n} M_i}$$

相应的权向量：$W = (w_1,\ w_2, \cdots, w_n)'$
上述权向量是否合理，还要进行一致性检验，其步骤为：
①计算判断矩阵的最大特征根：

$$\lambda_{\max} = \sum_{i=1}^{n} \frac{(\mathbf{AW})_i}{nw_i}$$

②计算一致性指标：

$$CI = \frac{\lambda_{\max} - n}{n-1}$$

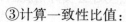

③计算一致性比值：

$$CR = \frac{CI}{RI}$$

式中，CI 为一致性指标，RI 为随机一致性指标。

对于不同的判断矩阵，其 CI 值也不同，一般来说阶数 n 越大，CI 值就越大，为了度量不同判断矩阵是否具有满意的一致性，再引入判断矩阵的平均随机一致性指标 RI 值。RI 值是用随机的方法分别对 $n=1 \sim 9$ 阶各构造 500 个样本矩阵，计算其一致性指标 CI 值，然后平均，即得 RI，见表 4。

表 4　平均随机一致性指标

n	1	2	3	4	5	6	7	8	9	10	11
RI	0	0	0.58	0.90	1.12	1.24	1.32	1.41	1.45	1.49	1.51

④判断一致性：

表 4 中，对于 1、2 阶判断矩阵，RI 只是形式上的，因为 1、2 阶判断矩阵总具有完全一致性；当阶数大于 2 时，判断矩阵的一致性指标 CI 与同阶平均随机一致性指标 RI 之间比值为随机一致性比率，记为 CR。当 CR ≤ 0.10 时，认为判断矩阵具有满意的一致性，否则就需要调整判断矩阵，并使之具有满意的一致性。

三、技术路线

依据幸福指数调查的指导思想和理论模型，本次调研通过项目组查阅资料、会议研讨、实地调研等多种形式，提出幸福指数调查的原则，开发幸福指数调查问卷等内容。

（一）调查原则

为使幸福指数调查工作体现时代性和前瞻性，调研必须遵循以下基本原则：

（1）第三方原则。第三方指两个相互联系的主体之外的某个客体。通过第三方独立开展调查工作，可以在组织工作上确保调查结果的客观性、真实性。

（2）因地制宜原则。QG 县人民幸福指数调查要充分考虑各乡镇发展的差异，尊重当地社会经济发展和人民生活风俗，设计符合 QG 县实际情况的评估程序和内容。

（3）标准统一原则。为全面客观反映幸福指数调查工作的成果，便于纵向比较，评估在设计形式和程序上，力求标准统一。

（4）信息对称原则。为提高幸福指数调查过程中信息的对称性，幸福指数调查问卷除以 QG 县常住人口为调查样本的主体外，项目组通过对象访谈、现场考察和查阅资料等多种形式，从不同角度收集信息，尽量保证信息来源客观、可靠和全面。

（5）实地印证原则。在幸福指数调查过程中，项目组对相关内容以查阅档案、实地验证、随机走访等形式进行随机抽查，印证相关资料和活动开展、运行情况。

（6）量化为主原则。评估的标准要求有明确的量化指标，难以量化的以质量、时限、进度等语句表述，便于进行纵向和横向比较。

（二）样本筛选

根据 2013 年实地调查结果，结合 QG 县的具体情况，中心场镇的样本选择将新县城所在地巡场镇和老县城所在地珙泉镇合二为一，该区域为整个 QG 县政治经济文化的中心，也是本次调查的重点地区。同时，按照 QG 县旧时大区的划分规律、地域经济发展类型，结合 2013 年实地调查比对，项目组对其余 16 个乡镇采取抽样，选取玉和乡、上罗镇、孝儿镇和洛亥镇作为代表区域进行调查。本次调查抽取样本 1 000 份。巡场镇 350 份，珙泉镇 100 份，中心城区 550 份，根据人口比例，玉和乡为 31 份，上罗镇、孝儿镇均为 191 份，洛亥镇为 137 份。

巡场镇样本具体抽取为：首先参照巡场镇 6∶1 的城镇人口与农村人口的比例，将 380 个城镇样本分到十大行业（见表 5），然后按照从业人数比例，从各个行业中独立抽取一定数量的个体（见表 5），70 个样本作为农村人口按随机原则采集。为保证大量的低收入人群进入样本，根据经验，项目组对某些特定的行业，要求基层群众人数占各行业调查样本总量的比例达到 80%（其中，基层人员包括大量非技术工人、临时工、建筑工人、三轮车夫和大量服务员等低收入人群）。为保证各个行业每一层级的个体尽可能地进入调查样本，需遵循在各层中进行简单随机抽样的方法。

表 5 县城中心镇（巡场镇）抽样方（单位：人）

行业 分层	资源型 企业	建筑业	交通运 输业	餐饮 业	金融 业	教育	行政 单位	医疗业	个 体 户	居民
管理层	8	8	8	8	8	38	38	38	38	38
基层人员	30	30	30	30	30					
小计	38	38	38	38	38	总计抽样人数：380 人				

其他乡镇，因经济结构比较单一，所以 3 个建制镇按城镇化率设置非农抽样人数和农业抽样人数（见表 6）。为保证各地区农业和非农业中每一个层级的个体同等概率地进入调查样本，需遵循在各层中进行简单随机抽样的方法。

表 6 其他乡镇抽样方法（单位：人）

乡镇 抽样人数	玉和乡	上罗镇	孝儿镇	洛亥镇
总人口比例（％）	0.0172	0.1035	0.1034	0.0690
抽样调查人数	31	191	191	137
非农抽样人数	-	34	44	28
农业抽样人数	31	157	147	109

（三）问卷开发

依据幸福指数调查理论模型，设计幸福指数调查问卷主要用于主观幸福指数的数据采集，分别从民众对工作、收入、环境、文化、健康、社会保障和公共服务等方面满意度进行问卷设计 (见附件 1)。

问卷采取李克特 5 级量表设置：非常满意、满意、一般、不满意和非常不满意，由对相关项目知晓的人员进行评分，对相关项目不知晓的和不打分的均记为"弃权"。对应的评价分数分别为"100、80、60、30、0"分值。

综上设置 QG 县幸福指数调查技术路线（见表 7）。

表7 QG县幸福指数调查技术路线表

	一级指标	评估主体	二级指标	备注
QG县幸福指数	主观幸福指数（60%）	QG县常住人口	工作满意度、收入满意度、环境满意度、文化满意度、健康满意度、社保满意度、公共服务满意度	评估点提供材料，项目组设计评估问卷
	客观幸福指数（40%）	项目组评估	工作、收入、环境、文化、健康、社保、公共服务客观数据指标	项目组实地查阅相关部门资料，实地印证

四、结果分析

（一）样本分析

调查采用纸质版问卷调查（主观指标）和二次数据分析（客观指标）相结合的方式。本次实地调查成立了4个调查小组，于2015年3月25日至3月27日在QG县各样本乡镇同步展开，共发放问卷1 011份，回收1 011份；其中有效问卷976份，回收率100%，有效问卷率96.54%。

根据实地调查和问卷发放，本次幸福指数调查样本分布见表8。

表8 样本分布

序号	地名	发出分数	收回分数	有效分数	有效率
1	巡场镇	367	367	365	99.46%
2	珙泉镇	88	88	87	98.86 %
3	洛亥镇	137	137	136	99.27%
4	上罗镇	194	194	174	89.69 %
5	孝儿镇	191	191	182	95.29 %
6	玉和乡	34	34	32	94.12%
7	总计	1 011	1 011	976	96.54%

1.调查对象性别及年龄结构

性别构成：男性 527 人，占 54.00%；女性 449 人，占 46.00%。年龄构成：最小年龄 15 岁，最大年龄 87 岁，平均值 43.27 岁。

2.职业构成

职业构成见表 9。

表 9　职业构成

职业类别	人数	百分比	累积百分比
党政机关	13	1.3	1.4
事业单位	115	11.8	13.3
国有企业	52	5.3	18.8
集体企业	9	0.9	19.7
私营企业	78	8.0	27.8
三资企业	14	1.4	29.3
个体户	118	12.1	41.6
军人或警察	5	0.5	42.1
离退休人员	23	2.4	44.5
学生	5	0.5	45.0
农民	379	38.8	84.6
无业人员	88	9.0	93.7
其他	77	7.9	100.0
总计	976	100	

3.受教育程度构成

初中及以下学历占 51.30%，高中或中专学历占 23.60%，大专及本科学历占 25.00%，研究生及以上学历 1 人占 0.1%。

4.月均收入构成

月均收入构成见表 10。

表 10　2014 年月均收入构成

月收入类别	人数	百分比	累积百分比
800 元以下	362	37.09	37.09
801 到 1 500 元	270	27.66	64.75
1 501 到 3 500 元	273	27.97	92.73
3 501 到 6 000 元	59	6.05	98.77
6 000 元及以上	12	1.23	100.00
总计	976	100.00	

（二）调查结果

为了最大限度地直接体现民意，同时又克服主观感受随机性较强的弊端，QG 县 2014 年国民幸福指数（NHI）调查采用主、客观指标加权合成法。

基本思路：选取一定数量的客观指标和主观指标，分别逐级合成评价 QG 县居民社会福祉的客观指数和幸福感的主观指数，再加权平均得出总的幸福指数。具体公式为

$$H = H_o \cdot 0.4 + H_s \cdot (1 - 0.4)$$

根据调查，客观幸福指数为 81.49，主观幸福指数为 60.71，将主客观数据代入上式，计算得出 2014 年 QG 县国民幸福指数 NHI 结果为 69.02。具体主客观指数见表 11、表 12。

表 11　客观幸福指数

	权重	序号	指标名称	权重	单位	水平指数	得分
工作好	15	1	新增就业岗位数	20	万个/年	86	2.58
		2	劳动合同签订率	20	%	98	2.94
		3	城镇登记失业率	15	%	100	2.25
		4	安全事故死亡人数	25	人/年	83	3.13
		5	年职业培训人数	20	人/年	69	2.08
			小计				12.98 (86.53%)

续 表

权重	序号	指标名称	权重	单位	水平指数	得分
收入高 15	6	城乡居民收入比	10	%	100	1.5
	7	农村居民户均纯收入	25	元	42	1.59
	8	居民消费价格指数	15	%	100	2.25
	9	城镇人均住房面积	15	人/平方米	100	2.25
	10	农村人均住房面积	10	人/平方米	75	1.12
	11	企业职工平均工资增长速度	15	%	46	1.04
	12	城乡居民人均储蓄存款余额	10	万元	100	1.5
		小计				11.25 (75.00%)
环境美 10	13	每万人拥有公共交通标台数	20	标台	74	1.47
	14	城市人均公共绿地面积	20	平方米	100	2
	15	空气二级以上的天数占全年的比例	15	%	88	1.33
	16	森林覆盖率	15	%	93	1.4
	17	每万人治安刑事发案数	15	件	97	1.46
	18	城镇生活污水集中处理率	15	%	94	1.41
		小计				9.07 (90.70%)
文化强 10	19	义务教育规范化学校覆盖率	25	%	79	1.97
	20	居民文教娱乐服务支出占家庭消费支出的比例	15	%	50	0.75
	21	教育支出占财政的比例	25	%	61	1.52
	22	城乡居民文化公共场馆面积	15	平方米	60	0.9
	23	规范化幼儿园达标率	20	%	85	1.7
		小计				6.84 (68.40%)
身体棒 20	24	每万人拥有医生数	25	人	63	3.14
	25	人均预期寿命	10	岁	98	1.96
	26	每千人拥有床位数	15	床位	9	2.7
	27	5岁以下儿童死亡率	25	‰	100	5
	28	城乡居民人均公共体育设施面积	25	平方米	55	2.76
		小计				15.56 (77.80%)

续 表

权重	序号	指 标 名 称	权重	单位	水平指数	得分
保障全 15	29	每千名老人拥有福利床位数	5	床位	97	0.73
	30	城乡基本养老保险覆盖率	10	%	98	1.47
	31	城镇基本医疗保险覆盖率	10	%	100	1.5
	32	农村基本医疗保险覆盖率	10	%	100	1.5
	33	工伤保险参保率	10	人	50	0.75
	34	农村最低生活保障	15	人/元/年	72	1.62
	35	城镇最低生活保障	15	人/元/月	73	1.64
	36	城镇保障性住房完成率	15	%	10	2.25
	37	困难群众救助覆盖率	10	%	97	1.46
		小计				12.92 (86.13%)
服务优 15	38	行政复议案件按时办结率	20	%	100	3
	39	信访案件按时办结率	25	%	87	3.28
	40	法院案件法定审限息诉服判率	25	%	98	3.68
	41	法院案件法定审限执行标的到位率	30	%	65	2.91
		小计				12.87 (85.80%)
		总计				81.49

表 12 主观幸福指数

权重(%)	序号	权重(%)	指 标 名 称	调查得分	得分
工作好 15	1	25	工作岗位满意度	64.77	2.43
	2	25	安全设施满意度	67.52	2.53
	3	25	个人发展前景满意度	71.57	2.68
	4	25	劳动强度满意度	56.04	2.10
			小计		9.75（65%）
收入高 15	5	25	现有收入满意度	41.88	1.57
	6	25	收支平衡满意度	48.52	1.82
	7	25	回报率水平满意度	56.05	2.10
	8	25	住房状况满意度	62.15	2.33
			小计		7.82（52.13%）

续　表

	权重(%)	序号	权重(%)	指标名称	调查得分	得分
环境美	10	9	30	环境卫生满意度	59.46	1.78
		10	20	交通出行满意度	66.27	1.33
		11	25	社会治安满意度	64.99	1.62
		12	25	社会诚信满意	60.35	1.51
				小计		6.24（62.4%）
文化强	10	13	30	教育满意度	61.65	1.85
		14	20	业余生活满意度	62.67	1.25
		15	25	文化设施满意度	61.4	1.54
		16	25	文化氛围满意度	61.62	1.54
				小计		6.18（61.8%）
身体棒	20	17	25	心理状况满意度	72.73	3.64
		18	25	健康状况满意度	74.51	3.73
		19	25	邻里关系满意度	49.72	2.49
		20	25	社会适应能力满意度	57.19	2.86
				小计		12.71（63.6%）
保障全	15	21	35	养老金水平满意度	60.27	3.16
		22	35	医疗服务满意度	51.72	2.72
		23	30	民主权利保障满意度	63.23	2.85
				小计		8.72（58.13%）
服务优	15	24	25	购物环境满意度	64.73	2.43
		25	25	机关效能建设满意度	59.89	2.25
		26	25	政府服务态度满意度	63.56	2.38
		27	25	诉求表达畅通满意度	59.38	2.23
				小计		9.28（61.87%）
总计						60.71

（三）数据分析

1.客观幸福指数分析

由表 11 可知，2014 年 QG 县客观幸福指数为 81.49，处于中上水平，较 2013 年的 76.06 有明显提高，说明就客观统计数据而言，QG 县的经济社会和生态环境在向正方向稳步前进。具体而言，七个一级指标得分占比分别为：环境美（90.70%）＞工作好（86.53%）＞保障全（86.13%）＞服务优（85.80%）

> 身体棒（77.80%）> 收入高（75%）> 文化强（68.40%）。

（1）环境指数得分最高，反映出 QG 县政府近年来坚持"环境兴县"，狠抓城市生态环境建设，取得了明显的成效。相比 2013 年，城市公共绿地明显扩大，但是公共交通与空气质量等环境指数还有待提高。

（2）工作、保障和服务三项指数得分较高，与 2013 年相比，分数均有提升。这反映出政府通过发展特色山地现代农业，积极招商引资，引入新型接续产业，扩大第三产业，增加就业岗位，降低失业率，效果显著。但政府还需要进一步投入资金，强化劳动力的职业培训，进一步加强保障性住房建设与管理，完善养老医疗制度，扎实推进城乡医疗保险整合运行，推进社会保障信息平台建设。在服务方面，政府机关的服务态度普遍有所提高，得到了百姓的认可。

（3）健康与收入两项指标良好。农村医疗和城镇医疗的不断完善，逐步满足了人们看病的需要。虽然 QG 县正在经历经济转型与产业结构的调整，对居民收入带来了较大的冲击，但经过政府积极寻求接续产业，开发新型能源，发展第三产业，县域经济正在逐步走出转型阵痛期，居民整体收入情况比上一年有所回升。

（4）文化建设方面指标得分较低，不足 70 分，表现为：财政对教育与文化体育设施建设的资金投入不足，民众文化消费需求拉动不够，应该进一步加强文化消费市场的建设以及文化、体育等公共场所的建设。

2. 主观指标分析

（1）QG 县主观幸福指数。2014 年 QG 县主观幸福指数总分为 60.71 分，与 2013 年的 60.79 分相比有微弱的下降，总体偏低。2014 年七个一级指标得分分别为：工作好（65%）> 身体棒（63.6%）> 环境美（62.4%）> 服务优（61.87%）> 文化强（61.8%）> 保障全（58.13%）> 收入高（52.13%）。

在实地调查过程中，项目组发现民众对自己从事的工作和对自己的身体健康状况比较满意；对环境卫生的满意度相比 2013 年有所提高，交通日益完善，在 2014 年末解决了当地饮水问题，水源干净，水质较好，民众普遍满意；社会治安状况较好，但社会诚信问题仍有待提高；政府服务态度有所转变，但机关办事效率不高，民众诉求渠道时有不畅，需要说明的是由于被调查对象个体间差异较大，导致数据会有差距；文化娱乐总体满意度不高，乡镇文化娱乐设施匮乏，农村社区这方面的建设几乎处于真空状态，农村文化氛围淡薄；关于社会保障，民众普遍反映医疗收费较高，养老金标准提高落实和优抚补助不到位；关于收入问题，由于"财不外露"观念的影响，主观收入肯定偏低于实际情况，同时在调查中发现，近年的产业政策调整使很多企业面临转型困境，处在异常艰难的时期，大多数工人收入受到影响。

（2）中心城区和南部乡镇主观指标分析。幸福感是人们的主观感受和体验，QG县城区和农村民众对幸福感的认知也相应有所差距。由于中心城区和南部乡镇间基本公共服务及设施配置不均等化明显，为进一步推进QG县经济社会协调发展，实现QYB市在总体战略布局中率先突破，先于全市全面建成小康的社会目标，因此对QG县中心城区和南部乡镇进行主观幸福指数的比较就具有重大现实意义。具体数据见表13。

表 13　中心城区与南部乡镇指数比较

项目		中心城区	南部乡镇	差值
工作好	工作岗位满意度	2.41	2.44	-0.03
	安全设施满意度	2.56	2.51	0.05
	个人发展前景预期满意度	2.64	2.72	-0.08
	劳动强度满意度	1.99	2.20	-0.21
	小计	9.60（64%）	9.87(65.2%)	-0.27(-1.2%)
收入高	现有收入（预期）满意度	1.45	1.68	-0.23
	收支平衡满意度	1.83	1.81	0.02
	回报率水平满意度	2.06	2.14	-0.08
	住房状况满意度	2.27	2.38	-0.11
	小计	7.61（50.73%）	8.01(53.4%)	-0.4(-2.67%)
环境美	环境卫生满意度	1.80	1.77	0.03
	交通出行满意度	1.39	1.27	0.12
	社会治安满意度	1.65	1.61	0.04
	社会诚信满意	1.42	1.59	-0.17
	小计	6.25（62.5%）	6.23 (62.3%)	0.02(0.2%)

续　表

	项目	中心城区	南部乡镇	差值
文化强	教育满意度	1.78	1.91	-0.13
	业余生活满意度	1.23	1.27	-0.04
	文化设施满意度	1.54	1.53	0.01
	文化氛围满意度	1.53	1.55	-0.02
	小计	6.08（60.8%）	6.27(62.7%)	-0.19(-1.9%)
身体棒	心情愉快	3.64	3.63	0.01
	健康状况满意度	2.89	2.83	0.06
	邻里关系满意度	3.75	3.70	0.05
	社会适应能力	2.38	2.58	-0.2
	小计	12.66（63.3%）	12.74(63.7%)	-0.08(-0.4%)
保障全	养老金水平满意度	2.89	3.40	-0.51
	医疗服务满意度	2.56	2.85	-0.29
	民主权利满意度	2.69	2.99	-0.3
	小计	8.14（54.27%）	9.24(61.6%)	-1.1(-7.33%)
服务优	购物环境满意度	2.41	2.44	-0.03
	机关效能建设满意度	2.19	2.29	-0.1
	政府服务态度满意度	2.33	2.43	-0.1
	诉求表达渠道畅通满意度	2.20	2.25	-0.05
	小计	9.13（60.87%）	9.24(62.8%)	-0.11(-1.93%)
合计		59.46	61.78	-2.32

从表 13 可见，整体上中心城区与南部乡镇的主观幸福指数得分都偏低。通过对比，城区幸福指数 59.46< 南部乡镇幸福指数 61.78，其差值为 2.32。由于受年龄、教育程度、人生观和价值观等因素的影响，城镇与农村民众在对幸福的主观感知上存在一定的差异。QG 县现阶段正处于经济转型期，在很多方面还需要突破提高。中心城区与南部乡镇的各项指标对比具体分析如下：

①在工作及收入方面：中心城区均比南部乡镇低，原因是中心城区的家庭收入主要是工资性收入，即使是城郊农村其农业收入也已不再是主要收入来源。由于国家相关能源政策的出台和市场竞争压力，QG县30万吨以下的煤矿以及高耗能、高污染企业陆续关闭，转型中的企业还处于阵痛期，转型目标不明确，新兴接续产业未成气候，造成就业率降低，城区民众工作及收入都受到很大影响。部分受访者对QG县经济的后续发展信心不足，外出打工行为明显增多。南部乡镇城镇化率较低，农业人口众多，农业为其主要产业，收入来源主要包括工资性收入和农业收入两部分。QG县近年来实施惠农政策，特别是特色山地农业的发展使农民收入的稳中有升，加之农民农闲时外出打工增加收入，因此产业转型对于农户而言影响明显低于城镇工人，调查反映出由于中央惠农政策的实施，农民普遍认为农村和农业收入会稳步提高，对农业农村的未来预期信心满满。

②环境方面：南部乡镇和中心城区差距最小。但中心城区在环境卫生满意度、交通出行满意度和社会治安满意度这三方面高于南部乡镇，其原因是中心城区近年来在城市环境卫生方面的治理力度加大，传奇大道迎宾段，4条森林街建设的全面完成使QG县城区绿化得到质的提升，空气质量显著转好；在交通方面，中心城区几乎达到了公路的全覆盖，有效地提高了交通运输能力，缓解了交通出行压力。反观南部乡镇的各级公路路面较窄，路况较差，而且农村道路建设还在启动中，现有农村道路多为土路，路况较差，一遇下雨天，路面泥泞不堪，车辆稍微增多，就会出现交通堵塞，严重影响出行。社会治安方面，城乡之间表现为警力配置不均等，城区的保安和巡逻人员配置较强，有效地保证了社会治安，而南部乡镇警力配置要弱于城区。同时在农民维权方面，一些问题没有得到及时协调处理，当地官民矛盾突出，因而整体而言，南部乡镇治安满意度略低于城区。在社会诚信满意度方面，中心城区低于南部乡镇，主要原因是城区居民生活的外部经济社会环境等因素较为复杂，人与人之间相处都有较强的提防心理，而对于南部乡镇的农民来说，其生活劳作的环境造就了人们的敦厚淳朴和直爽的性格，使相处变得简单而融洽，说话算话已成为村庄共同体的一种契约。

③文化方面：中心城区比南部乡镇指数低。教育、娱乐生活、文化设施及文化氛围满意度均呈现为中心城区低于南部乡镇。其中教育满意度相差最大，究其原因主要是因为两地在经济、文化等方面的发展程度差异，导致两地居民

对于教育问题的诉求、认识和关注度的差异。基于此，政府应进一步全面落实教育振兴"凤凰计划"，加大投入，努力完成农村义务教育基础设施项目和教育信息化建设，有效促进地区间的教育均等化发展。

④身心健康方面：总地来说，中心城区低于南部乡镇，但在情绪、健康及邻里关系上中心城区高于南部乡镇，但差距很小；在社会适应能力（在问卷中为生活压力）方面，中心城区低于南部乡镇，其差较其他三项突出。究其原因主要还是 QG 县产业转型，工作和收入的变化对城区工人影响相对较大，导致其生活压力陡增。

⑤保障方面：中心城区低于南部乡镇，城区在养老金水平、医疗服务、民主权利三个方面满意度均低于南部乡镇。根据实地访谈，项目组认为主要原因在于身处城区的居民没有享受到该享有的相关政策优惠，社会保障扩面提标措施成效不显著，医疗费用报销水平不高，报销手续繁杂，同时医保卡不能全市通用也给民众带来不便。而南部乡镇的惠农政策及扶贫项目的稳步推进，让乡村农民的生活有了保障，实惠的农村医疗保险让农村居民逐步摆脱了"因病致贫，因病返贫"的困境。

⑥服务方面：中心城区比南部乡镇指数低，具体表现在购物环境、机关效能建设、政府服务态度和诉求表达渠道畅通四个方面满意度均是中心城区低于南部乡镇，但差距很小。究其原因在于，中心城区是 QG 县多数人口高度聚集区，居民知识水平、生活质量诉求及维权意识相对较高；南部乡镇以农村人口为主，生活水平及物质需求不及城区居民。但对政府机关办事效率，民众诉求表达渠道畅通的满意度不高，则是两地共同反映的问题。

（3）巡场镇各行业主观指标分析

幸福感也是人们对生活总体以及主要生活领域的满意感、所体验到的快乐感以及由于潜能实现而获得的价值感。它不仅在地区间有比较，还应在各行业间有比较，其目的在于要体现不同行业间对同一指标的认同度。巡场镇作为 QG 县的中心城区，其行业间满意度主观指标比较非常具有代表性和观察价值。具体情况见表14。

表 14　巡场镇各行业指数比较

项目		医疗业	行政单位	社区	金融业	建筑业	农村	资源型企业	餐饮业	交通运输业	教育业	个体户	差值
工作好		**2.85**	2.84	2.26	2.78	2.33	2.56	**2.07**	2.30	2.37	2.57	2.32	0.78
		2.81	2.92	2.49	**3.02**	2.63	2.45	2.58	2.67	2.50	2.64	**2.29**	0.73
		3.05	2.84	2.67	2.84	2.66	2.43	2.46	2.93	2.41	2.45	**2.28**	0.77
		1.74	1.99	2.02	1.64	1.84	2.16	1.98	1.95	2.04	**1.24**	**2.19**	0.95
		10.45 (69.67%)	10.60 (70.67%)	9.43 (62.87%)	10.26 (68.4%)	9.45 (63%)	9.60 (64%)	9.09 (60.6%)	9.84 (65.6%)	9.32 (62.13%)	8.90 (59.33%)	9.08 (60.53%)	1.70
收入高		1.69	1.58	1.33	1.74	1.58	1.38	1.34	**1.78**	1.25	**1.01**	1.33	0.77
		2.23	2.07	1.85	**2.34**	1.73	**1.50**	1.81	1.59	1.59	1.80	1.64	0.84
		2.57	2.15	2.07	2.31	2.29	2.08	1.73	1.90	1.84	**1.54**	2.00	1.03
		2.59	2.55	2.23	2.33	2.14	2.17	2.22	2.44	**2.02**	2.11	2.29	0.57
		9.09 (60.6%)	8.35 (55.67%)	7.47 (49.8%)	8.72 (58.13%)	7.73 (51.53%)	7.13 (47.53%)	7.10 (47.33%)	7.71 (51.4%)	6.70 (44.67%)	6.45 (43%)	7.26 (48.4%)	2.64
环境美		**2.09**	1.77	1.91	1.93	**1.43**	1.83	1.60	1.97	1.83	1.91	1.65	0.66
		1.47	1.41	1.46	1.37	1.36	1.40	**1.18**	**1.53**	1.37	1.35	1.46	0.35
		1.77	1.70	1.69	1.70	1.70	1.64	**1.52**	1.69	1.70	1.58	1.62	0.25
		1.69	1.47	1.38	1.30	1.43	1.39	1.41	**1.23**	1.39	1.24	1.41	0.46
		7.03 (70.3%)	6.35 (63.5%)	6.45 (64.5%)	6.29 (62.9%)	5.92 (59.2%)	6.27 (62.7%)	5.71 (57.1%)	6.42 (64.2%)	6.30 (63%)	6.08 (60.8%)	6.14 (61.4%)	1.32
文化强		1.70	1.80	1.86	1.49	**1.44**	**1.92**	1.74	1.95	1.50	1.67	1.64	0.51
		1.33	1.29	1.27	1.28	1.20	1.13	1.24	1.40	1.10	**0.97**	1.17	0.43
		1.70	1.67	1.59	1.55	1.43	1.46	1.45	1.66	1.42	**1.41**	1.51	0.29
		1.74	1.71	1.54	1.52	1.58	1.54	1.45	1.66	1.40	**1.26**	1.43	0.48
		6.47 (64.7%)	6.48 (64.8%)	6.26 (62.6%)	5.84 (58.4%)	5.64 (56.4%)	6.05 (60.5%)	5.89 (58.9%)	6.66 (66.6%)	5.42 (54.2%)	5.31 (53.1%)	5.75 (57.5%)	1.35

续 表

项目	医疗业	行政单位	社区	金融业	建筑业	农村	资源型企业	餐饮业	交通运输业	教育业	个体户	差值
身体棒	3.59	3.71	3.89	3.52	3.55	3.67	3.22	3.75	3.74	3.58	3.07	0.82
	3.52	3.89	3.86	3.76	2.75	2.86	3.31	4.06	3.83	3.63	2.55	1.34
	2.45	2.92	2.43	2.16	3.70	3.68	2.30	2.34	1.91	1.84	3.69	1.86
	3.05	3.09	2.77	2.88	2.65	2.12	3.38	2.83	3.07	2.79	1.65	1.73
	12.61	13.62	12.94	12.32	12.65	12.33	12.22	12.98	12.55	11.84	10.95	2.67
	(63.05%)	(68.1%)	(64.7%)	(61.6%)	(63.25%)	(61.66%)	(61.1%)	(65.9%)	(62.75%)	(59.2%)	(54.75%)	
保障全	3.22	2.98	2.91	3.15	3.10	2.80	2.99	2.26	2.70	2.18	2.47	1.04
	3.60	2.93	2.48	2.58	2.21	2.42	2.70	2.20	2.30	2.04	1.94	1.66
	3.05	2.82	2.64	2.63	2.70	2.59	2.75	1.86	2.76	2.42	2.30	1.19
	9.87	8.73	8.03	8.36	8.00	7.81	8.44	6.32	7.76	6.64	6.71	3.55
	(65.8%)	(58.2%)	(53.53%)	(55.73%)	(53.33%)	(52.6%)	(56.27%)	(42.13%)	(51.73%)	(44.27%)	(44.73%)	
服务优	2.63	2.45	2.57	1.89	2.40	2.40	2.35	2.37	2.45	3.71	2.25	1.82
	2.32	2.68	2.08	1.91	2.55	2.13	2.39	1.59	1.98	2.17	1.79	1.09
	2.35	2.64	2.31	1.98	2.44	2.35	2.48	2.02	2.37	1.97	1.93	0.71
	2.34	2.47	2.17	2.04	2.14	2.17	2.24	1.85	2.07	1.95	1.96	0.62
	9.63	10.24	9.12	7.82	9.53	9.04	9.45	7.83	8.88	9.81	7.93	2.42
	(64.2%)	(68.27%)	(60.8%)	(52.13%)	(63.53%)	(60.2%)	(63%)	(52.2%)	(59.2%)	(65.4%)	(52.87%)	
合计	65.16	64.37	59.71	59.51	58.92	58.23	57.89	57.77	56.92	55.03	53.82	11.34

注：每一行加粗的数字为每一项三级指标的最大值和最小值。

通过表 4 数据得出，在城区各行业主观幸福指数得分中，医疗行业最高，教育和个体户得分垫底，其排序为：医疗业 65.16> 行政单位 64.37> 社区 59.71> 金融业 59.51> 建筑业 58.92> 农村 58.23> 资源型企业 57.89> 餐饮业 57.77> 交通运输业 56.92> 教育业 55.03> 个体户 53.82。具体分析如下：

①工作方面，行政单位的幸福指数综合得分最高，教育业的幸福指数最低，两者之间的差值为 1.52 分。在四个二级指标中，工作岗位满意度最高为医疗业，最低为资源型企业；安全设施满意度最高为金融业，最低为个体户；个人发展前景满意度最高为医疗业，最低为个体户；劳动强度满意度最高为个体户，最低为教育业。

②收入方面，医疗业的幸福指数综合得分最高，教育业的幸福指数最低，两者之间的差值为 2.64。其中，现有收入满意度最高为餐饮业，最低为教育业；收支平衡满意度最高为金融业，最低为农村农业从业人员；回报率水平满意度最高为医疗业，最低为教育业；住房状况满意度最高为医疗业，最低为交通运输业。综上所述，教育业的现有收入满意度和回报率水平满意度都较低，而医疗业的回报率水平满意度和住房状况满意度都较高，因此单从收入方面来看，教育行业的幸福指数最低。

③环境方面，医疗业的幸福指数最高，资源型企业的幸福指数最低，二者之间的差值为 1.32。从四个二级指标来看，环境卫生满意度最高为医疗业，最低为建筑业；交通出行满意度最高为餐饮业，最低为资源型企业；社会治安满意度最高为医疗业，最低为资源型企业；社会诚信满意度最高为医疗业，最低为餐饮业。不难看出，医疗业的环境卫生满意度、社会治安满意度和社会诚信满意度都最高，而资源型企业的交通出行满意度和社会治安满意最低。

④文化方面，餐饮业的幸福指数较高，教育业的幸福指数较低，两者之间的差距为 1.35。其中，教育满意度最高为餐饮业，最低为建筑业；业余生活满意度最高为餐饮业，最低为教育业；文化设施满意度最高为医疗业，最低为教育业；文化氛围满意度最高为医疗业，最低为教育业。教育业主要以升学率挂钩教师的绩效收入造成从业者精神和生活压力巨大，重教学成绩而轻从业者个人发展导致教师幸福感偏低；餐饮业主要调查对象为服务及前台人员，其职业诉求不高，有固定的上下班时间，相对容易满足，因而满意度较高。

⑤身体健康方面，行政单位的幸福指数最高，个体户的幸福指数最低，两者之间的差距为 2.67。再细看各行业二级指标，心理状况满意度最高为社区

居民，最低为个体户；健康状况满意度最高为行政单位，最低为个体户；邻里关系满意度最高为建筑业，最低为教育业；社会适应能力满意度最高为资源型企业，最低为个体户。

⑥保障方面，医疗业的幸福指数最高，餐饮业的幸福指数最低，两者之间的差距为3.55。其中，养老金水平满意度最高为医疗业，最低为教育业；医疗服务满意度最高为医疗业，最低为个体户；民主权利保障满意度最高为医疗业，最低为餐饮业，体现出显著的行业性质和职业生态的差异性。

⑦服务方面，行政单位的幸福指数最高，金融业的幸福指数最低，两者之间的差距为2.42。在四个二级指标中，购物环境满意度最高为金融业，最低为教育业；机关效能建设满意度最高为行政单位，最低为餐饮业；政府服务态度满意度最高为行政单位，最低为个体户；诉求表达渠道畅通满意度最高为行政单位，最低为餐饮业。由于服务这一项主要涉及政府自身的作为情况，因此，测评结果除了相对的事实描述之外，也表现出明显的行业间主观立场的差异性。

3. 主客观幸福指数对照分析

对比客观指标和主观指标得分差异情况（见表15和图2），发现主客观指标总体差异较大，这也反映出国民幸福观的本质，它是一种主观体验，是客观条件和主观需求及其实现状况共同作用的结果。客观统计数据与民众的主观体验之间存在一定的差异，统计数据无法反映出均衡和实施质量等细节，而这些细节却直接影响民众的主观体验。总体来看，2014年QG县幸福指数在主客观之间得分差异较大的是工作、收入、环境、保障和服务五项指标，较小的是文化指标，身体指标则处于中间水平。

分析工作指标在主客观得分上差异较大的原因：主观上，其主要源于新常态下，以煤炭为支柱的整个产业面临转型升级，导致企业从业人员就业及收入状况的相对恶化，劳动力市场呈现"资方强势、劳动者弱势"的格局，不少劳动者在被迫"转型重新择业"的过程中，不满和无奈情绪突出；客观上，其原因是部分工人暂时赋闲在家或停薪留职外出打工人员，并未进行失业登记，因而登记失业率并不能反映真实的失业状况。安全生产制度的贯彻和宣传使人们更加注重工作中的安全因素，各单位大力加强安全生产管理工作，使得安全事故死亡人数大大降低。加之政府积极作为，依托资源优势，大力招商引资，为民众提供了更多的就业机会，使得劳动合同签订率逐年提高。同时我们也要看到，新增就业岗位数指标目标值设定过低，造成工作指标得分虚高。

收入指标在主客观得分上的差异，究其原因可能是一方面客观指标大多抽样点统计平均值，由于平均值自身受极值的影响导致其值可能会在客观真实值上浮动。例如，客观数据中城镇居民的收入水平较高，带动了居民的消费和储蓄存款，拉高了收入的平均值，从而数据难以有效地反映农民的实际收入情况。另一方面，主观数据收集因为调查对象多受"财不外露"观念影响所得数值偏低，存在收入差距较大的现实。

造成环境指标主客观得分差异主要是因为客观统计要素采用城市人均公共绿地面积、每万人拥有公共交通标台数等指标，而主观指标中的交通出行满意度则更多考量环境消费者的实际主观体验，同时引入了社会诚信等指标，二者无论是内涵还是外延都有出入。

保障指标主客观得分上的差异则主要是由于客观指标中包括工伤保险、最低生活保障、保障性住房等指标，拉高了客观指数，而主观指标中的民主权利没有客观数据反映。

服务指标在主客观得分上的差异主要是由于客观指标中的行政复议案件和信访案件按时办结率、法院案件法定审限执行标的到位率等指标大都是司法强制规定，履行较好，而主观指标还引入了购物环境、机关效能建设和诉求表达渠道畅通等主观指标。

身体指标在主客观得分上的差异处于中间水平的原因可能是主观指标中不仅包含身体健康状况指标，还涉及了心理健康、社会关系和社会适应能力等指标，使主客观指标得分之间的距离不至于显著拉开。

文化指标在主客观得分上的差异较小的原因跟现实文化建设的整体性观念、意识、自觉、作为、成果不足有关，同时主客观文化指标存在受众群体针对性强，民众文化兴趣偏好难以统一量化的现实问题，也对此有一定的相关性。

表 15　主客观指数得分对比

	工作指数	收入指数	环境指数	文化指数	身体指数	保障指数	服务指数
客观	86.53	75.00	90.70	68.40	77.80	86.13	85.80
主观	65.00	52.13	62.40	61.80	63.60	58.13	61.87
分差	21.53	22.87	28.30	6.60	14.20	28.00	23.93

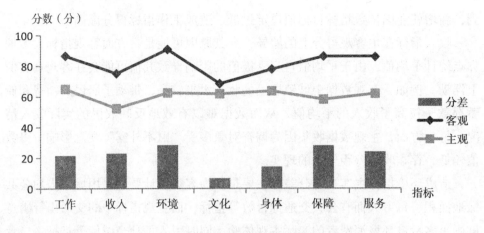

图 2　主客观指标对比

4. 主、客观指标比较

客观指标得分排序：环境美 (90.7) > 工作好 (86.53) > 保障全 (86.13)> 服务优 (85.8)> 身体棒 (77.8)> 收入高（75）> 文化强 (68.4)。

主观指标得分排序：工作好 (65) > 身体棒 (63.6)> 环境美 (62.4) > 服务优 (61.87)> 文化强 (61.8) > 保障全 (58.13)> 收入高 (52.13)。

对比客观指标和主观指标得分排序情况，反差最大的是环境指标，造成主客观之间差异的原因是多方面的。客观指标大多是平均值，忽略了环境地域分配不公的现实。而我们这次调查的大多数是农村地区，政府着重投资改善的环境状况并没有得到全面的均衡优化，客观指标没有很好地注意到地区之间的差异。

主客观指标得分排序最为接近的是服务指标，均处于中间的位置。主客观的服务指标均排在七项指标的第四，也在中间的位置，这一方面说明政府机关服务在客观统计和主观评价上得到了较为一致的相对认可。但也从另一个侧面表明 QG 县的政府效能和服务水平全方位地提高进步的空间还很大。

（1）"环境美"这项指标主客观相差较大，反映出 QG 县人民对环境的改善有更高的期许，对于分享生态经济的发展成果有较高的期望。

（2）在主客观指标中排名都居中的为"服务优"指标，结合现场访问，结果表明 QG 县的服务建设整体上已经没有突出问题，民众与基层官员的关系较为融洽，反映的问题大多能得到政府的及时回应和较为妥善的处理。当然，结合服务型政府的建设宗旨，政府提供的服务理当处于更高的水平，这也是县内各级政府努力奋斗的方向。

五、结论与建议

通过上述综合分析，我们可以得出以下结论：

第一，2014 年度 QG 县国民幸福指数得分为 69.02 分，不足 70 分，仍然较低，但跟 2013 年的 66.90 分相比，有所增长。这反映出 QG 县党委、政府新一年经济社会建设取得了积极成效。

第二，主客观指标存在差异，客观指标明显高于主观指标，同时客观指标相比 2013 年也有明显地提高，其中几项指标已超标完成。客观指标的"利好"，在一定程度上反映出 QG 县党委、政府在经济社会刚性建设指标上取得了积极成效，但同时主客观指标的反差也在一定程度上反映出在建设的官方指向与民众感受、官民沟通以及在公共资源、公共服务和基础设施均等化等方面存在问题。

第三，主观指标 60.71 较 2013 年低了 0.08。结合实地调研可知，现阶段 QG 县受国家能源政策和市场竞争的双重影响，已经进入产业转型阵痛期，经济和社会都出现了一些不稳定情况。为此，积极培育新的经济增长点，大力发展现代农业和第三产业，积极主动转变发展方式，招商引资促增长，积极寻求新出路刻不容缓。

国民幸福指数是衡量一个国家或地区经济、社会、文化、政治、环境、资源等方面协调发展以及社会经济发展与人类身心和谐发展的综合指标体系。社会前进离不开经济的发展，在经济发展中，既要促进财富增加，不断改善人类的生活水平，又要保持人类文明多样性和文化传统，促进人类身心健康，也要保持环境和资源的可永续性利用。2014 年是"QG 县幸福指数调查"的第二年，结合调查数据呈现的问题，对 QG 县委、县政府提出以下几点建议：

第一，充分利用已改善的主城区及近郊环境，积极发展第三产业，发挥辐射作用，带动周边农村发展，强化城乡统筹，逐步缩小城乡差距。

第二，积极延纳人才，为传统旧工业寻找新出路；明确自身在 QYB 市的区域功能定位，加强与毗邻地区差异化突围发展；加快工业、农业园区基础设施建设。

第三，抓好水源工程、防洪设施、高标准农田设施的建设，做精特色农业，加快现代农业产业启动，稳步推进农业由传统型发展模式向现代型转变。

第四，努力建设中心城区，配套完善城镇功能，防止农村凋敝，全面、理性、合理地加快新农村及村庄建设，着力解决下岗工人和失地农民再就业和创业，改善贫困居民居住环境。

第五，进一步健全社会保障体系，完善最低生活保障制度，完善养老和医疗保险制度，加强对经济困难人口的帮扶。

第六，完善教育培训、医疗卫生等公共服务，加大经济困难救助，健全社保体系，努力改善人民生活，促进社会繁荣稳定。

第七，继续保持环境卫生的良好发展势头，创造更好的环境卫生条件（尤其是以前有大量矿场生产的地区），搞好社会治安，提高社会诚信。

第八，积极改善购物环境，提高机关效能，畅通诉求表达渠道，切实保障民众的合法权益，树立良好形象，积极做好宣传与官民沟通工作，进一步改善民众感受。

第九，积极规划和大力发展文化产业，寻求新的增长点。

第十，软件、硬件双管齐下，着力有效发展文化事业，加强精神家园建设，改善社会基础道德修养现状，提高人民文化素养与文明素质，切实在心灵上建设和谐社会。

执笔人：单琰秋、刘廷华、周陶、张金华、徐向峰、黄璐

附件：QG 县幸福指数调查问卷

问卷编号：

调查时间：_____月_____日　　调查地点：_____
访问员姓名_____　　访问员编号_____
1. 合格　2. 作废　审卷督导签名：　1. 合格　2. 作废　复核督导签名：
（本部分信息为问卷调查工作人员填写）

尊敬的女士 / 先生：

您好！我们是 QG 县幸福指数调查的访问人员，正协助 QG 县人民政府进行有关 QG 县民众幸福感状况的调查，为了给"幸福 QG 县"建设提供行之有效的政策建议，所以您的意见对我们的调查有着极大的意义和价值。您的回答无所谓对错，只要表达了您的态度和认识就能给我们的调查提供有价值的信息。您的个人信息与本次调查无关，请您不用担心个人信息的泄露。对于您的协助，我们表示最诚挚的谢意！

1. 您对目前的工作状况是否满意？

　　A. 很不满意　　　B. 不满意　　　C. 一般　　　D. 满意　　　E. 很满意

2. 您对工作环境的安全设施是否满意？

　　A. 很不满意　　　B. 不满意　　　C. 一般　　　D. 满意　　　E. 很满意

3. 您对您未来的工作前景充满信心吗？

　　A. 完全没有信心　B. 没有信心　　C. 一般　　　D. 有信心　　E. 充满信心

4. 您认为您工作岗位的劳动强度是否适当？

　　A. 大　　　　　　B. 较大　　　　C. 一般　　　D. 比较轻松　E. 轻松

5. 2014 年您家庭年收入符合你的期望吗？

　　A. 大大低于预期　　　　　B. 低于预期　　　　　　C. 符合

　　D. 超出预期　　　　　　　E. 大大超出预期

6. 您和家庭的收入能否满足正常开支？

　　A. 负债累累　　　　　　　B. 入不敷出　　　　　　C. 收支平衡

　　D. 少量结余　　　　　　　E. 大量结余

7. 您对您的付出与收入回报感到满意吗？

　　A. 很不满意　　　　　　　B. 不满意　　　　　　　C. 一般

　　D. 满意　　　　　　　　　E. 很满意

8. 您对目前自身的住房条件是否满意？

    A. 很不满意　　　　　　　　　B. 不满意　　C. 一般

    D. 满意　　　　　　　　　　　E. 很满意

9. 您对居住地环境卫生在以下几方面是否满意？

    （1）绿化建设　　A. 很不满意　B. 不满意　C. 一般　D. 满意　E. 很满意

    （2）空气质量　　A. 很不满意　B. 不满意　C. 一般　D. 满意　E. 很满意

    （3）水源水质　　A. 很不满意　B. 不满意　C. 一般　D. 满意　E. 很满意

    （4）公共卫生　　A. 很不满意　B. 不满意　C. 一般　D. 满意　E. 很满意

10. 您对当地的交通出行便捷程度满意吗？

    A. 很不满意　B. 不满意　　C. 一般　　D. 满意　　E. 很满意

11. 您对居住地的社会公共治安状况满意吗？

    A. 很不满意　B. 不满意　　C. 一般　　D. 满意　　E. 很满意

12. 您对当地目前的社会诚信状况是否满意？

    A. 很不满意　B. 不满意　　C. 一般　　D. 满意　　E. 很满意

13. 您对当地的教育质量满意吗？

    A. 很不满意　B. 不满意　　C. 一般　　D. 满意　　E. 很满意

14. 您对您的文化娱乐生活满意吗？

    A. 很不满意　B. 不满意　　C. 一般　　D. 满意　　E. 很满意

15. 您对居住地的文化设施建设满意吗？

    A. 很不满意　B. 不满意　　C. 一般　　D. 满意　　E. 很满意

16. 您对居住地的文化氛围是否满意？

    A. 很不满意　B. 不满意　　C. 一般　　D. 满意　　E. 很满意

17. 您和您家人在大多数时候心情是否愉快？

    A. 很不愉快　B. 不愉快　　C. 一般　　D. 愉快　　E. 很愉快

18. 您认为您的邻里关系是否融洽？

    A. 很不融洽　B. 不融洽　　C. 一般　　D. 融洽　　E. 很融洽

19. 您认为您的生活压力大吗？

    A. 压力很大　B. 压力大　　C. 压力一般　D. 压力不大　E. 轻松

20. 您的身体状况如何？

    A. 很不健康　B. 不健康　　C. 一般　　D. 健康　　E. 很健康

21. 您和您的家人是否经常参加体育健身活动？

　　A. 从不参加　　B. 很少参加　　C. 有时参加　D. 经常参加　E. 每天坚持

22. 您对当地目前的社保水平（包括养老和医疗保障等方面）满意吗？

　　A. 很不满意　　B. 不满意　　C. 一般　　　D. 满意　　　E. 很满意

23. 您对当地医疗机构的收费及服务是否满意？

　　A. 很不满意　　B. 不满意　　C. 一般　　　D. 满意　　　E. 很满意

24. 您认为您的民主权利能否得到保障？

　　A. 不能　　　　B. 基本不能　C. 部分能　　D. 大部分能　E. 完全能

25. 您对您所在地区的购物环境满意吗？

　　A. 很不满意　　B. 不满意　　C. 一般　　　D. 满意　　　E. 很满意

26. 您对当地机关办事效率情况满意吗？

　　A. 很不满意　　B. 不满意　　C. 一般　　　D. 满意　　　E. 很满意

27. 当您去政府部门办事时，您感觉政府工作人员的服务态度好吗？

　　A. 非常不好　　B. 不好　　　C. 一般　　　D. 比较好　　E. 非常好

28. 您觉得您表达个人诉求的渠道畅通吗？

　　A. 非常不畅通　B. 不畅通　　C. 一般　　　D. 比较畅通　E. 非常畅通

29. 如果把以上所有因素全部考虑进来，满分为 100 分，那么，您给您的"幸福感"
　　打多少分？＿＿＿＿＿＿分

C1.（多选题）请问您认为建设幸福 QG 县的关键是什么？

（1）扩大就业　（2）增加居民收入　（3）加快城镇化建设　（4）完善社会保障

（5）进一步改善人居环境　　（6）促进居民身心健康　（7）其他＿＿＿＿＿＿＿＿

C2. 您认为 QG 县最近几年的发展，给您个人生活方面带来了哪些变化？请列举
几件出来。

＿＿＿＿＿＿＿＿＿＿＿＿＿＿＿＿＿＿＿＿＿＿＿＿＿＿＿＿＿＿＿＿＿＿＿＿＿

＿＿＿＿＿＿＿＿＿＿＿＿＿＿＿＿＿＿＿＿＿＿＿＿＿＿＿＿＿＿＿＿＿＿＿＿＿

＿＿＿＿＿＿＿＿＿＿＿＿＿＿＿＿＿＿＿＿＿＿＿＿＿＿＿＿＿＿＿＿＿＿＿＿＿

背景资料：

S1. 请问您的性别，您的年龄：＿＿＿＿＿＿岁

　　（1）男　　　（2）女

S2. 请问您的学历：

　　（1）初中及以下　（2）高中及中专（3）大专及本科　（4）研究生及以上

S3. 请问您的婚姻状况：

    （1）单身   （2）已婚   （3）丧偶   （4）离异

S4. 请问您的月收入水平：

    （1）800 元以下   （2）801 到 1 500 元   （3）1 501 到 3 500 元

    （4）3 501 到 6 000 元   （5）6 000 元以上

S5. 请问您的职业或单位性质是：

    （1）党政机关   （2）事业单位   （3）国有企业   （4）集体企业

    （5）私营企业   （6）三资企业   （7）个体户   （8）军人 / 警察

    （9）离退休人员   （10）学生   （11）农民

    （12）无业人员   （13）其他

访问结束，感谢您的合作！

人民幸福指数调查研究之二
——基于对 QYB 市 QXW 县的调查

社会建设的成效与人民幸福安康息息相关，党的十八大强调，加强社会建设必须以保障和改善民生为重点。据此，QXW 县委、县政府提出构建 QXW 县人民幸福指数指标体系，弥补 GDP 评价机制的缺陷，推进和谐社会从理念转化成为一种可量化、操作、测评、适用的实践载体，为评价宏观经济发展质量与小康社会的发展程度提供有效的分析手段，从而实现与 QYB 市同步建成小康社会的目标。2015 年 QXW 县人民幸福指数调研工作已经结束，现将调研情况报告如下。

一、思想原则

（1）邓小平理论、"三个代表"重要思想、科学发展观、十八大"五位一体"的发展模式及经济新常态的背景。

（2）QXW 县委、县政府实施"项目投资、工业强县、城乡统筹、创新驱动、环境兴县"五大战略的同时，认真贯彻落实中央、省、市的部署，团结带领全县各族人民，奋力实现"追赶跨越、与全市同步建成小康社会"的奋斗目标。

（3）QXW 县委、县政府要求通过构建国民幸福指数指标体系，摸清人民的主观幸福感，通过编制、确立 QXW 县国民幸福指数，弥补 GDP 评价机制的缺陷，推进和谐社会从理念转化成为一种可量化、操作、测评、适用的实践载体，进而为评价宏观经济发展质量与小康社会的发展程度提供有效的分析手段。

二、理论模型

随着社会经济发展从形式合理到实质合理的理性转变和相关学科的日益融合，学界和政府开始关注和研究除经济增长以外能更广泛地体现经济社会和谐发展的综合指标。"幸福指数"或称"国民幸福指数"便是其中之一。

（一）基本思路

本次调查的目的侧重于为提升居民幸福感和优化政府公共服务水平提供依据，拟在空间和时间序列上进行比较，相互求证并相互补充，采用主客观指标相结合的办法。调查的基本思路为：选取一定数量的客观指标和主观指标，分别逐级合成评价某地区居民社会福祉和主观幸福感的客观指数 H_o 和主观指数 H_s，再加权合成总的国民幸福指数 NHI，公式如下：

$$\text{NHI} = H_o \cdot \alpha + H_s \cdot (1-\alpha), \quad \alpha \in [0,1] \tag{式1}$$

$$H_o = \sum h_{oi} \cdot p_{oi} \, i = 1, \cdots, 5 \tag{式2}$$

$$H_s = \sum h_{si} \cdot p_{si} \, i = 1, \cdots, 5 \tag{式3}$$

$$h_{ij} = h_{ij1}^{\alpha} \cdot h_{ij2}^{\beta} \cdot h_{ij}^{\gamma} \cdots, i = 0, \quad S, \quad j = 1, \cdots, n, \alpha + \beta + \gamma + \cdots = 1 \tag{式4}$$

式（1）中 α 为客观指数与主观指数的权数，式（2）和式（3）中的 p，以及式（4）中的 α、β、γ 等为客观指数、主观指数所属指标的权数，合成上级指标值的下级指标权数之和等于 1。

（二）指标选择

指标的选取对于结果的测算意义重大。本次调查的指标体系构建紧扣 QXW 县政府工作，适当损益。选取指标主要满足以下几个原则：

（1）内涵对应原则。设计幸福指数指标体系要与党的十八大报告提出的全面建成小康社会的内容相对应，全面、客观地反映人民幸福程度的发展进程，从而在全面建成小康社会的过程中真正起到导向作用。

（2）可量化、可比较原则。可量化原则，要求设置的指标能用数量来描述，通过数量的变化来反映事物发展的趋势和进程；可比较原则，要求指标能进行横向和纵向比较，用来比较事物的变化程度和差距。

（3）贴近群众、民生为重原则。指标体系的设置要贴近群众生活，简单明了，通俗易懂，要更多地关注涉及民生方面的指标，充分体现民情民意，获得广大人民群众的认可，防止"被幸福"的情况出现。

（三）指标设置

综合现有文献，紧扣 QXW 县政府和县域社会经济文化现状，并经反复讨论，本次调研对幸福指数的指标体系设置如下：

（1）客观指标体系为"QXW 县人民幸福指数评价客观指标体系"，主要反映政府工作所取得的成绩和政府工作的变化趋势。评价方法使用发展指数进行评价，主要反映 2015 年政府各项工作较"十二五"基期年，即 2011 年的发展情况。评价具体步骤为：以基期年（2011 年）的实际值与 2015 年实际值比较得出各项二级指标的发展指数，最后通过汇总和加权平均，测算出本年度客观指标体系的发展指数。

（2）主观指标体系为"QXW 县群众幸福感测评指标体系"，用来反映群众对 QXW 县建设实现程度的主观感受，主要采用抽样调查的方法。在充分考虑 QXW 县人口分布特点的情况下，项目组按照分层抽样与随机抽样相结合的方式，在全县各乡镇对 QXW 县人民的主观幸福感进行问卷调查。

（3）综合评价指标体系由主观指标和客观指标构成。其中，客观指标占40％的权重，共有一级指标 10 项，二级指标 47 项；主观评价指标占 60％的权重，共有一级指标 7 项，二级指标 32 项。（见表 1、表 2）

表 1　幸福指数客观评价指标体系

一级指标	编号	二级指标
就业和收入	A1	农村居民人均可支配收入
	A2	城镇单位在岗职工平均工资
	A3	城镇最高最低组别收入比
	A4	农村最高最低组别收入比
	A5	劳动者报酬占 GDP 比例
	A6	城镇登记失业率

续　表

一级指标	编号	二级指标
教育和文化	B1	规范化幼儿园达标率
	B2	义务教育规范化学校覆盖率
	B3	职业技能培训人数占从业人员比例
	B4	每万人拥有公共文化设施面积
	B5	年人均参与文化活动次数
医疗卫生和健康	C1	每千人医疗机构床位数
	C2	基层医疗机构门诊量占比
	C3	人均拥有体育场地设施面积
	C4	城乡居民体质达标率
社会保障	D1	每万人拥有收养性社会福利单位床位数
	D2	城乡基本养老保险覆盖率
	D3	城乡三项基本医疗保险参保率
	D4	外来务工人员工伤保险覆盖率
	D5	最低生活保障标准与城乡人均消费支出比例
消费和住房	E1	居民消费价格指数
	E2	人均住房使用面积
	E3	农村低收入住房困难户住房改建完成率
	E4	城镇保障性住房任务完成率
公共设施	F1	农村饮用水安全普及率
	F2	行政村通客运班车率
	F3	城市每万人公交车辆拥有量
	F4	每万人拥有城乡社区服务设施数
社会安全	G1	各类生产安全事故死亡人数
	G2	食品和药品安全指数
	G3	万人治安和刑事警情指数

续　表

一级指标	编号	二级指标
社会服务	H1	每万人持证社工人数
	H2	困难群众救助覆盖率
	H3	每万人行政效能投诉量
	H4	信访案件按期办结率
权益保障	I1	涉及民生重大决策的民调率和听证率
	I2	行政复议案件按时办结率
	I3	法院案件法定审限内结案率
	I4	村务公开民主管理示范达标率
	I5	劳动人事争议仲裁结案率
人居环境	J1	森林覆盖率
	J2	城市人均公园绿地面积
	J3	村庄规划覆盖率
	J4	城市全年空气二级以上天数比例
	J5	生活垃圾无害化处理率
	J6	城镇生活污水集中处理率
	J7	水功能区水质达标率

表2　幸福指数主观评价指标体系

一级指标	编号	二级指标
个人发展	A1	工作状况满意度
	A2	收入状况满意度
	A3	个人发展前景预期满意度
	A4	有尊严生活的满意度

续　表

一级指标	编号	二级指标
生活质量	B1	教育状况满意度
	B2	社会保障水平满意度
	B3	医疗服务水平满意度
	B4	住房状况满意度
	B5	交通出行状况满意度
	B6	社区（村）服务设施满意度
	B7	体育健身满意度
	B8	必要休闲时间保障程度
精神生活	C1	人际社交满意度
	C2	家庭和谐度
	C3	文化娱乐生活满意度
社会环境	D1	生产或创业环境满意度
	D2	社会诚信度
	D3	消费环境满意度
	D4	社会治安满意度
	D5	食品药品安全满意度
社会公平	E1	社会公平分配满意度
	E2	诉求表达渠道满意度
	E3	司法公正满意度
政府服务	F1	政府工作效率满意度
	F2	政府服务态度满意度
	F3	突发事件处理满意度
	F4	政务公开满意度
	F5	廉政建设满意度

一级指标	编号	二级指标
生态环境	G1	饮用水质量满意度
	G2	空气质量满意度
	G3	卫生状况满意度
	G4	绿化建设满意度

（四）权重确定

本次调研运用层次分析法对各级指标的权重进行确定。层次分析的信息主要是通过邀请各级专家教授对每一层次中各因素的相对重要性做出判断，这些判断通过引入合适的标度进行定量化，即可形成判断矩阵。判断矩阵表示上一层次的某一因素与本层次有关因素之间相对重要性的比较。例如，在 A 层因素中 A_k 因素与下一层次中的 B_1，B_2，$\cdots$，B_n 有联系，于是就可以构造出它的判断矩阵，其一般形式如下：

$$A_k = \begin{pmatrix} B_{11} & B_{12} & \cdots & B_{1n} \\ B_{21} & B_{22} & \cdots & B_{2n} \\ \vdots & \vdots & B_{ij} & \vdots \\ B_{n1} & \cdots & \cdots & B_{nn} \end{pmatrix}$$

判断矩阵中各元素 $\{B_{ij}\}$ 表示在对上层因素 A_k 有联系的因素中，第 i 因素与第 j 因素相比较，对于 A_k 因素相对的重要程度。为了使判断定量化，一般都引用 Seaty 提出的 $1 \sim 9$ 标度方法，见表3。

表3 Seaty 标度法及其含义

标度值	含义
1	表示两个因素相比，具有同样重要性
3	表示两个因素相比，一个因素比另一个因素稍微重要
5	表示两个因素相比，一个因素比另一个因素明显重要
7	表示两个因素相比，一个因素比另一个因素强烈重要
9	表示两个因素相比，一个因素比另一个因素极端重要

续　表

标度值	含义
2, 4, 6, 8	表示上述两相邻判断的中间值
倒数	因素 i 与 j 比较得到 a_{ij}，则因素 j 与 i 比较得 $a_{ji} = a_{ij}^{-1}$

　　根据某层次的某些因素对上一层某因素的判断矩阵，计算出该判断矩阵的最大特征值及特征向量，即可计算出某层次因素相对于上一层中某一因素的相对重要性数值，这些排序计算称为层次单排序。判断矩阵最大特征值及其对应的特征向量计算步骤如下：

①计算元素 B_i 排序权重（权向量），公式为

$$M_i = \frac{1}{n} \sum_{j=1}^{n} B_{ij} \ (i, \ 1, \ 2, \ \cdots, \ n)$$

②元素 B_i 的权重 w_i，公式为

$$w_i = \frac{M_i}{\sum\limits_{i=1}^{n} M_i}$$

相应的权向量：$W = (w_1, w_2, \cdots, w_n)'$

上述权向量是否合理，还要进行一致性检验，其步骤为：

①计算判断矩阵的最大特征根：

$$\lambda_{\max} = \sum_{i=1}^{n} \frac{(AW)_i}{nw_i}$$

②计算一致性指标：

$$CI = \frac{\lambda_{\max} - n}{n-1}$$

③计算一致性比值：

$$CR = \frac{CI}{RI}$$

式中，CI 为一致性指标，RI 为随机一致性指标。

　　对于不同的判断矩阵，其 CI 值也不同，一般来说，阶数 n 越大，CI 值就越大，为了度量不同判断矩阵是否具有满意的一致性，再引入判断矩阵的平均随机一致性指标 RI 值。RI 值是用随机的方法分别对 $n=1 \sim 9$ 阶各构造 500 个

样本矩阵，计算其一致性指标 CI 值，然后平均，即得 RI，见表 4。

④判断一致性：

表 4 中，对于 1、2 阶判断矩阵，RI 只是形式上的，因为 1、2 阶判断矩阵总具有完全一致性：当阶数大于 2 时，判断矩阵的一致性指标 CI 与同阶平均随机一致性指标 RI 之间比值为随机一致性比率，记为 CR。当 CR $\leqslant$ 0.10 时，认为判断矩阵具有满意的一致性，否则就需要调整判断矩阵，并使之具有满意的一致性。

表 4　平均随机一致性指标

n	1	2	3	4	5	6	7	8	9	10	11
RI	0	0	0.58	0.90	1.12	1.24	1.32	1.41	1.45	1.49	1.51

三、技术路线

（一）调查原则

为使幸福指数调查工作体现时代性和前瞻性，调研必须遵循以下基本原则：

（1）第三方原则。第三方指除两个相互联系的主体之外的某个客体。通过第三方独立开展调查工作，可以在组织工作上确保调查结果的客观性、真实性。

（2）因地制宜原则。QXW 县人民幸福指数调查要充分考虑各乡镇发展的差异，尊重当地社会经济发展情况和人民生活风俗，设计符合 QXW 县实际情况的评估程序和内容。

（3）标准统一原则。为全面客观反映幸福指数调查工作的成果，便于纵向比较，评估在设计形式和程序上力求标准统一。

（4）信息对称原则。为提高幸福指数调查过程中信息的对称性，幸福指数调查问卷除以 QXW 县常住人口为调查样本的主体外，项目组通过对象访谈、现场考察和查阅资料等多种形式，从不同渠道收集信息，尽量保证信息来源客观、可靠和全面。

（5）实地印证原则。在幸福指数调查过程中，项目组对相关内容进行随机抽查，以查阅档案、实地验证、随机走访等形式印证相关资料和活动开展、运行情况。

（6）量化为主原则。评估的标准要求有明确的量化指标，难以量化的以质量、时限、进度等语句表述，便于进行纵向和横向比较。

（二）样本筛选

QXW 县共有 15 个乡镇，其中苗族乡 5 个，总人口 48.34 万人，此次调查采用分层抽样法进行抽样，按照 2015 年的全县人口分布状况确定每个乡镇的样本容量。

本次抽样 1 000 份。根据 QXW 县经济分布特点，中心城区古宋镇是调查的主要地点，安排 300 个样本。具体进行抽样时，项目组将总体分为十大行业（见表 5），然后按照均等的比例，从各个行业中独立抽取一定数量的个体（每一行业均等抽取 30 人）。为保证大量的低收入人群进入样本，根据经验，项目组对某些特定的行业，要求基层群众人数占各行业调查样本总量的比例达到80%（其中，基层人员包括大量非技术工人、临时工、建筑工人、三轮车夫和服务员等低收入人群）。为保证各个行业每一层级的个体尽可能地进入调查样本，需遵循在各层中进行简单随机抽样的方法。

表 5　古宋镇抽样方法（单位：人）

行业分层	资源型企业	建筑业	交通运输业	餐饮业	金融业	教育	行政单位	医疗业	个体户	居民
管理层	6	6	6	6	6	30	30	30	30	30
基层人员	24	24	24	24	24					
小计	30	30	30	30	30	总计抽样人数：300				

其他乡镇，因经济结构比较单一，分为农业和非农业两大类，并按各地区人口比分配 700 个样本。具体按照该乡镇非农业与农业人口比例（见表 6）。为保证各地区农业和非农业中每一个层级的个体尽可能地进入调查样本，需遵循在各层中进行简单随机抽样的方法。

表6 其他乡镇抽样方法（单位：人）

乡镇 抽样人数	莲花	大河	共乐	五星	僰王山	玉屏	麒麟
总人口	30 475	43 281	46 578	34 312	57 368	11 393	31 171
非农人口比例（%）	4.77	2.68	6.66	5.71	10.58	13.18	3.63
抽样调查人数	48	69	74	55	91	18	50
非农抽样人数	2	2	5	4	10	2	2
农业抽样人数	46	67	69	51	81	16	48
乡镇 抽样人数	石海	仙峰	周家	九丝	毓秀	大坝	太平
总人口	17 737	12 601	11 114	28 000	6 909	82 000	27 721
非农人口比例（%）	8.51	6.98	9.91	4.46	2.77	4.87	7.42
抽样调查人数	28	20	18	44	11	130	44
非农抽样人数	2	1	2	2	0	6	3
农业抽样人数	26	19	16	42	11	124	41

（三）问卷发放

依据幸福指数调查理论模型，设计幸福指数调查问卷主要用于主观幸福指数的数据采集，主观幸福指数旨在反映群众对幸福兴文建设实现程度的主观感受，分别从个人发展、生活质量、精神生活、社会环境、社会公平、政府服务、生态环境7方面的满意度进行问卷设计（见附件1）。

问卷采取李克特5级量表设置：非常满意、满意、一般、不满意和非常不满意，由对相关项目知晓的人员进行评分，对相关项目不知晓的和不打分的均记为"弃权"。对应的评价分数分别为"100、80、60、30、0"分值。

综上设置QXW县幸福指数调查技术路线（见表7）。

表7　QXW县幸福指数调查技术路线表

	一级指标	评估主体	二级指标	备注
QXW县幸福指数	主观幸福指数（60%）	兴文常住人口	个人发展、生活质量、精神生活、社会环境、社会公平、政府服务、生态环境	评估点提供材料，项目组设计评估问卷
	客观幸福指数（40%）	相关部门汇总数据	就业和收入、教育和文化、医疗卫生和健康、社会保障、消费和住房、公共设施、社会安全、社会服务、权益保障、人居环境	由相关部门提供资料，项目组统计分析

四、结果分析

（一）样本分析

本次调查采用纸质版问卷调查（主观指标）。本次实地调查成立了5个调查小组，于2015年8月18日至8月20日在QXW县各乡镇同步展开，共发放问卷1 000份，回收1 000份，回收率100%；其中有效问卷959份，有效问卷率95.9%。

根据实地调查和问卷发放，本次幸福指数调查样本分布见表8。

表8　样本分布

序号	地名	发出份数	收回份数	有效份数	有效率（%）
1	古宋镇	300	300	273	91
2	莲花镇	48	48	48	100
3	大河苗族乡	69	69	69	100
4	共乐镇	74	74	73	98.6
5	五星镇	55	55	53	96.4
6	僰王山镇	91	91	91	100
7	玉屏乡	18	18	17	94.4
8	麒麟苗族乡	50	50	50	100
9	石海镇	28	28	28	100
10	仙峰苗族乡	20	20	17	85

序号	地名	发出份数	收回份数	有效份数	有效率（%）
11	周家镇	18	18	17	94.4
12	九丝城镇	44	44	44	100
13	毓秀苗族乡	11	11	9	81.8
14	大坝苗族乡	130	130	127	97.7
15	太平镇	44	44	43	97.7
合计	—	1 000	1 000	959	95.9

调查对象结构：

性别构成：男性 563 人，占 58.7%；女性 396 人，占 41.3%。年龄构成：16～24 岁占 13.4%，25～30 岁占 12%，31～35 岁占 14.1%，36～60 岁占 51%，60 岁以上占 9.5%。职业构成见表 9。

表 9　职业构成

工作类型	人数	百分比	累积百分比
党政机关	25	2.6	2.6
企业	65	6.8	9.4
事业单位	140	14.6	24.0
社会团体	19	2.0	26.0
务农	470	49.0	75.0
其他	240	25.0	100.0
总计	959	100	

受教育程度构成：小学及以下学历占 23.5%，初中学历占 34.1%，高中学历占 16.8%，大专及本科学历占 24.8%，研究生及以上学历占 0.83%。月均收入构成见表 10。

表 10　月均收入构成

月收入类别	人数	百分比	累积百分比
1 000 元以下	326	34.0	34.0

续 表

月收入类别	人数	百分比	累积百分比
1 000 到 1 999 元	248	25.9	59.9
2 000 到 2 999 元	219	22.8	82.7
3 000 到 4 999 元	127	13.2	95.9
5 000 到 10 000 元	35	3.6	99.6
10 000 元以上	4	0.4	100
总计	1 019	100.0	

（二）调查结果

为了最大限度地直接体现民意，同时克服主观感受随机性较强的弊端，QXW 县 2015 年国民幸福指数（NHI）调查采用主客观指标加权合成法。根据调查，2015 年客观幸福指数为 44.39（预测 2020 年客观幸福指数为 48.72），主观幸福指数为 68.65，2015 年 QXW 县人民幸福指数为 58.95。（具体客观指数见表 11、主观指数见表 13）

表 11　客观幸福指数

	一级指标	权重 %	编号	二级指标	权重 %	单位	发展指数	得分
QXW 县客观幸福指数得分(44.39)	就业和收入(52.55)	14	A1	农村居民人均可支配收入	30	元	60	18.08
			A2	城镇单位在岗职工平均工资	30	元	89	26.75
			A3	城镇居民人均可支配收入	20	元	36	7.13
			A4	劳动者报酬占 GDP 比例	10	%	6	0.59
			A5	城镇登记失业率	10	%	0	0.00

QXW县客观幸福指数得分(44.39)	教育和文化(37.68)	10	B1	规范化幼儿园达标率	20	%	11	2.14
			B2	义务教育规范化学校覆盖率	25	%	100	25.00
			B3	职业技能培训人数占从业人员比例	25	%	10	2.50
			B4	每万人拥有公共文化设施面积	15	平方米	24	3.54
			B5	年人均参与文化活动次数	15	次	30	4.50
	医疗卫生和健康(18.43)	10	C1	每千人口医疗机构床位数	20	张	35	6.92
			C2	基层医疗机构门诊量占比	20	%	5	0.98
			C3	人均拥有体育场地设施面积	30	平方米	27	8.24
			C4	城乡居民体质达标率	30	%	8	2.30
	社会保障(21.98)	12	D1	每万人拥有收养性社会福利单位床位数	20	张	10	2.04
			D2	城乡基本养老保险覆盖率	20	%	4	0.77
			D3	城乡三项基本医疗保险参保率	20	%	13	2.59
			D4	外来务工人员工伤保险覆盖率	20	%	72	14.48
			D5	最低生活保障标准与城乡人均消费支出比例	20	%	11	2.10

续　表

QXW县客观幸福指数得分 (44.39)	消费和住房（58.43）	12	E1	居民消费价格指数	30	%	4	1.09
			E2	人均住房使用面积	20	平方米	37	7.33
			E3	农村低收入住房困难户住房改建完成率	20	%	100	20.00
			E4	城镇保障性住房任务完成率	30	%	100	30.00
	公共设施（39.66）	7	F1	农村饮用水安全普及率	25	%	19	4.76
			F2	行政村通客运班车率	25	%	6	1.56
			F3	城市每万人公交车辆拥有量	25	辆	100	25.00
			F4	每万人拥有城乡社区服务设施数	25	个	33	8.33
	社会安全（63.13）	10	G1	各类生产安全事故死亡人数	25	人	100	25.00
			G2	食品和药品安全指数	35	%	100	35.00
			G3	万人治安和刑事警情指数	40	%	8	3.13
	社会服务（75）	7	H1	每万人持证社工人数	25	人	0	0.00
			H2	困难群众救助覆盖率	25	%	100	25.00
			H3	每万人行政效能投诉量	25	件	100	25.00
			H4	信访案件按期办结率	25	%	100	25.00

续　表

QXW县客观幸福指数得分(44.39)	权益保障（62.11）	8	I1	涉及民生重大决策的民调率和听证率	20	%	100	20.00
			I2	行政复议案件按时办结率	20	%	100	20.00
			I3	法院案件法定审限内结案率	20	%	5	0.94
			I4	村务公开民主管理示范达标率	20	%	6	1.18
			I5	劳动人事争议仲裁结案率	20	%	100	20.00
	人居环境（24.55）	10	J1	森林覆盖率	15	%	15	2.32
			J2	城市人均公园绿地面积	15	平方米	20	3.00
			J3	村庄规划覆盖率	15	%	100	15.00
			J4	城市全年空气二级以上天数比例	15	%	0	0.00
			J5	生活垃圾无害化处理率	15	%	4	0.63
			J6	城镇生活污水集中处理率	15	%	24	3.60
			J7	水功能区水质达标率	10	%	0	0.00

表 12 客观幸福指数现状与预测

二级指标	2011年	2012年	2013年	2014年	2015年	2016年	2017年	2018年	2019年	2020年	2020年得分
农村居民人均可支配收入（万元）	6 736	7 726	8 777	8 842	10 795	11 345	12 269	13 192	14 116	15 039	11.70
城镇单位在岗职工平均工资（万元）	23 842	29 157	34 473	39 788	45 103	50 418	55 733	61 049	66 364	71 679	17.70
城镇居民人均可支配收入（万元）	17 254	19 946	19 910	21 742	23 406	24 682	26 092	27 502	28 912	30 322	6.00
劳动者报酬占GDP比例（%）	76.70	75.70	74.70	73.70	72.40	71.70	70.70	69.70	68.90	68.40	0.60
城镇登记失业率（%）	3.40	3.41	3.42	3.61	3.62	3.66	3.72	3.78	3.84	3.90	0.00
规范化幼儿园达标率（%）	84	85	88	90	93	95	97	100	100	100	20.00
义务教育规范化学校覆盖率（%）	100	100	100	100	100	100	100	100	100	100	25.00
职业技能培训人数占从业人员比例（%）	90	95	96	98	99	100	100	100	100	100	25.00
每万人拥有公共文化设施面积（m²/万人）	352	371	393	412	435	455	475	496	517	538	3.60

续表

二级指标	2011年	2012年	2013年	2014年	2015年	2016年	2017年	2018年	2019年	2020年	2020年得分
年人均参与文化活动次数（次）	12	12.8	13.9	15	15.6	16.7	17.6	18.6	19.5	20.4	4.65
每千人医疗机构床位数（张）	3.38	3.65	4.05	4.38	4.55	4.92	5.23	5.54	5.84	6	6.40
基层医疗机构门诊量占比（%）	71.50	72	73.40	74.30	75	0.760 3	76.96	77.89	78.82	79.75	1.20
人均拥有体育场地设施面积（m²）	0.51	0.54	0.57	0.61	0.65	0.7	0.75	0.8	0.85	0.9	11.40
城乡居民体质达标率（%）	82.30	83.30	84.30	86.10	88.60	88.80	88.90	90.00	90.20	90.50	0.60
每万人拥有收养性社会福利单位床位数（张）	31.4	32.2	33	33.8	34.6	35.4	36.2	37	37.8	38.6	2.40
城乡基本养老保险覆盖率（%）	52	50	56	62	54	73	78	84	90	100	17.00
城乡三项基本医疗保险参保率（%）	85	89	92	93	96	98	100	100	100	100	1.00

续　表

二级指标	2011年	2012年	2013年	2014年	2015年	2016年	2017年	2018年	2019年	2020年	2020年得分
外来务工人员工伤保险覆盖率（%）	1.74	1.86	2.10	2.66	3	3.26	3.59	3.92	4.25	4.58	10.60
最低生活保障标准与城乡人均消费支出比例（%）	20	20.52	21.04	21.56	22.10	22.60	23.12	23.64	24.16	24.68	2.40
居民消费价格指数（%）	105.3	104.38	103.46	102.53	101.6	100.68	99.76	98.83	97.91	96.98	1.50
人均住房使用面积（m²）	15	15.8	16.1	18	20.5	21	22.4	23.7	25	26.3	5.60
农村低收入住房困难户住房改建完成率（%）	5	15	30	35	40	52	61	70	79	88	20.00
城镇保障性住房任务完成率（%）	40	50	70	80	90	100	100	100	100	100	3.30
农村饮用水安全普及率（%）	63	68	70	73	75	79	81	84	87	90	5.00
行政村通客运班车率（%）	80	80	83	85	85	87	89	90	92	93	2.25
城市每万人公交车辆拥有量（辆）	3.4	3.4	3.4	6.3	6.8	7.8	8.8	9.9	10.9	11.9	18.75

续　表

二级指标	2011年	2012年	2013年	2014年	2015年	2016年	2017年	2018年	2019年	2020年	2020年得分
每万人拥有城乡社区服务设施数（个）	9	9	9.5	11	12	12.5	13.3	14.1	14.9	15.7	7.75
各类生产安全事故死亡人数（人）	21	15	12	9	8	5	3	2	2	2	18.75
食品和药品安全指数（%）	100	100	100	100	100	100	100	100	100	100.00	35.00
万人治安和刑事警情指数（‰）	6.9	6.1	6.2	5.9	6.4	5.9	5.8	5.7	5.6	5.5	5.60
每万人持证社工人数（人）	0	0	0	0	0	1	3	4	6	7	25.00
困难群众救助覆盖率（%）	100	100	100	100	100	100	100	100	100	100	25.00
每万人行政效能投诉量（件）	28	26	21	129	116	148	176	204	231	259	25.00
信访案件按期办结率（%）	100	100	100	100	100	100	100	100	100	100	25.00
涉及民生重大决策的民调率和听证率（%）	100	100	100	100	100	100	100	100	100	100	20.00
行政复议案件按时办结率（%）	100	100	100	100	100	100	100	100	100	100	20.00

续 表

二级指标	2011年	2012年	2013年	2014年	2015年	2016年	2017年	2018年	2019年	2020年	2020年得分
法院案件法定审限内结案率（%）	94.21	96.18	97.43	95.68	89.99	92.02	91.12	90.23	89.33	88.44	0.00
村务公开民主管理示范达标率（%）	68	70	70	71	72	72.90	73.80	74.70	75.60	76.50	1.20
劳动人事争议仲裁结案率（%）	100	100	100	100	99.80	99.84	99.80	99.76	99.72	99.68	20.00
森林覆盖率（%）	41.60	46.77	47.33	47.83	48.03	49.64	50.11	53.58	54.05	86.52	12.00
城市人均公园绿地面积（m²）	8.75	8.75	9.37	10.1	10.5	10.95	11.43	11.92	12.4	12.89	3.45
村庄规划覆盖率（%）	10	27	42	57	68	85	99	100	100	100	15.00
城市全年空气二级以上天数比例（%）	100	100	93.7	90.1	94.5	96.4	97.3	98.2	100.0	81	0.00
生活垃圾无害化处理率（%）	95	95.80	96	98	99	100	100	100	100	100	15.00
城镇生活污水集中处理率（%）	75	75	80	93	93	99	100	100	100	100	15.00
水功能区水质达标率（%）	100	100	100	100	75	95	100	100	100	100	3.30

1. 客观指标分析

通过汇总 2011 年相关数据指标，对比 2011 年和 2015 年的数据变化求出发展指数。但是，发展指数是对基于 2011 年的指标起伏情况的表达，却不能反映指标实际程度的高低，所以导致客观指数得分偏低，不能比较客观地反映真实情况。

由表 11 可知，QXW 县客观幸福指数总分为 44.39 分，处于较低水平。十个一级指标得分分别为：社会服务（75）>社会安全（63.13）>权益保障（62.11）>消费和住房（58.43）>就业和收入（52.55）>公共设施（39.66）>教育和文化（37.68）>人居环境（24.55）>社会保障（21.98）>医疗卫生和健康（18.43）（图 1）。

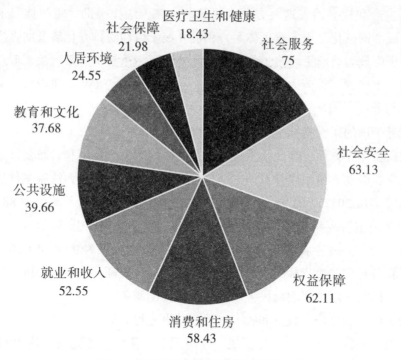

图 1　QXW 县客观幸福指数得分分布图

（1）社会服务、社会安全与权益保障三项指标得分较高

近年来，QXW 县委、县政府抓改革、转作风，自身建设不断加强。一是扎实推进法治政府建设，建成行政权力依法、规范、公开运行平台；二是全面深化改革，切实转变作风，树立政府良好形象。就社会服务这一项来看，困难群众救助覆盖率及信访案件按期办结率均为该二级指标的满分，说明在规范信

访事项受理办理程序，坚持开展县级领导面对面大接访活动，及时认真办结群众来信、来访等方面成效显著，今后不仅要保证相对增长的速度，更应该注重绝对质量的提升。每万人持证社工人数从2011年至2015年虽然没有发生变化，但是总体上该指标仍然偏低，亟待得到提高；而每万人行政效能投诉量从2011年的28件上升到了116件，预计2020年会上升到259件，投诉量反而渐趋上升，这表明社会第三方服务机构占有量低，难以分担行政性服务的担子。

社会安全这一方面，从表11得出食品和药品安全指数得分是三项二级指标中最高的，满分35分。各类生产安全事故死亡人数从2011年的21人减少到2015年的8人，2020年预测值为2人；但万人治安和刑事警情指数却从2011年的6.9‰降低到6.4‰，2020年预测会降到5.5‰，说明这些年QXW县在安全生产和社会治安这两方面成效显著。完善法律援助"零门槛"工作制度，建成"网格化"服务管理体系，积极开展矛盾纠纷排查化解及加强生产及治安管理应该为政府下一步工作重点。此外，要注重解决一系列关系群众切身利益的民生问题，保障人民的合法权益，这些体现了QXW县建设服务型政府的理念与导向。当然，值得注意的是上述指标多以政法机关的量化指标为主，政府服务于民的柔性指标量化工作还有待强化。

在权益保障方面，涉及民生重大决策的民调率、听证率和行政复议案件按时办结率、劳动人事争议仲裁结案率这三项均为满分。但是，法院案件法定审限内结案率从2011年的94.21%减少至89.99%，到2020年预测值为88.44%；村务公开民主管理示范达标率从2011年的68%上升到2015年的72%，增长率为4%，到2020年将增长至76.5%，两项指标得分仅为0.94和1.18，所占分数不到各对应二级指标的十分之一，所以今后要提高司法建设速度，加大建设力度，同时不断加强农村民主示范和法律援助服务。

（2）消费和住房、就业和收入以及公共设施得分偏低

从消费和住房来看，农村低收入住房困难户住房改建完成率从2011年的5%上升到2015年的40%，2020年将达到88%，增长迅速，说明精准扶贫加速了农民脱贫摘帽的速度，其满意度较高；城镇保障性住房任务完成率和农村低收入住房困难户住房改建完成率得分最高，前者达标率为90%，到2016年将100%达标，后者2015年达标率为40%，预计2020年将达到88%。物价水平较高和城镇保障性住房任务完成率低，影响了居民对消费和住房的满意度。因此，改善城镇居民居住条件，推动城镇保障性住房建设，提高人民群众生活质

量，是提升人民幸福指数的重要举措。同时，城乡一体化进程中资金投入和公共服务供给还存在客观城乡失衡现象，导致城乡居民经济文化水平差异显著。

稳定的工作和丰厚的收入虽说不是幸福的必要条件，但肯定具有重要的相关性。然而，近年来受资源型产业转型的影响，QXW县城镇登记失业率从2011年的3.4%增加到了2015年的3.62%，值得注意的是，这只是登记人数，产业转型导致的隐形失业人员必然也有所增加，从而可以看出产业转型对就业造成的影响巨大，而从预测的数据看，城镇登记失业率则从2015年的3.62%增长到了2020年的3.90%，失业人口将会不断增多。在岗职工平均工资虽然从2011年的23 842元增加到了2015年的45 103元，预计到2020年将增长为71 679元，但是在调查中，我们发现工资的增长率难以抵消物价增长率。今后工作重点仍需加强创新，努力引进和发展新兴产业，实施更加积极的就业政策，提高城镇新增就业和再就业人数，确保产业转型时期就业形势的平稳过渡。城镇居民人均可支配收入得分为7.13，劳动者报酬占GDP比例得分仅为0.59，同样反映了近几年来产业转型带来的经济波动造成的影响。因此，持续深化工资收入分配制度改革，提高居民收入水平是当前工作的重要内容。

在公共设施这一方面，城市每万人公交车辆拥有量和每万人拥有城乡社区服务设施数分别为25分和8.33分，但是2015年万人公交车拥有量以及社区服务设施数量分别仅6.8辆和12个，预测的2020年数据显示，这两项指标虽都有所增长，分别为11.9辆和15.7个，但绝对值还是较低，有进一步提高的必要性；2015年农村饮用水安全普及率为75%，2020年将达到90%，位居万人公交车拥有量以及社区服务设施数量之后，为4.76分。行政村通客运班车率2015年达到85%，预计2020年将达到93%，得分仅为1.56。但总体都处在低水平，还需要时间改善和向好发展，加以人力、物力和财力的充分支持。

（3）教育和文化、人居环境、社会保障以及医疗卫生和健康四项指标得分相对靠后

在文化建设、教育建设方面，2015年义务教育规范化学校覆盖率已经达到100%，预计到2020年义务教育学校建设覆盖将不断完善。但其他几项指标得分都很低，规范化幼儿园达标率2015年为93%，较2011年增加了9%，预测2020年将达到100%。职业技能培训人数占从业人员比例2015年达到了99%，预计1年后达到100%，并将长期保持。每万人拥有公共文化设施面积也从2011年的352平方米增加到435平方米，2020年将达到538平方米，呈

现出一个良好的增长态势。年人均参与文化活动次数也增加到 2015 年的 15.6 次，到 2020 年将增加为 20.4 次，但这几项增长都很缓慢。因此，教育建设投资不足的问题较为凸显，加强规范化幼儿园建设仍是重点，职业技能培训要重质量轻形式，真正做到学有所用。与此同时，人民文化娱乐场所建设和县域文化氛围的营造也有待加强，还应深入推进公共文化服务体系建设，推动文化惠民，丰富城乡群众性文化体育活动。

在人居环境这一方面，村庄规划覆盖率虽然得分为满分，但是 2015 年实际规划覆盖率只有 68%，实施情况还需要进一步落实，预计到 2018 年将完成全覆盖。城市人均公园绿地面积占有量在各二级指标中也是靠前的，但从其总量来看，也仅仅是从 2011 年的 8.75 平方米增加到了 2015 年的 10.5 平方米，到 2020 年将增加至 12.89 平方米，从其绝对值来看还有很广阔的发展空间。关于城市水质的几个二级指标中，尽管 QXW 县深入开展城乡环境综合治理，市容市貌明显改善，但是受煤炭产业的影响，水功能区水质达标率较 2011 年的 100% 下降到了 2015 年的 75%，不进反退，水质呈退化趋势，这个现象值得政府相关部门高度重视；城市污水集中处理率也仅有 3.6 分，但从近年及预测的数据来看，它是向越来越好方向发展的。但饮用水水质安全保障和污水处理效率都还需要进一步提高。

社会保障方面是十项一级指标中得分相对靠后的，为 21.98 分。城乡基本养老保险覆盖率从 2011 年的 52% 增加至 2015 年 54%，预计到 2020 年将达到全覆盖、外来务工人员工伤保险覆盖率从 2011 年的 1.74% 增加至 2015 年的 3%，2020 年将达到 4.58%，这三项不仅增长率低，而且绝对总量也不高；最低生活保障标准与城乡人均消费支出比例由 2011 年的 20% 增加到 2015 年的 22.1%，2020 年将为 24.68%；城乡三项基本医疗保险参保率从 2011 年的 85% 提高到 2015 年的 96%，预计到 2018 年达到 100% 并一直延续到 2020 年，但是参保门槛以及报销项目限制也影响了群众医疗保障的水平；每万人拥有收养性社会福利单位床位数从 2011 年的 31.4 个 / 万人增加到 2015 年的 34.6 个 / 万人，2020 年将增加为 38.6 个 / 万人，但得分仍偏低。这五项二级指标得分均很低，虽处在起步阶段，但可以预见，随着时间的推移及社会保障体系的日渐完善，其后续发展将取得长足进步。今后 QXW 县要做到不断加大民生保障投入，落实下岗失业人员、残疾人等困难群体就业扶助政策，加大养老保险扩覆力度，做好老龄服务事业；加强开展防灾减灾、大病救助、优抚安置等工作，优先关怀弱势群体。但是改善民生的任务较重，贫困人口面宽量大，城乡居民持续增收难度较大，这些工作还需进一步努力。

在医疗健康方面，人均拥有体育场地设施面积是四项二级指标中得分最高的，但是也只有 0.65 平方米／人，预计到 2020 年会增加到 0.9 平方米／人。但值得注意的是基层医疗机构门诊量占比由 2011 年的 71.5% 增加到 2015 年的 75%，排在第二，这个数据会持续增长，到 2020 年为 79.75%；每千人口医疗机构床位数为 4.55 张，2020 年将为 6 张；城乡居民体质达标率为 88.6%，预计 2020 年将上升为 90.5%，分别排在第二、第三位，总体来看，基层医疗机构门诊量的增加是十分明显的，但四项指标中除了人均拥有体育场地设施面积较高外，其余的绝对值都较低，因而应不断完善基层医疗机构设施和服务，让民众能看得起病，吃得起药，拥有良好的住院及治疗环境。民众医疗保健客观条件较好，但医疗工作者的数量、医疗服务设施和居民公共体育设施建设都存在进一步提升的空间。

表 13　主观幸福指数

	一级指标	权重（%）	编号	二级指标	权重（%）	得分
QXW县幸福指数得分（68.65）	个人发展（73.36）	22	A1	工作状况满意度	25	71.18
			A2	收入状况满意度	25	62.31
			A3	个人发展前景预期满意度	25	80.46
			A4	有尊严生活的满意度	25	79.37
	生活质量（66.4）	20	B1	教育状况满意度	15	68.99
			B2	社会保障水平满意度	15	69.32
			B3	医疗服务水平满意度	15	65.74
			B4	住房状况满意度	15	68.38
			B5	交通出行状况满意度	10	69.76
			B6	社区（村）服务设施满意度	10	67.24
			B7	体育健身满意度	10	53.2
			B8	必要休闲时间保障程度	10	65.67
	精神生活（76.89）	9	C1	人际社交满意度	35	78.85
			C2	家庭和谐度	35	82
			C3	文化娱乐生活满意度	30	68.8

续　表

	社会环境 （66.25）	12	D1	生产或创业环境满意度	20	65.34
			D2	社会诚信度	20	67.51
			D3	消费环境满意度	20	65.34
			D4	社会治安满意度	20	69.09
			D5	食品药品安全满意度	20	63.8
QXW县 幸福指数 得分 （68.65）	社会公平 （60.58）	12	E1	社会公平分配满意度	35	50.55
			E2	诉求表达渠道满意度	30	64.34
			E3	司法公正满意度	35	67.32
	政府服务 （68.53）	15	F1	政府工作效率满意度	20	68.15
			F2	政府服务态度满意度	20	69.8
			F3	突发事件处理满意度	20	68.81
			F4	政务公开满意度	20	67.84
			F5	廉政建设满意度	20	68.18
	生态环境 （68.1）	10	G1	饮用水质量满意度	25	65.44
			G2	空气质量满意度	25	72.18
			G3	卫生状况满意度	25	66.49
			G4	绿化建设满意度	25	68.55

2. 主观指标分析

由表 13 可知，QXW 县主观幸福指数得分为 68.65。说明 QXW 县人民主观幸福指数处于中等水平，虽然个别指标得分较高，但是各指标间的得分差距较大。精神生活（76.89）>个人发展（73.36）>政府服务（68.53）>生态环境（68.1）>生活质量（66.4）>社会环境（66.25）>社会公平（60.58）（图 2）。

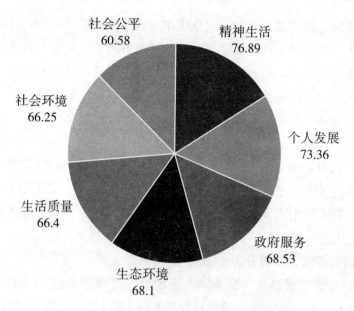

图2 QXW县主观幸福指数得分分布图

（1）精神生活方面，得分较高，为76.89

家庭和谐度（82.00）＞人际社交满意度(78.85)＞文化娱乐生活满意度（68.80）。在县委、县政府的带领和全县各民族人民的共同努力下，QXW县的经济社会发展取得了显著成效。过去四年，农村居民人均纯收入增长了4 059元，城镇居民人均可支配收入增长了6 152元，人民的生活水平不断提高。QXW县开展了丰富多彩的精神文明创建活动，如寻找"最美家庭"等活动，强力推进精神文明建设和公民思想道德建设，群众思想道德素质不断提高，家庭美满幸福，邻里关系和睦，形成了和谐稳定的社会氛围，因此，家庭和谐度和人际社交满意度得分均偏高。同时，QXW县不断弘扬和繁荣民族文化，加大公共文化投入，已建成15个乡镇综合文化站和322家农家书屋，大力开展群众性文娱活动，使得群众的娱乐生活越来越丰富，但是受文化设施配置失衡、娱乐活动相对单一等客观条件的限制，文化娱乐生活满意度相对较低。

（2）个人发展方面得分为73.36

四个二级指标分别为个人发展前景预期满意度(80.46)＞有尊严生活的满意度(79.37)＞工作状况满意度(71.18)＞收入状况满意度(62.31)。QXW县依托丰富的自然资源和良好的政策环境，在"工业强县"理念的推动下，致力于打造工业园区，培育龙头企业，助推中小企业发展，使得 QXW 县的第二次产业发展势头一片大好，在带动经济增长的同时解决了大部分人的就业问题，人民收入水平不断提高；大力实施人才素质培养工程，完善人才培养、使用、评价机制，鼓励和支持各类人才创新创业，良好的就业、创业环境让人们对未来的美好生活充满了信心。同时，QXW 县大力培育新型农业经营主体，吸引吸纳专业大户、家庭农场、农产品经纪人和农业科技人才参与产业基地建设和规模化经营；培育新型流通主体，依托"宽带乡村"建设，积极推动农村电子商务发展，促进农产品营销模式转变，创新农村经营体系，拓宽农民增收渠道，使得 QXW 县人民个人发展前景预期满意度、有尊严生活的满意度和工作状况满意度得分较高。

（3）政府服务方面得分为 68.53

政府服务态度满意度（69.80）＞突发事件处理满意度（68.81）＞廉政建设满意度（68.18）＞政府工作效率满意度（68.15）＞政务公开满意度（67.84）。以上五项二级指标得分均在 60 分以上，说明近年来政府在转变职能、创新发展和自身建设方面取得了一定的成效。QXW 县政府通过完善公共服务体系，优化公共资源配置；全面推进政府信息公开，加强电子政务和政府门户网站建设，构建阳光政府；坚持重大事项集体决策制度，促进政府决策民主化、科学化、规范化；加大审计、监察工作力度，严格落实党风廉政建设责任制，切实加强政风行风建设等各项重要举措，使得各级政府的公共服务水平不断提高。2015 年困难群众救助覆盖率 100%、信访案件按期办结率 100%、村务公开民主管理示范达标率 72%，都显示出政府在执政为民，提升民生福祉方面做出的努力，得到了群众的肯定与支持，体现了 QXW 县建设服务型政府的理念与导向。

（4）生态环境方面得分为 68.1

空气质量满意度（72.18）＞绿化建设满意度（68.55）＞卫生状况满意度（66.49）＞饮用水质量满意度（65.44）。2015 年，QXW 县森林覆盖率达48.03%、城市人均公园绿地面积 10.5 平方米、生活垃圾无害化处理率 99%、城镇生活污水集中处理率 93%，与 2011 年相比，各项指标均有所上升。这都与 QXW 县近年来一直致力于统筹城乡、协调发展，改善人居环境息息相关。"十二五"期间，QXW 县同步推进县城新区建设和旧城改造，城镇公共设施逐步完善，全域推进城乡环境综合治理，加大生态工程建设力度，成功创建

"四川省绿化模范县""中国绿色名县"和"中国低碳生态示范县",切实贯彻了"环境治县"的方针。QXW县生态环境质量有较大提升,人居环境显著改善,因此,空气质量、绿化建设和卫生状况满意度较高。但是,就客观数据而言,水功能区水质达标率为75%,与2011年相比下降了25%,饮用水质量满意度的得分较低也再次印证。尽管QXW县不断加强水利基础设施建设,但是很多农村地区饮用水质量仍存在一定的问题,饮水不便的问题仍然没有得到彻底解决。

（5）生活质量方面得分为66.4

得分较高的为交通出行状况满意度（69.76）>社会保障水平满意度（69.32）>教育状况满意度（68.99）>住房状况满意度（68.38）>社区（村）服务设施满意度（67.24）。2015年QXW县农村低收入住房困难户住房改建完成率较2011年提高了35%。农村面貌不断改观,农民居住条件大大改善,人均住房使用面积也在不断增加;不断加快城乡基础设施建设,完成通乡水泥路、农村断头路、通村通畅通达公路建设,实现了乡镇之间、村与村之间公路畅通,民众出行方便快捷。从行政村通客运班车率和城市每万人公交车辆拥有量两项指标来看,2015年较基期年分别上涨了5%和3.4%,这也证明了QXW县交通建设在快速发展中。同时,QXW县加大教育投资,客观指标中的规范化幼儿园达标率涨幅为9%,义务教育学校规范化覆盖率在2011年已达到100%,办学条件的不断改善,使教育质量稳步提升,稳中有进。医疗服务水平满意度和必要休闲时间保障程度得分较低,分别为65.74和65.67。目前,QXW县城乡医疗配置失衡,特别是距县城较远的农村地区,卫生所医疗条件差,只能治疗一些头痛脑热的小病,遇到稍微严重的病症只能到县城或者市里大医院求医就诊,因此看病难、看病贵等问题突出。体育健身得分最低,仅为53.2。QXW县人均拥有体育场地设施面积的增长幅度从2011年的0.51m²/人增长到2015年的0.65m²/人,5年间只增长了0.14m²,每万人拥有城乡社区服务设施数由2011年的9个上升到12个,总体增速缓慢,处于低水平。

（6）社会环境方面得分为66.25

社会治安满意度和社会诚信度得分较高,分别为69.09和67.51。QXW县民风淳朴,从客观指标可以看出,万人治安和刑事警情指数有所下降,2015年为6.4‰。近年来,政府不断加强社会治安防控体系建设,公安机关人员认真履职,鲜有暴力、抢劫等恶性事件发生,社会治安状况良好。同时,QXW

县工商局全面围绕创新实干服务地方经济发展的中心工作，着力打造诚实守信的市场环境、公平正义的法治环境和风清气正的政治环境，社会经济综合治理成效突出，社会风气良好，群众思想道德素质不断提高，人与人之间建立了良好的信任关系。消费环境和生产创业环境满意度得分较低，都为 65.34。QXW县地区发展不平衡，属于区域位置相对偏远的乡镇，交通不便，经济落后，人民消费水平不高，消费购物场所以集市为主，商品单一，大都是一些生活必需品和农产品。食品药品安全满意度得分最低，为 63.8。虽然，近几年 QXW 县未发生过食品药品安全事故，但民众普遍对食品药品的价格存在很大争议，认为价格偏高，难以承受。

（7）社会公平方面得分最低，仅为 60.58

司法公正满意度（67.32）＞诉求表达渠道满意度(64.34)＞社会公平分配满意度（50.55）。QXW 县全面落实行政执法责任制，用法律规范行政权力运行，维护司法公正，但是群众与司法、公安等部门接触渠道少，政府政策宣传"最后一公里"实施效果不佳。同时，近年来行政效能投诉量的增加，既说明了民众表达诉求渠道在逐步畅通，也从侧面反映出政府机关办事效率和公平度还有待提高。政府职能的一个根本原则是要更好地做到以人为本，保障人民享有最基本的权利。但从农村居民人均纯收入和城镇人均可支配收入两项客观指标可以看出：农村与城镇人均收入在 5 年间虽然都有增加，城镇职工与农村居民收入差距也在缩小，由 2011 年的 6.05 倍减少到了 2015 年的 5.87 倍，但城乡教育资源的不均衡、医疗资源分配不均等现状，却大大拉低了社会公平分配满意度的分数。

五、结论与建议

幸福指数是衡量一个国家或地区经济、社会、文化、政治、环境、资源等方面协调发展以及社会经济发展与人类身心和谐发展的综合指标体系。社会前进离不开经济的发展，在发展过程中，既要促进财富增加，不断改善人类的生活水平，又要保持人类文明多样性和文化传统，促进人类身心健康，也要保持环境和资源的可持续性发展。就 2015 年"QXW 县人民幸福指数调查"结果而言，除去人们主观因素对幸福指数的影响，政府应采取更加切实有效的措施来解决居民关注的问题，具体而言，应切实做好以下四个方面。

（一）创新经济发展，提升居民收入水平

QXW县政府要紧紧把握县委"以城兴县、以业兴县、以路兴县、以水兴县"的发展路径，围绕地方经济发展的中心工作，努力实施"项目投资、工业强县、城乡统筹、创新驱动、环境兴县"五大战略，主动适应经济发展新常态，提高经济发展质量和效益，从源头上解决居民收入和就业问题，提升人民幸福感。

（1）探索工业转型升级模式，扎实推进工业强县发展战略。以产业集中、集群、集约发展为方向，加快招商引资、开放合作、产业转型、创新发展的步伐，运用先进技术改造提升传统产业，积极培育新兴产业，加快推进新型工业化进程，落实对升级转型企业和新兴产业的投资补贴和税收优惠减免政策，努力创造就业岗位，提升居民可支配收入水平。依托QXW县资源优势，大力推进煤硫企业技改扩能工作；积极开展页岩气开发平台建设；大力支持QXW县洞藏白酒生产基地项目投资建设，促进白酒企业在规模、效应和品牌上转型升级；切实加快QXW县苗族工业园区招商引资工作进程，积极完善工业园区功能，大力引进国家高新技术企业，打造QXW县众创空间科技孵化园，为工业持续向好发展注入新的活力。

（2）大力发展特色效益农业，切实缩小城乡居民收入差距。加快农业从粗放型增长方式向集约型增长方式转变，大力推广农业科技，推进农业产业园区建设，加快农业现代化进程，提高农民居民收入水平，降低城乡居民收入差距。大力培育新型农业经营主体，引导农产品经纪人和农业科技人才参与产业基地建设和规模化经营，加大对产业化龙头企业扶持力度，积极助推家庭农场发展，促进农民专业合作社发展多元化水平。强化信息引导和产销衔接，健全农贸市场和农产品流通服务体系，创新农产品营销模式。立足QXW县实际，稳步发展烤烟、蚕桑、马铃薯等传统农业，逐步壮大方竹、猕猴桃、富硒水稻、珍稀食用菌、生态蔬果等特色效益农业，积极发展乌骨鸡、生猪、肉牛等现有优势畜牧业，大力推进农产品精深加工，形成新的收入增长点，拓宽农民增收渠道。发挥龙凤竹业和石海薯制品国家级示范农民合作组织的示范效应，并在此基础上总结经验，探索全县范围内复制推广模式。逐步建立新型产销一体化供应链和流通体系，打造QXW县特色农产品电子商务平台，提升本县特色农产品的知名度和竞争力，拓宽农产品价值实现渠道。

（3）优化旅游产业发展布局，加快特色旅游景区建设。以打造国家级旅游

度假区为抓手，进一步完善旅游发展规划，优化旅游产业布局，理顺旅游管理体制，加快重点旅游项目建设，丰富旅游文化内涵，完善旅游服务业，加快QXW县川南文化旅游区重要旅游目的地建设进程。依托QXW县旅游资源优势和僰、苗族特色文化，继续打造"兴文石海、僰王山、大坝喀斯特水乡"三大核心旅游区，推动石海景区创国家AAAAA级旅游景区和国家生态旅游示范区、僰王山景区创AAAA级旅游景区；积极开展各旅游景区内部的基础设施建设和旅游景区之间的道路建设，加速推进实施"麒麟、仙峰、九丝城"三大配套旅游区以及太安石林和石菊古地等旅游项目建设；加强旅游与文化的融合，完善具有僰、苗民族文化特色的"吃住行游购娱"服务环节，形成良性持续的旅游产业链，提供更多就业岗位。

（4）拓宽融资渠道，切实发挥金融对经济发展的支持作用。首先要构建信息平台，加强与银政企的对接。县委、县政府继续牵头举办银政企融资对接会、座谈会，组织中小微企业进行融资培训，宣传融资政策，介绍融资产品，为企业、银行、政府之间的交流沟通搭建信息平台和融资平台。其次要提高信贷效率，创新开发金融信贷产品。积极引导银行加大对土地经营权、林权等不动产和动产的抵押、质押贷款投放力度，结合本县经济发展的实际情况和政策环境，开发特色优势农业的土地预期收益权的质押贷款产品，适当增加小额贷款额度，积极推广"联保循环贷款"方式，提高办贷效率。最后要加强金融机构之间的对接合作，拓宽融资渠道。推动政府与银行、保险机构合作，出台政银保合作方案，利用保险资金撬动信贷资金支持经济发展；鼓励小贷公司、融资担保公司坚持小额分散的原则，重点支持"三农"、小微企业发展；加强与证券公司联系，支持有条件企业通过私募债融资，推动石海旅游公司等有意愿和实力的公司到中小板、新三板上市融资。

（5）大力发展绿色经济，推进资源节约利用。充分利用QXW县现有产业链资源，鼓励引进共生和补链项目，构建园区循环经济产业体系；坚持"开发与节约并重、节约优先"方针，加强水、土地、矿产等资源集约利用水平，推进企业对废水、废气、废渣等废旧资源再生利用、规模利用和高值利用。以建设美丽新村为总抓手，改善农村公共服务，建设服务完美新村，着力实现QXW县农村人居环境持续优化，村级经济不断增强，乡风文明有效提升。通过特色农业、生态农业、科技农业、旅游农业、合作农业，促进农民创业就业，增加农民收入，提高农民的生活水平。进一步改善农村人居环境，构建和谐的农村生态文化体系。

（二）完善社保体制，确保人民生活福祉

如前所述，QXW县社会保障指标的得分偏低，反映出QXW县在社会保障方面还需加大各项制度建设力度，完善体制机制，确保民生根本。按照国家提出的社会保障"广覆盖、保基本、社会化、可持续"的建设目标，项目组提出QXW县完善社会保障工作的几项重点任务：

（1）构建城乡一体化的社会保险体系。在城乡统筹的形势要求之下，QXW县亟须继续健全职工和居民社会保险体系，逐步实现城乡之间社会保险制度的衔接。积极稳步推进机关事业单位养老保险改革，实现城镇职工基本医疗保险制度全覆盖，形成统一的职工社会保险制度。加大城乡居民养老保险的政策宣传，扩大制度覆盖面。将QXW县在三大产业实现自主创业、灵活就业的农民工纳入失业保险范围，提高外来务工人员工伤保险参保率。按照QYB市统一部署，加快城乡居民医保制度整合，逐步实行"六统一"的市级统筹模式，缩小城乡差距，增进制度公平。QXW县要继续大力支持有条件的企业建立企业年金，继续推进机关事业单位养老保险改革，逐步发挥企业年金和职业年金作为养老保险第二支柱的作用。完善多种形式的补充医疗保险，形成多层次的医疗保险体系。统一缴费标准、待遇水平和基金管理，逐步提高统筹层次，增强基金的互助能力。完善居民与职工在养老保险和医疗保险的衔接政策，推进三项基本医疗保险关系的转移接续和异地结算，保障流动人员的医疗保险权益。有效扩大有稳定就业的外来务工人员社会保险参保率。

（2）稳步提高社会保障待遇标准。QXW县要逐步加大财政对社会保障的投入，完善投入机制，加大社会保险基金征缴力度。逐步提高企业退休人员基本养老金、城乡居民基础养老金、失业保险金、最低生活保障标准，并注重向弱势群体倾斜，缩小城乡之间的待遇差距。

（3）提升社会保障服务管理水平。QXW县要加强基层社会保障服务设施建设，实现场所面积、软硬件设施达到国家标准，改善社会保险经办服务环境。深化社会保险经办模式改革，健全服务标准，规范服务流程，实现社会保障服务便捷高效。加强社会保障公共服务机构工作人员队伍建设，提高社会保障管理服务水平。加快推进社会保障信息化建设，实现社会保险经办和社会化管理服务信息网络的全覆盖。加大对社会保险信息系统的整合力度，实现与市级、省级信息系统的顺利对接。

（4）推进社会福利制度适度普惠。QXW 县一是完善养老服务格局，加快养老服务设施建设。推行民办公助、公办民营等运作方式，引导社会力量投资兴办养老服务机构。加大政府购买社会化养老服务力度，拓展社区养老服务功能，完善居家养老服务体系。适应经济社会发展水平，适当扩大老年人优待人群。发挥村民委员会和基层老年协会的积极作用，对农村空巢老人继续推广"三方协议养老"创新模式。完善高龄老人津贴制度和老年人医疗补助制度。探索建立失能老年人津贴，制定低收入家庭失能老年人入住养老机构的补助办法。扩大老年人社会参与度，丰富老年人精神文化生活。二是发展儿童福利事业。完善以家庭养育为基础、基本生活费为保障、福利机构为依托的儿童福利服务体系。建立孤残儿童福利保障经费自然增长机制，提高孤残儿童养育标准。规范家庭寄养模式，保障寄养儿童权益。实施残疾儿童报告制度，完善儿童福利机构建设。三是健全残疾人福利制度。营造残疾人平等参与社会生活的良好环境，建立残疾人生活津贴制度和护理补贴制度，保障残疾人基本生活权益。增加残疾人在康复、辅助器具、教育、托养、无障碍、文化等方面的社会福利项目。制定残疾人享受基本公共服务的优待办法，促进残疾人融入社会。

（5）完善城乡一体化社会救助体系。QXW 县要健全最低生活保障、特困帮扶、医疗救助、临时救助等帮扶救助机制。健全与经济发展和物价水平相适应的救助标准动态调整机制，进一步完善城乡低保分类救助制度。完善城乡一体的专项救助制度，加大对特殊困难对象专项救助力度。进一步规范临时救助制度，完善应急救援预案。建立健全城乡救助对象家庭经济状况核对机制和低保对象退出机制，建立居民经济状况核查信息系统平台，提高救助对象认定的准确性，实现动态管理下的应保尽保。

（三）坚持共享发展，实现公共服务均衡

建立健全基本公共服务体系，着力推进基本公共服务均等化，努力实现惠及全体人民的基本公共服务均等化目标，是人们共享现代化成果的重要举措，是改善民生、统筹城乡发展、构建和谐社会的重要任务，是全面建设服务型政府的内在要求，对于推进以保障和改善民生为重点的社会建设，对于切实保障人民群众最关心、最直接、最现实的利益，对于加快经济发展方式转变、扩大内需特别是消费需求，都具有十分重要的意义。基本公共服务均等化总体实现已成为到 2020 年 QXW 县全面建成小康社会战略目标的重要内容。

（1）按照国家、省、市各级政府关于建立基本公共服务体系，推进基本公共服务均等化的文件要求，对 QXW 县城乡基本公共服务工作进行整体统筹与规划。实现公共服务均等化是全面建成小康社会的内在要求，QXW 县要抓住这一契机，充分整合现有公共服务资源，统筹城乡协调发展，建立较高水平的城乡一体化的公共服务体系。可以引入第三方机构，对全县的公共服务工作进行整体的高标准的规划和设计，为建立起比较健全的覆盖全县城乡居民的基本公共服务体系，实现基本公共服务均等化，全面推进各项工作提供重要的指导与目标。

（2）加快城乡基础设施一体化建设，实现公共设施城乡共享。QXW 县要继续增加对农村道路交通基础设施的投资，在村村通的基础上使乡村道路向各村民小组延伸。适当提高乡村道路的宽度标准，加强道路基础设施的后期维护。加快城市公共交通向农村延伸，不断提升城乡公交一体化水平，适当增加站点、延伸线路，增强县城与周边乡镇的联系。提升各乡镇客运站的等级与规模，适当增加班次。加快城乡供水、供气一体化建设，加快农网建设与改造，加快城市广电和通信网络向农村延伸争取全面覆盖。扎实推进农村污水、垃圾处理等基础设施建设，着力提高农户无害化卫生厕所普及率。

（3）优先发展教育，提高教育现代化水平，健全公共文化服务体系。文化教育水平是一个地区发展重要的软实力，QXW 县要进一步加大投入力度，坚持高标准、高质量提升九年义务教育水平，提高高中入学率，切实保障贫困家庭子女平等接受教育，提高农村贫困人口基本素质和自我发展能力。打破教育城乡分割格局，合理配置教育资源，切实加强农村学校和薄弱学校建设，大力改善农村基础教育办学条件，重视农村教师队伍建设，处理好农村"留守儿童"的教育问题。进一步加强农村文化设施建设，广泛开展送文化下乡和农民文化活动，统筹推进城乡全民健身和群众体育事业，让公共文化事业惠及城乡居民。

（4）加强就业创业服务和管理，切实维护劳动者的合法权益。QXW 县要建立健全覆盖城乡的公共就业服务体系，以农村转移劳动力、城镇就业困难人员和零就业家庭为重点服务对象，全面提升就业过程公共服务能力。支持各类企业发展，大力发展现代服务业和社会服务业。县乡劳动就业服务机构应提供免费就业政策法规咨询、就业信息、职业指导和职业介绍、就业失业登记等服务，扶持各种形式的灵活就业，鼓励创业行动，大力开发公益性岗位，对就业困难人员和零就业家庭提供岗位援助。健全面向全体劳动者的职业技能培训制度，畅通职工表达合理诉求渠道。完善劳动保障监察宣传、执法、协查工作机制，拓宽劳动监察服务平台，全面推进劳动保障监察网络化管理。

（5）建立覆盖城乡居民的基本医疗卫生制度，实现人人享有基本医疗卫生服务。QXW县要建立健全重大疾病防控、健康教育、妇幼保健、精神卫生、应急处置、采供血、卫生监督等专业公共卫生服务网络。提高突发公共卫生事件应急处置能力，完善卫生监督体系，建立食品安全应急处置体系和饮用水卫生监督监测体系，增强广大人民群众对食品安全信任感。按照"大病不出县，小病不出乡村、社区"的要求，建立健全基层医疗卫生服务体系。加强以县级医院为龙头、乡镇卫生院为骨干、村卫生室为基础的农村三级医疗卫生服务网络，完善乡镇卫生院和村卫生室标准化建设与一体化管理，规范基层卫生技术人员的准入，吸引更多医护人员服务于基层社区、乡镇卫生服务机构。加大城乡医院对口支援力度，推行乡村卫生服务一体化管理。

（6）推进脱贫攻坚，实施精准扶贫，提高扶贫实效。QXW县要全面贯彻落实《中共四川省委关于集中力量打赢扶贫开发攻坚战确保同步全面建成小康社会的决定》，将脱贫致富与全面小康有机结合，将加快发展与扶贫开发有机结合，将精准扶贫与区域开发有机结合。进一步完善贫困村、贫困户、贫困人口的精准识别和登记造册，加强贫困帮扶的组织领导，强化扶贫开发工作领导责任，形成工作到村、扶贫到户的工作机制。落实帮扶措施，抓实科学统筹，全方位整合优化扶贫力量，将财政专项扶贫、金融扶贫、社会参与扶贫、行业扶贫、干部帮扶扶贫等有机结合，合力推进基础扶贫、产业扶贫、能力提升扶贫、新村扶贫、住房保障扶贫、社会保障和特困救助扶贫等扶贫工作，相互促进联动攻坚，确保同步实现脱贫致富与全面建成小康社会的目标。

（四）深化改革创新，推动政府职能转型

公共服务型政府就是强调政府为市场服务、为企业服务、为公众服务、为社会组织服务。党的十八大报告提出：要建设职能科学、结构优化、廉洁高效、人民满意的服务型政府。一方面，QXW县政府要转变行政理念，树立服务意识；另一方面，要逐步确立以"提供基本而有保障的公共服务"作为政府的基本职能，以公共服务为目标导向，实现政府管理方式的根本变革。

（1）深化法治改革，全面推行依法行政。QXW县要认真落实《四川省依法治省纲要》和《QYB市人民代表大会常务委员会关于全面深入推进依法治市的决议》，推进法治国家、法治政府、法治社会一体建设。坚决维护宪法法

律权威，全面推进行政复议和依法行政，规范各级行政机关的权力范围，切实维护司法公平正义。积极推进并深化法治建设，规范公务人员行政执法行为，坚决杜绝以权压法、执法违法行为的发生。进一步下放权力，还权于民。通过构建良好的法律秩序为市场释放成长空间，增加市场活力。要按照建立中国特色社会主义行政体制目标，深入推进政企分开、政资分开、政事分开、政社分开，建设职能科学、结构优化、廉洁高效、人民满意的服务型政府。深化行政审批制度改革，继续简政放权，推动政府职能向创造良好发展环境、提供优质公共服务、维护社会公平正义转变。创新行政管理方式，提高政府公信力和执行力，推进政府绩效管理。

（2）引入市场机制，提高管理效率。政府为市场服务，既要尊重市场规律，又要为市场提供良好环境；政府的运作要实施目标导向和结果导向，改变过去基层政府不计成本、不讲效率的坏习惯，引入"质量管理"和"绩效管理"科学方法，促进基层政府提升管理绩效，优化基层政府运营成本。

（3）实现政务运行公开。QXW 县政府要从政府程序、决策过程、信息反馈等环节入手，逐步实现政府运行的公开透明，进一步畅通群众诉求渠道，积极回应群众的诉求，减少"事难办、脸难看"现象。通过制度化方式，实现群众的参与和利益表达，使社会各种利益要求和利益表达汇聚起来，共同参与政府服务过程，实现政府行政的民主化。

（4）逐步建立公共服务考核体系。QXW 县要将基本公共服务改善状况和群众的满意程度作为各级政府和干部考核的重要指标，同时要将 QXW 县生态文明建设与城镇化相结合，充分结合自身的地理环境、生态特点、资源享赋、产业结构，努力建设绿色环保、低碳节能、特色突出的宜居城镇。

（5）深化民主政治改革，全面推进基层民主选举。进一步推进民主政治建设，在所有乡镇进一步推行民主选举村党组织书记和村民委员会主任，实施海选制度，民主推荐候选人，设置秘密投票室，严禁拉票贿选等破坏民主选举的行为发生，确保每个村民参与民主选举的权利。对于乡镇干部的产生，可选择有条件的乡镇进行试点，逐步推行民主选举，待条件成熟再逐步扩大民主选举的范围，使村民拥有更广泛的民主选举权。

（6）创新社会治理，完善社会管理和服务体系。QXW 县要完善党委领导、政府负责、社会协同、公众参与、法治保障的社会治理体制，加快形成政社分开、权责明确、依法自治的现代社会组织体制，着力健全源头治理、动态管理、应急处置相结合的社会管理机制；加快推进县、乡镇、村（社区）三级社会管理和公共服务平台建设，完善基层社会管理和服务体系；继续推进信访工作制度改革，求真务实抓好信访工作法治化建设，依法按程序解决群众的合理诉求；完善社会治安防控体系，严厉打击各类违法犯罪活动。加强自然灾害防范、生产安全和食品药品安全监管，夯实应急管理基层基础，强化应急救援队伍、物资装备建设，健全自然灾害、公共卫生、突发事件、事故灾难等预防机制，完善县级应急管理体系，提高突发公共事件处置能力。

执笔人：周陶、单琰秋、张金华、徐向峰、黄璐

附件 1：QXW 县国民主观幸福感状况调查问卷

亲爱的朋友：

您好！感谢您在百忙之中参与本次问卷调查。本问卷采用匿名填写的方式，请您凭第一感觉做出选择，无须过多地思考和顾虑。

填写方式：请您在空白处填上相应的信息；对于给定选项的问题，只需在符合（或接近）的选项前划"√"即可。再次感谢您能协助完成此项调查！

（一）基本信息

1. 您现在的居住地是？

2. 您的工作类型属于？

　　□ 党政机关　　□ 企业　　□ 事业单位　　□ 社会团体　　□ 务农　　□ 其他

3. 您的性别？

　　□ 男　　　　　□ 女

4. 您的民族？

　　□ 汉　　　　　□ 少数民族

5. 您的年龄阶段是？

　　□ 16～24 岁　□ 25～30 岁　□ 31～35 岁　□ 36～60 岁　□ 60 岁以上

6. 您的学历？

　　□ 小学及以下　　□ 初中　　□ 高中　　□ 大专及本科　　□ 硕士及以上

7. 您的月收入是？

　　□ 1 000 元以下　　　□ 1 000 至 1 999 元　　　□ 2 000 至 2 999 元

　　□ 3 000 至 4 999 元　□ 5 000 元至 10 000 元　　□ 10 000 元以上

8. 您的婚姻状况是？

　　□ 未婚　　　　　□ 已婚　　　　　□ 离婚　　　　　□ 丧偶

（二）问题部分

1. 您对目前的职业和工作环境满意吗？

　　□ 非常满意　　□ 比较满意　　□ 一般 □ 比较不满意　□ 非常不满意

2. 您对目前的工资和收入水平满意吗？

　　□ 非常满意　　□ 比较满意　　□ 一般 □ 比较不满意　□ 非常不满意

3. 您对未来的生活充满信心吗？

　　□ 非常有信心　□ 比较有信心　□ 一般 □ 不太有信心　□ 非常没有信心

4. 您认为自己生活得有尊严吗？

□非常有尊严　□比较有尊严　□一般 □没有尊严　□非常没有尊严

5. 您对当地的教育条件满意吗？

□非常满意　□比较满意　□一般 □比较不满意　□非常不满意

6. 您对目前的社会保障水平（包括养老保障和医疗保障等方面）满意吗？

□非常满意　□比较满意　□一般 □比较不满意　□非常不满意

7. 您对目前的医疗服务水平满意吗？

□非常满意　□比较满意　□一般 □比较不满意　□非常不满意

8. 您对自己目前的住房状况满意吗？

□非常满意　□比较满意　□一般 □比较不满意　□非常不满意

9. 您对当地交通的便捷程度满意吗？

□非常满意　□比较满意　□一般 □比较不满意　□非常不满意

10. 您对社区（村）的公共服务设施满意吗？

□非常满意　□比较满意　□一般 □比较不满意　□非常不满意

11. 您和您的家人是否经常参加体育健身活动？

□从不参加　　　　□很少参加　　　　□有时参加

□经常参加　　　　□每天坚持

12. 您认为您的必要休闲时间（包括节假日休息时间）有保障吗？

□非常有保障　　　□比较有保障　　　□一般

□不太有保障　　　□非常没有保障

13. 您对您和周围人的相处满意吗？

□非常满意　　　　□比较满意　　　　□一般

□比较不满意　　　□非常不满意

14. 您认为您的家庭生活和谐吗？

□非常和谐　□比较和谐　□一般 □比较不和谐　□非常不和谐

15. 您对您的文化娱乐生活满意吗？

□非常满意　□比较满意　□一般 □比较不满意　□非常不满意

16. 您对当地的生产或创业环境满意吗？

□非常满意　□比较满意　□一般 □比较不满意　□非常不满意

17. 您对当前社会的诚信状况满意吗？

□非常满意　□比较满意　□一般 □比较不满意　□非常不满意

18. 您对您所在地区的消费购物环境满意吗？

☐非常满意　　☐比较满意　　☐一般 ☐比较不满意 ☐非常不满意

19. 您对您所在地区的社会治安状况满意吗？

☐非常满意　　☐比较满意　　☐一般 ☐比较不满意 ☐非常不满意

20. 您对当前社会的食品药品安全状况满意吗？

☐非常满意　　☐比较满意　　☐一般 ☐比较不满意 ☐非常不满意

21. 您认为您的劳动收入？

☐比应得的少多了　　☐比应得的少　　　　☐刚好是应得的

☐比应得的多　　　　☐比应得的多多了

22. 您觉得您表达个人诉求的渠道畅通吗？

☐非常畅通　　　　☐比较畅通　　　　☐一般

☐不畅通　　　　　☐非常不畅通

23. 您认为目前法院、公安局等司法部门的大多数执法活动是公正的吗？

☐非常公正　　　　☐比较公正　　　　☐一般

☐比较不公正　　　☐非常不公正

24. 从整体来讲，您对当地政府的办公效率满意吗？

☐非常满意　　☐比较满意　　☐一般 ☐比较不满意 ☐非常不满意

25. 当您去政府部门办事时，您感觉政府工作人员的服务态度好吗？

☐非常好　　☐比较好　　☐一般 ☐不好　　☐非常不好

26. 在大多数情况下，您认为当地政府处理突发事件的能力如何？

☐非常好　　☐比较好　　☐一般 ☐不好　　☐非常不好

27. 从整体来讲，您对政府政务信息的公开程度满意吗？

☐非常满意　　☐比较满意　　☐一般 ☐比较不满意 ☐非常不满意

28. 从整体来讲，您对当地政府推行廉政建设的力度满意吗？

☐非常满意　　☐比较满意　　☐一般 ☐比较不满意 ☐非常不满意

29. 您对当地饮用水的质量满意吗？

☐非常满意　　☐比较满意　　☐一般 ☐比较不满意 ☐非常不满意

30. 您对当地的空气质量满意吗？

☐非常满意　　☐比较满意　　☐一般 ☐比较不满意 ☐非常不满意

31. 您对周围的卫生状况满意吗？

☐非常满意　　☐比较满意　　☐一般 ☐比较不满意 ☐非常不满意

32. 您对当地的绿化建设满意吗？

☐非常满意　　☐比较满意　　☐一般 ☐比较不满意 ☐非常不满意

33. 您对兴文未来五年的发展有什么建议?

附件2：名词解释

1. 城镇单位在岗职工平均工资：国有经济、城镇集体经济和其他各种经济类型单位及附属机构的在岗职工得到的劳动报酬的平均数。

2. 城镇最高最低组别收入比：城镇居民中各20%的高收入组与城镇中低收入组的收入比率，反映收入分配状况。

3. 农村最高最低组别收入比：农村居民中各20%的高收入组与低收入组的收入比率，反映收入分配状况。

4. 劳动者报酬占GDP比例：是老百姓（区别于企业、政府、银行、资产出租者、固定资产出售者等）的收入在整体收入中所占的比例，是衡量民生、民富的指标。

5. 城镇登记失业率：是指城镇登记失业人数同城镇从业人数与城镇登记失业人数之和的比例关系，反映了一定时期内可以参加社会劳动的人数中实际失业人数所占的比例，与领取失业救济与低保补助密切相关。

6. 规范化幼儿园达标率：一定区域内达到规范化幼儿园标准要求的幼儿园占全部幼儿园的比例。

7. 义务教育规范化学校覆盖率：一定区域内达到义务教育规范化学校配置标准的学校（小学和初中）占全部学校的比例。

8. 职业技能培训人数占从业人员比例：按照国家职业分类和职业技能标准进行的规范性培训的人数占从业人员的比例。

9. 每万人拥有公共文化设施面积：每万人拥有的由人民政府举办或者社会力量举办的，向公众开放用于开展文化活动的公益性图书馆、博物馆、纪念馆、美术馆、文化馆（站）等建筑物、场地和设备的面积。

10. 年人均参与文化活动次数：每人每年参加的由一定区域、一定条件下社区成员共同创造的精神财富及其物质形态，长期以来谋求精神文化生活实践的产物的活动。

11. 每千人医疗机构床位数：区域内每千常住人口医疗卫生机构床位数，反映了各级各类公立医疗机构的建设数量和规模。

12. 基层医疗机构门诊量占比：指社区卫生服务中心和站点、乡镇卫生院和村卫生室的门诊量占全部医疗机构门诊量的比例。

13. 人均拥有体育场地设施面积；平均每人拥有体育比赛、训练、教学以及群众健身活动的各种场地、场馆、建筑物、固定设施的面积。

14. 城乡居民体质达标率：指城乡居民中达到国民体质测定标准的人数占全部居民数量的比例。

15. 每万人拥有收养性社会福利单位床位数：每一万人中拥有的用于收养包括民政部门管理和城镇、农村集体举办的社会福利事业单位中老人、少年儿童、缺乏生活自理能力的残疾人员和精神病人的床位数量。

16. 城乡基本养老保险覆盖率：指城乡中缴纳养老保险的人数占城乡总人数的比例。

17. 城乡三项基本医疗保险参保率：指城乡中参加城镇职工基本医疗保险、城镇居民基本医疗保险和新型农村合作医疗这三项保险的人数占城乡总人数的比例。

18. 外来务工人员工伤保险覆盖率：指外地来本地城市打工的人员参加工伤保险的人数占外地来本地城市打工的总人数的比例。

19. 最低生活保障标准与城乡人均消费支出比例：国家对家庭人均收入低于当地政府公告的最低生活标准的人口给予一定现金资助，以保证该家庭成员基本生活所需的社会保障制度与城镇居民在购买商品和劳务活动两方面的支出的比例。

20. 居民消费价格指数：CPI 是反映与居民生活有关的消费品及服务价格水平的变动情况的重要经济指标，也是宏观经济分析与决策以及国民经济核算的重要指标。一般来说，CPI 的高低直接影响着国家宏观经济调控措施的出台与力度，如央行是否调息、是否调整存款准备金率等。同时，CPI 的高低也间接影响资本市场（如股票市场）的变化。

21. 人均住房使用面积：人均住房的使用面积，指住房各层平面中直接供住户生活使用的净面积之和。计算住房使用面积可以比较直观地反映住房的使用状况，但在住房买卖中一般不采用使用面积来计算价格。

22. 农村低收入住房困难户住房改建完成率：对核准的农村低收入住房困难户通过专项资金扶持改善该类农户住房改建的比例，并在确保改造建设任务的前提下，统筹用于有关村庄公共设施和村容村貌整治建设。

23. 城镇保障性住房任务完成率：指政府在对中低收入家庭实行分类保障过程中所提供的限定供应对象、建设标准、销售价格或租金标准，具有社会保障性质住房的比例。包括两限商品住房、经济适用住房、政策性租赁住房以及廉租房。

24. 农村饮用水安全普及率：指在村中向大家普及的饮用水安全面积的大小。安全饮用水指的是一个人终身饮用，也不会对健康产生明显危害的饮用水。根据世界卫生组织的定义，所谓终身饮用是按人均寿命 70 岁为基数，以每天每人 2 升饮水计算。

25. 行政村通客运班车率：行政村是指政府为了便于管理，在乡镇政府以下建立的中国最基层的农村行政单元，它由若干个自然村组成。行政村通客运班车率，是指运行在村中的班车的数量以及每天班车的次数。

26. 城市每万人公交车辆拥有量：在城市中，每万人可以乘坐公交车的数量。

27. 每万人拥有城乡社区服务设施数：每万人可以应用城乡社区的直接为本社区居住用地内居民提供服务的基本性、共享性设施，一般包括公共建筑及其场地，还有附属设备等的数量。

28. 各类生产安全事故死亡人数：在各类生产过程中发生的安全事故所造成的人员伤亡数量。生产安全事故是指生产经营单位在生产经营活动（包括与生产经营有关的活动）中突然发生的，伤害人身安全和健康，或者损坏设备设施，或者造成经济损失的，导致原生产经营活动（包括与生产经营活动有关的活动）暂时中止或永远终止的意外事件。

29. 食品和药品安全指数：指食品价格承受力、食品供应能力、质量安全保障能力三方面 27 个定性和定量指标，药物的 LD5/ED95 的比值成为安全指数。

30. 万人治安和刑事警情指数：指在万人中社区治安和刑事案件发生比率的统计。该指标是评价一个地区社会安全状况总体变化程度的重要指标

31. 每万人持证社工人数：指每一万人中拥有持证上岗的社工人数。

32. 困难群众救助覆盖率：是指政府的服务建设在困难群众的群体中可以救助人数的比例。

33. 每万人行政效能投诉量：每万人对各级行政机关、具有行政管理职能的单位及其工作人员影响行政效能的问题及行为的投诉数量。

34. 信访案件按期办结率：对于公民依法上访案件按期完成的比例。

35. 涉及民生重大决策的民调率和听证率：重大或者关系人民群众切身利益的政府重大决策和规范性文件草案，采取民意调查或座谈会、论证会或者向

社会公布草案等方式公开听取社会公众意见，通过适当途径反馈或者公布意见采纳情况及理由的频率，涉民生重大决策的听证率民调率应达100%。

36. 行政复议案件按时办结率：在规定时间内公民、法人或其他组织通过行政救济途径解决行政争议案件的比例。

37. 法院案件法定审限内结案率：法院能够在限定时间内完成的案件数量占所有案件的比例。

38. 村务公开民主管理示范达标率：达到村务公开民主管理示范单位标准的村庄比例。

39. 劳动人事争议仲裁结案率：规定时间内完成的劳动人事争议仲裁案件占该类案件总量的比例。

40. 森林覆盖率（森林覆被率）：指一个国家或地区森林面积占土地面积的百分比，是反映一个国家或地区森林面积占有情况或森林资源丰富程度及实现绿化程度的指标，又是确定森林经营和开发利用方针的重要依据之一。

41. 城市人均公园绿地面积：城市公共绿地面积的人均占有量，单位为平方米/人，生态市达标值为≥11平方米/人。

42. 村庄规划覆盖率：村庄规划的主要内容包括乡级行政区域的村庄布点，村庄的位置、性质、规模和发展方向，村庄的交通、供水、供电、邮电、商业、绿化等生产和生活服务设施的配置。村庄规划覆盖率指这一系列规划占村庄总面积的比例。

43. 城市全年空气二级以上天数比例：城市全年空气二级以上天数占城市全年所有级别的比例。

44. 生活垃圾无害化处理率：是指无害化处理的城市市区生活垃圾数量占市区生活垃圾产生总量的百分比。

45. 城镇生活污水集中处理率：城镇污水处理厂的处理量除以根据供水量系数法计算或实得城镇污水产生总量。

46. 水能区水质达标率：水功能区，指为满足人类对水资源合理开发、利用、节约和保护的需求，根据水资源的自然条件和开发利用现状，按照流域综合规划、水资源保护和经济社会发展要求，依其主导功能划定范围并执行相应水环境质量标准的水域。水功能区水质达标率指这些水域的水质达标情况占全部水功能区的比例。

执笔人：周陶

长江生态综合治理项目品质提升与利用研究
——基于对 QYB 市长江生态综合治理现状研究

作为万里长江第一城，QYB 市一直非常重视生态环境建设与保护。自2013 年以来，QYB 市实施了长江生态综合治理项目。此外，围绕生态保护与生态建设，QYB 市采取了一系列行动。2015 年 12 月，市委、市政府做出了《中共宜宾市委关于加快建设绿色 QYB 市的决定》，2016 年，进一步出台了《中共宜宾市委关于进一步推进绿色发展建设美丽 QYB 市的决定》。此外，市委、市政府还先后编制了《绿色 QYB 市发展规划》《QYB 市建设长江上游绿色生态市规划纲要》《QYB 市环保产业发展规划》等，初步形成了"一张蓝图绘到底"的绿色发展工作格局。

2018 年 5 月，推进长江经济带发展领导小组召开会议，明确上海崇明岛、江西九江、湖北武汉为长江经济带绿色发展示范区首批创建城市。这既是贯彻落实习近平生态文明思想和长江经济带"共抓大保护、不搞大开发"精神的重要体现，也是以三个创建城市为抓手实现以点带面的重要实践。国家提出长江经济带绿色发展示范区的创建目标，但是对具体的建设标准、建设内容、建设路径未做具体要求，鼓励三地开展先行先试、积极探索，为各地推进相关工作提供了极大的空间。QYB 市开展的以上实践为其争创长江经济带绿色发展示范区提供了基础。

一、争创长江经济带绿色发展示范区的重大意义

（一）贯彻习近平生态文明思想和"两山理念"的必然要求

习近平同志在党的十九大报告中指出："必须树立和践行绿水青山就是金山银山的理念，坚持节约资源和保护环境的基本国策，像对待生命一样对待生态环境，统筹山水林田湖草系统治理，实行最严格的生态环境保护制度，形成绿色发展方式和生活方式，坚定走生产发展、生活富裕、生态良好的文明发展道路，建设美丽中国，为人民创造良好生产生活环境，为全球生态安全作出贡献。"[①] 2018 年 5 月 18 日全国生态环境保护大会正式提出和确立了习近平生态文明思想。随着长江经济带发展战略的纵深推进，沿长江地区面临新一轮大开放、大发展的重大机遇。长江经济带是我国经济高质量发展的一个样板，是实现我国经济转型升级的重要引擎。党的十八大以来，党中央高度重视长江经济带发展，习近平总书记从中华民族长远利益出发，在 2016 年 1 月 5 日召开的长江经济带发展座谈会上，习近平总书记强调"共抓大保护，不搞大开发"[②]，这为推动长江经济带高质量发展提供了根本遵循。QYB 市作为长江首城，在长江经济带发展中具有不可替代的作用。QYB 市以争创长江经济带绿色发展示范区为抓手，融入长江经济带发展，以创建绿色发展示范区为契机，进一步优化国土保护开发利用新空间，构建生态环境共建共治新格局，培育产业转型升级发展新动能，实现 QYB 市经济高质量发展。

（二）凸显 QYB 市在长江上游生态屏障中不可替代的新定位

长江上游是指长江源头到湖北宜昌这一江段，涉及青海、西藏、云南、四川、重庆等地，沿线流域区分布有攀枝花、昭通、宜宾、泸州、重庆等城市。从地理标识角度看，金沙江和岷江在 QYB 市汇合之后才叫长江，因此，QYB 市是真正意义的长江第一城。QYB 市是长江上游重要的生态屏障和水源涵养地，是长江上游生态屏障建设的重中之重，其生态地位具有唯一性、不可替

---

① 习近平. 习近平：决胜全面建成小康社会 夺取新时代中国特色社会主义伟大胜利：在中国共产党第十九次全国代表大会上的报告 [R/OL].（2017-10-27）[2023-10-31]. https://www.gov.cn/zhuanti/2017-10/27/content_5234876.htm.

② 新华社. 习近平：走生态优先绿色发展之路 让中华民族母亲河永葆生机活力 [EB/OL].（2016-01-07）[2023-10-31]. http://jhsjk.people.cn/article/28026284.

代性，是其他地区不可比拟，也不可取代的。已有的关于长江上游生态屏障的研究，更多地集中在如何发挥不同区域之间的合力，忽视了 QYB 市在其中的关键性、不可替代的作用。因此，以正在实施的 QYB 市长江生态综合治理项目为契机，进一步拓展和延伸项目的内涵和外延，进一步突出 QYB 市作为长江首城，将项目建设与资源开发、经济发展、人文挖掘、生态保护、绿色发展等结合起来，积极争创长江经济带绿色发展示范区创建城市，将进一步凸显 QYB 市在长江上游生态屏障建设中的地位。

（三）探索长江经济带实现生态保护和经济发展的新路径

习近平总书记在 2018 年 4 月 26 日召开的深入推动长江经济带发展座谈会上的讲话中强调："正确把握生态环境保护和经济发展的关系，探索协同推进生态优先和绿色发展新路子。"①QYB 市在推进长江生态综合治理项目建设，做好生态保护与生态修复的同时，也在积极推进经济社会发展。作为传统的老工业城市，QYB 市实现生态与经济协调发展难度更大、更具挑战性。第五次党代会以来，QYB 市贯彻落实新发展理念，改变粗放式发展模式，实施了"双轮驱动"战略：一方面改造提升传统优势产业，持续发挥存量产业对经济社会发展的支撑作用；另一方面积极发展智能终端、轨道交通、新能源汽车、新材料等战略性新兴产业，不断做大做强经济社会发展增量。此外，QYB 市在打造绿色立体交通走廊、打造宜居城市、建设循环工业园区等方面也开展了大量实践，在"发展中保护、保护中发展"取得一定成效。在新时期新要求下，QYB 市应以创建长江经济带绿色发展示范区为指引，积极总结经验，形成"双轮驱动"战略下新产业与长江生态良性互动的发展范式或发展模式，为长江沿线处理生态与经济协调发展提供先行先试经验。

（四）建设长江上游区域中心城市的新内容和新内涵

四川省委十一届三次全会明确提出，"支持 QYB 市建设长江上游区域中心城市和全国性综合交通枢纽"战略部署，进一步凸显了新时期 QYB 市在长江上游地位的重要定位。作为长江首城，QYB 市建设长江上游区域中心城市，必须坚持绿色、生态、可持续发展。以长江生态综合治理项目的实施为契机，

---

① 习近平．习近平：在深入推动长江经济带发展座谈会上的讲话 [EB/OL]．（2019-08-31）[2023-10-31]．http://jhsjk.people.cn/article/31329527.

将工作重心转移到争创长江经济带绿色发展示范区上来，是QYB市建设长江上游区域中心城市应有之义和首要内容。从长江上游区域中心城市和长江经济带绿色发展示范区二者的关系看，二者是包含与被包含的关系。目前国家批复的长江经济带绿色发展示范区主要分布在长江中、下游地区，长江上游未明确建设主体。QYB市如果能够成功争创长江经济带绿色发展示范区，不仅在长江上游各节点城市中具有唯一性，而且也将极大地充实和助推QYB市建设长江上游区域中心城市。

二、争创长江经济带绿色发展示范区的实践基础

QYB市长江生态综合治理项目规划内容包括机动车道222千米、绿道192千米、公共绿地、驿站、停车场及服务配套设施等，涉及叙州区、南溪区、江安县、长宁县、临港经济技术开发区等区域。规划路线分内环、中环、外环三部分。自2013年启动以来，按照"统一规划、分类建设"的原则，叙州区长江之歌公园、南溪滨江公园、叙州区起步广场、临港等重要节点工程，以及向家坝水电库区及金沙江梯级电站相继建成。这不仅展现了QYB市山水资源魅力，改善了城市形象，提升了城市品质，成为长江上游重要的形象窗口，也成为QYB市争创长江经济带绿色发展示范区的重要基础。

（一）项目建设的成效

1. 创新理念，系统规划

项目自2013年启动以来，按照"统一规划，分类建设"的原则有序推进，由全市统一规划项目沿线节点景观、沿线涉及区县各自推进项目建设。这种方式一方面能保证项目规划的整体性，避免各个区县自行规划可能产生的同质化景观。按照规划，项目沿线主要设置了怀古览胜、工业新风、港韵朝晖、盛世河博、仙缘南溪、江州晚唱等十二个区段，分别赋予大江文化、工业文化、茶文化、竹文化、红色文化等内涵，较好地展示了QYB市的地方特色、文化内涵。另一方面也能够最大限度地发挥各区县的积极性和主动性，减少市级财政压力。从建设成效来看，各区县在推进过程中采取了不同的投融资、建设、运营模式，取得了较好的效果。

2. 加快建设，成效显著

项目建设以叙州区、南溪区、江安县、长宁县、临港经济技术开发区和宜

宾市城市和交通工程建设集团有限公司（简称"成交建集团"）为责任主体进行分段建设，于2014年开工建设。目前叙州区长江之歌公园和起步广场、南溪滨江公园、江安竹岛等重要节点工程已相继建成，北线从叙州区起步广场至南溪段道路和绿道已全线贯通，长度约47千米，新增绿地约1.35平方千米；南线从叙州区戎州大桥起至南广高架桥长约6.8千米，已建成投入使用，新增绿地面积约0.8平方千米。江安段和长宁段正在有序推进。通过项目建设充分展现了QYB市山水资源魅力，极大地改善了城市形象，提升了城市品质，满足了广大市民追求品质生活的需求。

3.探索运营，形式多样

截至目前，长江生态综合治理工程已建成运营的分别是叙州区长江之歌公园、南溪滨江公园（长江1号大道）、江北滨江环线A段景观工程、江北滨江环线一期工程（梨湾路—污水处理厂）。由于没有统一和成熟的运营管理机制，各运营主体根据其自身实际情况，采取不同的运营管理模式，概括起来可以分为政府为主体运营、公司化运营、PPP（政府和社会资本合作）运营几种模式。长江之歌公园采取的是政府为主体的运营模式，但由于目前叙州区政府未接手管理职责，暂时由市城建集团公司下属的物业公司进行日常维护运营。南溪区滨江公园采取的是公司化运作模式，由南溪首创文化传播公司、中卉集团二者共同出资100万元运营管理"长江第一湾项目"，根据建成区内设施功能的不同，划分为"公共服务型"和"经营型"两类模式进行运营。QYB市长江生态综合治理项目（临港段）滨江路环线A段景观工程由于属于PPP项目，项目运营维护是由QYB市华西建设投资有限公司（PPP项目公司）负责。各种不同的建设模式都非常重视项目管理，如南溪区成立了由综合执法大队和聘用人员共同组成的执法队伍；城交建集团对公园进行精细化管理，杜绝任何有损公园品质形象的商贩、摊点等无序行为和大型商业活动进入公园。

（二）项目建设的启示

1.超前谋划，抢抓机遇

QYB市地处长江上游，在长江上游生态屏障建设中具有重要地位。同时QYB市也是长江上游珍稀特有鱼类国家级自然保护区，一直把生态保护和生态建设作为经济社会发展的首要任务，通过做好加法和减法，不断改善本市的生态环境。"加法"主要是提高绿化覆盖率，QYB市实施农村森林绿化、城市森林添彩等八大绿化行动，仅2018年就新增森林面积160.67平方千米，森林覆盖率达到了47%，目前正在争创国家园林城市；调整产业结构，积极发展低污染、低消耗、低排放的战略性新兴产业，做到在保护生态的同时发展经济。"减法"主要是减少长江沿线污染，通过取缔沿江采砂场，严控长江沿线的私挖乱采；搬迁沿线餐饮船，减少生活垃圾和污水流入长江等；加大能源化工、食品饮料等传统支柱产业的转型升级力度，通过技改不断淘汰落后产能，提高企业和产业的创新能力，进而减少和降低污染。这些都为QYB市抢抓生态文明建设、新一轮长江经济带发展等机遇奠定了坚实的基础。

2. 统筹规划，分类建设

长江生态综合治理项目总长度192千米（其中沿江段约120千米），总投资约92亿元，涉及临港经济技术开发区、叙州区、南溪区、江安县、长宁县，主要建设内容为涉江区域改造、整治周边环境、滨江道路建设及沿江生态恢复等。由于该项目建设涉及行政主体多、建设周期长、建设内容多，单纯依靠市级财政难以实现。因此，在推进该项目建设过程中，QYB市采取了"统一规划、分类建设"的原则，将整个项目按照线性规划的方式划分为不同的区段，每个区县负责各自区段内项目的建设，最后沿长江形成闭环。在建设过程中，各个区县采取国资公司推进建设、公共私营合作制（public private partnership, PPP）、财政推进建设等多种方式，极大地调动了区县建设项目的积极性，确保了项目的建设能够迅速推进。同时各区县围绕项目建设，也间接带动了其他项目的建设。以江安为例，作为全省"城市双修"试点城市，江安将长江生态综合治理项目与"城市双修"紧密结合起来，规划打造了长江上游首个以竹生态、竹文化为主题的生态博览园。配合项目建设，江安县还系统优化了滨江大道、夕佳大道、迎宾大道、环城路等道路建设，实现了城市生态功能修复与自然生态修复的协调融合。

3. 以人为本，生态亲民

项目在规划和建设中充分体现以人为本的原则。以长江公园为例，公园西起戎州大桥，东止大溪口，全长4.6千米。公园建设充分利用长江独特的江岸资源，采取"人性化设计"和"炫酷设计"等现代手法，打造"亲水""健康""智慧""文化""炫酷""有序"的公园，全面展现多层次立体景观效果和现代文明，为市民打造多样选择的休闲场所，将长江文化真正融入市民日常生活之中。同时，在建设中，项目尽量减少对长江上游珍稀特有鱼类国家级自然保护区的影响，对沿江污水、垃圾全阻隔，对岸线违章建筑全拆除，对缺损滩涂、湿地、林草全修复，高品位实施立体绿化，乔木、灌木、草皮、景观按园林式搭配，处处生态宜人。

三、国内外流域治理与流域经济发展的成功经验借鉴

（一）莱茵河生态保护与生态治理

莱茵河发源于瑞士，流经法国、德国、荷兰等9个国家，总长1 232千米，集中了50%的欧洲化工企业。20世纪60年代前后，工业化、城市化超常发展，使得该流域生态环境遭到极大破坏。经过半个多世纪的协同治理，莱茵河得以修复，成为大河治理的成功典范。

1.建立流域多国合作机制

莱茵河流经多个国家，多国的高效合作是莱茵河治理成功的重要保障。莱茵河流域合作治理的核心机制是1950年成立的ICPR（保护莱茵河国际委员）。ICPR采用部长会议决策制，部长由会员国部长轮流担任。经过60多年的发展，ICPR已成为全球流域治理领域的一个多国间高效合作的典范。ICPR具有多层次、多元化的合作机制，既有政府间的协调与合作，又有政府与非政府的合作，以及专家学者与专业团队的合作。它不仅设有政府组织和非政府组织参加的监督各国计划实施的观察员小组，而且设有许多技术和专业协调工作组，可将治理、环保、防洪和发展融为一体。

2.不断调整升级产业结构

历史上，莱茵河沿线分布了大量的钢铁、化工、机械等临港产业，分布着鲁尔工业区等集中成片的老工业基地。随着莱茵河生态保护和生态治理的不断推进，当地政府将沿线的工矿区改造为文化创意、研发设计和工业旅游景点等产业链的高端环节或者新兴产业，将化工、机械和制药企业转移到其他国家和地区，降低了产业对生态的破坏。

3.实施立法保护加强惩处

德国最早提出"谁污染谁买单"的主张，通过充分运用经济手段，来保证环保法规的法律效力。德国1976年制定了《污水收费法》，向排污者征收污水费，对排污企业征收生态保护税，用以建设污水处理工程。同时相关法规规定污染企业得不到银行贷款，使得企业不得不重视环境利益。

4.完善监测预警体系建设

为了确保水体保护与治理的有效性，ICPR 在莱茵河及其支流建立了水质监测站，从瑞士至荷兰共设有 57 个监测站点，通过最先进的方法和技术手段对莱茵河进行监控，形成监测网络。每个监测站还设有水质预警系统，通过连续生物监测和水质实时在线监测，能及时对短期和突发性的环境污染事故进行预警。ICPR 和莱茵河水文组织 (CHR) 于 1990 年共同开发了"莱茵河预警模型"，对莱茵河水质进行实时监测，防止突发性污染事故。ICPR 建立了"国际警报方案"，这是莱茵河沿岸各国的信息互通平台，当发现污染物时，在瑞士、法国、德国和荷兰设置的 7 个警报中心能够及时沟通，迅速确认污染物来源，并发布警报。

5.开展基础地质地貌调查

根据流域治理需要，莱茵河沿岸各国开展了基础地质调查、水文地质调查与填图工作。法国、德国等国家 1∶10 万、1∶5 万地质填图已基本完成。在基础地质填图的基础上，各国开展了水文地质、自然灾害等环境地质调查与填图工作。德国联邦地球科学与自然资源研究所（BGR）牵头，自 1960 年开始经过 50 余年的努力，编制完成了 1∶150 万欧洲水文地质图系。1982 年，欧共体环境总司组织编制了 1∶50 万欧洲地下水资源图系，由 38 幅、148 张图件组成，覆盖了比利时、德国、丹麦、法国、爱尔兰、意大利、卢森堡、荷兰和英国 9 个国家。2013 年，在对 1∶150 万欧洲水文地质图进行矢量化的基础上，Cornu 等人编制了欧洲地下水生境分布图，反映与生物相关的地下水流、含水层孔隙大小和渗透性的空间变化。[①]

（二）武汉市生态保护与治理

武汉市是中国著名的江城，中国第一大河长江及其最大支流汉江在城中交汇，也被誉为"百湖之市"，拥有汤逊湖、东湖等众多湖泊。城市水域面积占总面积的四分之一。2014 年，武汉市被水利部列为全国第二批水生态文明城市建设试点。武汉市创新治水模式，以"防洪水、排涝水、治污水、保供水"四水共治为重点突破口，在生态治理和生态修复上取得显著成效。

---

① CORNU J F, EME D, MALARD F. The distribution of groundwater habitatsin Europe[J]. Hydrogeology journal, 2013, 21(5): 949-960.

1. 强化顶层设计和制度保障

武汉市按照"一个城市一张蓝图"要求，结合水生态文明建设试点要求，完成《武汉市水生态文明建设规划》等15项涉水专项规划。2012年以来，武汉市先后印发了《武汉市基本生态控制线管理规定》《武汉都市发展区1：2000基本生态控制线规划》《武汉市山体保护办法》《武汉市全域生态框架保护规划》《武汉市湖泊保护条例》《武汉市基本生态控制线管理条例》等多个法律、规章、规划，完成166个湖泊"三线一路"保护规划编制，基本形成生态控制线保护制度体系。2016年10月1日正式颁布实施的《武汉市基本生态控制线管理条例》，是全国首部对基本生态控制线进行保护的地方性法规。生态控制线面积达到了6391平方千米，占到市域面积的75%，实现了对生态要素的"应保尽保"，且非依法定条件和程序，不得调整基本生态控制线。

2. 注重立法保障和考核监督

为落实最严格的水资源管理制度，落实水资源开发利用控制、用水效率控制和水功能区限制纳污控制"三条红线"及控制目标，积极推进制度创新与体系建设，强化水资源论证、取水许可、水功能区管理等制度。为了确保全市水生态文明建设做到有法可依，《武汉市城市供水用水条例》《武汉市防洪管理规定》《武汉市湖泊保护条例》等地方性法规相继出台，"不能填江、不能填湖、不能环湖铁桶式地开发"等规定成为铁律。

武汉市将试点工作纳入市委、市政府对各责任主体年度绩效管理目标，印发《武汉市生态文明建设目标评价考核办法》，把水资源消耗等水生态文明建设指标纳入经济社会发展评价体系，作为各级党政干部考核的重要内容。

3. 建立生态保护的补偿机制

武汉市按照政府引导、市场推进和社会参与的原则，建立生态补偿机制，对承担生态保护责任导致合法权益受到损失的单位和个人给予补偿。由市、区两级人民政府共同承担生态补偿责任，按照1：1比例筹措生态补偿资金，用于生态要素日常管护、生态经济发展、生态修复、生态工程建设、既有项目清理和补偿集体经济组织成员等。2013年武汉市在全国首推湿地生态补偿机制，市、区每年拿出1 000万元，对湿地自然保护区进行生态补偿；推动生态公益林生态补偿工作，从2017年开始补偿标准由30元提高到50元；此外，在梁子湖流域探索建立多元化生态保护补偿机制。

4.加大绿色产业的发展力度

武汉市积极探索"大湖+"环境保护、产业创新、生产生活生态融合等发展模式，建设优美宜居的滨水生态绿城；通过后官湖绿道、金银湖绿道、沙湖绿道等多条绿道串联生态走廊，兼具湖泊修复、生态保护、休闲游憩、旅游经济等功能，吸引众多市民、游客前往休闲观光；通过充分挖掘水文化资源、加强水文化载体建设、完善水生态文明理念等手段，进一步提升市民的水生态文明意识。

5.加强海绵城市功能性建设

作为海绵城市试点城市，武汉市按照海绵城市建设理念，积极探索城市建设新模式，试点区域总面积38.5平方千米，项目288个，涵盖社区、公共建筑、市政道路、管渠、公园、水系、泵站等，提升城市"渗、滞、蓄、净、用、排"功能，变"以排为主"为"综合治理"，缓解水资源时空不均，实现雨洪资源的合理利用，真正从源头变"水害"为"水利"。

（三）九江市生态保护与治理

江西省是国家生态文明首批试验区。九江市地处长江、京九、鄱阳湖交汇点，江西省152千米长江岸线，全部在九江，2018年九江市成功获批成为国家长江经济带绿色发展示范区首批创建城市，具有多重国家机遇。在推进生态保护与治理中，九江市坚持"生态优先、绿色发展"理念，按照"融入是前提、绿色是重点、发展是核心、示范是关键"的总体要求，打造"长江最美岸线"，取得显著成效。同时九江市是江西省的省域副中心城市，与QYB市的战略地位具有相似性，其开展的生态保护与治理能够为QYB市提供可供参考的经验。

1.打造长江最美岸线

九江市在"共抓大保护、不搞大开发"的共识下，将修复长江生态环境摆在压倒性位置，做好"减法"与"加法"，加强岸线环境整治，搬迁码头、关闭工厂、恢复绿地，打造百里长江"最美岸线"。2017年以来，九江市对沿江107座非法码头131个泊位，按照分类处置原则，开展沿江非法码头综合整治。突出抓入河口清理，对沿江入河口实施全程24小时在线监控，确保达标排放。念好"三字经"，严厉打击非法采砂采矿，具体做法有：一是"禁"，严禁在长江沿岸可视范围内新设露天采石取土矿山；二是"关"，关停长江沿线可视范围内的 10 家露天采石取土矿山；三是"治"，全面启动长江沿岸矿山生态环境修复治理工作。突出抓饮用水源地保护，全面禁止网箱养殖，畜禽禁养区全部关闭，全力推进流域水环境治理。在做好减法的同时，九江市实施岸线复绿补绿增绿工程，按照"堤外江滩湿地、堤内生态花园"的设计理念，打造 19.5 千米的沿江景观带，形成了沿江柳树—芦苇—草甸—湿地—堤坝的多树种、多层次、多色彩的生态景观森林体系，建设了沿江绿色生态廊道。

2. 加快产业转型升级

在打造最美岸线的同时，九江市坚持系统推进，重点从水美、岸美、产业美、环境美四个方面发力，统筹考虑岸上和水体、地上和低下、城市和农村，协调推进了水污染防治、岸线保护利用、产业转型升级，将"生态优先、绿色发展"理念融入产业升级全过程。以产业发展为例，九江市提出打造"三区一高地"，即全国山水林田湖草综合治理样板区、老工业基地转型升级试验区、生态环境保护管理制度创新区和内陆开放合作新高地，全面构建绿色工业体系，具体为：一方面加快传统产业，包括石油化工、钢铁有色、现代轻纺、装备制造、电力能源五大产业的改造提升和转型升级，全面治理"散乱污"企业，加快淘汰落后产能，有序退出过剩产能，整体提升低效产能。对沿江已有的小化工企业实施"三年出清计划"，分类实施"关停并转搬"。坚决禁止小化工和煤化工企业引进，沿江 1 千米内绝不新增化工企业，5 千米内不再新建化工园区。另一方面大力培育新材料、新能源、电子电器、生物医药、绿色食品五大战略性新兴产业，打造现代轻纺、石油化工、电子电器、新材料、新能源五大特色千亿产业集群。

3. 加强检查监督考核

以《江西省长江经济带"共抓大保护"攻坚行动工作方案》为指导，九江市制定出台了《九江市长江"最美岸线"的实施方案》和《九江区域航运中心建设的实施方案》，成为九江打造"长江最美岸线"的纲领性文件，也为市级各部门推进长江岸线整治提供了指导。为加强各类环保问题的整改，九江市委、市政府成立长江经济带生态环境问题整改落实指挥部，从市直单位抽调16 人组成 4 个专班集中办公，对各县（市、区）八大类环保督察审计反馈问题整改情况开展拉网式排查，同时建立"智能环保地图"管控系统，对污染物排放实行实时监控。

4.调动多元主体力量

九江市充分挖掘山水田园、生活风情、历史人文等资源，保护和修复农村自然景观和田园景观；同时注重激发不同主体的积极性，以鄱阳湖湿地候鸟保护为例，目前已经形成了"政府＋爱心人士＋民间协会"的保护模式；建设生态技术开发交易平台与氮磷指标交易平台，引入社会资本设立鄱阳湖长江水基金。

四、争创长江经济带绿色发展示范区的对策建议

（一）争创长江经济带绿色发展示范区的基本要求

从已获批城市围绕创建长江经济带绿色发展示范区的实践看，九江市在国家明确为长江经济带绿色发展示范区首批创建城市后，于2018年9月出台了《关于融入长江经济带建设绿色发展示范区的决定》，明确了总体要求、六大主要任务、保障措施，并在2019年2月18日召开的新春第一会——建设长江经济带绿色发展示范区暨高质量跨越式发展推进大会上，对以长江经济带绿色发展示范区为抓手，实现高质量发展进行总体安排和部署。

武汉市在建设长江经济带绿色发展示范区之前，就在全省的安排部署下推进相关工作。湖北省在省级层面建立了湖北推动长江经济带发展领导小组，提出十大战略性举措（十大标志性战役）。武汉是湖北省长江经济带绿色发展的先行者，2019年1月3日，武汉市长江大保护工作领导小组暨长江经济带绿色发展示范工作推进会召开，研究部署了长江经济带绿色发展示范区建设的相关工作。2019年6月出台了六大实施方案。

总体上看，目前已获批创建城市都还在探索中，尚未形成系统的理论体系和现实指导，这也为QYB市立足自身实际，争创长江经济带绿色发展示范区提供了可能。QYB市争创长江经济带绿色发展示范区，必须坚持以下要求和原则。

1.坚持绿色发展

QYB市作为长江首城，必须把生态保护与修复长江生态环境摆在首要位置，统筹山水林田湖草等生态要素，从厚植发展理念、推行绿色生产方式、培育绿色生活风尚等方面，写好绿色发展这篇大文章。

2. 坚持创新发展

创新是引领发展的第一动力，QYB市的发展必须重视发挥科教资源对经济的贡献，发展代表产业发展方向的战略性新兴产业，用技术改造提升传统落后产业，依靠技术的手段来实施生态修复、生态保护和生态建设。

3. 坚持开放发展

长江经济带是一个开放的流域经济带，涉及不同省市，需要QYB市坚持开放思维，加强与长江沿线各节点城市的交流和合作，共同打造长江经济带生态走廊、产业走廊、交通走廊。

4. 坚持包容发展

长江经济带应该体现可快、可慢，甚至不发展的包容性原则，允许实施生态修复和生态保护工程，允许结合当地特点开展小规模的生态修复，也应该允许不开发，保持沿线既有生态景观。

5. 坚持个性发展

QYB市境内沿长江各区县自然风貌、地形地貌、经济发展情况不同，在整体规划和建设中也应该体现差异性原则。

6. 坚持整体发展

以QYB市"三江六岸"涉及的长江、金沙江、岷江区域为重点，以南广河、淯江河、关河、越溪河等"九河"流域为纵深，形成立体发展的空间格局，同时将生态保护、乡村振兴、城乡统合、文旅发展和产业转型结合起来，形成绿色、可持续的高质量发展格局。

（二）争创长江经济带绿色发展示范区的目标定位

QYB市打造长江经济带绿色发展示范区，既是贯彻落实习近平总书记关于长江经济带"共抓大保护、不搞大开发"精神的体现，更是QYB市立足自身资源优势、区位特点，开展生态保护与生态建设的奋斗方向。长江经济带绿色发展示范区包括长江经济带、绿色、发展、示范区等几个关键概念，从中可以看出，QYB市创建长江经济带绿色发展示范区主要应该把握以下几个方面的重点。

1. 进一步凸显 QYB 市在长江经济带，特别是在长江上游独特的、不可替代的作用

这是 QYB 市的区位使然，更是贯彻落实"五位一体"总体战略的必然选择。结合莱茵河治理经验与目前国家关于长江经济带的相关政策可以看出，长江生态治理与保护必须坚持分段治理与全域治理相结合的原则。在分段治理中，QYB 市作为长江首城和长江上游区域中心城市，理应得到国家和长江中下游地区的支持与帮助，以分段治理与保护带动整个长江生态的治理与保护。

2. 流域区域贯彻落实新发展理念的典范

"共抓大保护、不搞大开发"既是习近平总书记对长江流域生态保护作出的重要要求，更是习近平总书记对流域区域发展理念的重大创新。"共抓大保护、不搞大开发"作为一个整体和实践指南，"共抓大保护"突出的是"保护"这一价值维度，"不搞大开发"强调的是禁止"滥砍滥伐、滥排滥倒、滥抢滥占"的治理底线。"共抓大保护、不搞大开发"首要在生态保护、基础在绿色发展、重点在有序发展、核心在高质量发展。QYB 市争创长江经济带绿色发展示范区必须坚持和细化这一内涵。

3. 形成先行先试和典型示范的经验

在长江经济带沿江九省二市中，有许多与 QYB 市经济总量大致相当、地形地貌以丘陵为主、在各省所处地位等相似的地级市。以 QYB 市为长江经济带绿色发展示范区的创建城市，不仅能够进一步总结 QYB 市在长江生态治理中的成功经验，不断提升，而且能够为其他地区发挥先行先试和典型示范作用。

（三）制定争创长江经济带绿色发展示范区的规划

创建长江经济带绿色发展示范区必须坚持规划先行。一方面，这是由当前背景决定的。虽然全市已编制完成长江生态综合治理的规划，但是由于规划时间较久，规划内容、规划范围、规划背景等都发生了变化，需根据新的时代背景及时调整。另一方面，这也是学习借鉴其他地区成功经验的必然选择。从莱茵河、武汉、九江来看，这些区域都形成了流域治理完整的规划体系。

1. 形成完善系统规划体系

长江经济带绿色发展示范区是一个综合的、系统的概念，涉及生态、经济、人文等多个领域，因此需要围绕争创长江经济带绿色发展示范区的目标，

编制一整套系列规划：首先要编制完成 QYB 市长江经济带绿色发展示范区总体规划，对 QYB 市创建长江经济带绿色发展示范区的指导思想、总体目标、基本原则、重点任务、保障措施等进行明确，从总体上为 QYB 市创建长江经济带绿色发展示范区提供指导。在 QYB 市长江经济带绿色发展示范区总体规划下，要结合创建的重点任务，制定水污染防治规划、水环境保护规划、生态控制线规划、旅游发展规划、乡村振兴规划、产业发展规划等。各个专业规划在编制过程中要注重把握几个关系：一是总体规划与专项规划的关系。总体规划是各个专项规划的指导，各个专项规划在制定过程中都必须以总体规划中规定的各项要求为指导。专项规划是总体规划中重点任务的细化和落实，最终要落实到总体规划的实现上来。二是专项规划与已有规划的关系。专项规划并不是对已有相关规划的否定，而是在已有规划的基础上，结合长江经济带绿色发展示范区这一创建目标，进一步突出长江经济带的重大机遇、突出绿色发展的根本要求、突出示范带动的示范效应，从而将生态保护与经济社会发展统筹起来，体现"在发展中保护、在保护中发展"的目标。必须与已经出台的《绿色 QYB 市发展规划》《QYB 市建设长江上游绿色生态市规划纲要》等相衔接。三是总体规划、专项规划要与即将启动的"十四五"规划相衔接，具有一定的超前性。2019 年是落实"十三五"规划的关键之年，各地即将启动"十四五"规划的编制工作。因此，我们在编制总体规划和专项规划的过程中，要与即将启动的"十四五"规划相衔接，提前谋划，保持规划的稳定性和一致性。

由于规划的专业性，对编制单位的选择较为关键。QYB 市要选择对市情比较了解，参与过市相关规划的编制单位，同时要注重编制单位的政策影响力和政策前瞻性，如长江勘测规划设计研究有限责任公司隶属于长江水利委员会，在重大水利、生态环境工程等方面都参与了国家重大规划，在争取资金和政策方面具有一定的优势。

2. 拓展规划的内涵和外延

一是拓展规划范围。长江经济带绿色发展示范区同原有长江生态综合治理项目相比，内容更加丰富，范围更加广阔。QYB 市应在原有的长江沿线项目的基础上，进一步拓展规划范围，将全市纳入规划范围，"三江九河"流域、森林、城市、农村、园区等都应该是长江经济带绿色发展示范区的规划范围。

二是拓展规划内容。规划范围的扩大带来的就是规划内容的增加。长江经济带绿色发展示范区是典型的流域经济范畴，是统筹了生态保护与经济发展的示范区。QYB市应在长江生态综合治理项目的基础上,进一步拓展规划内容,生态修复、生态保护、岸线资源保护与开发、旅游开发、文化挖掘、公园城市建设、战略性新兴产业产业发展、传统产业改造提升、人居环境打造、生态宣传等都应该是项目建设的应有之义。以湖北为例,湖北出台了长江经济带绿色发展的十大战略性举措:加快发展绿色产业、构建综合立体绿色交通走廊、推进绿色宜居城镇建设、实施园区循环发展引领行动、开展绿色发展示范、探索"两山"理念实现路径、建设长江国际黄金旅游带核心区、大力发展绿色金融、支持绿色交易平台发展、倡导绿色生活方式和消费模式。

(四)强化长江经济带绿色发展示范区的项目争取

抓项目就是抓发展,抓项目就是抓落实。目前QYB市在生态综合治理项目规划和建设中存在单打独斗、分散的问题,难以集聚人力物力并形成规模效应,因此必须更加重视项目的包装与争取,以项目为抓手为长江经济带绿色发展示范区建设汇集资金、政策支持。项目包装应该树立全过程理念,即将项目包装贯穿于项目工作的各个环节、整个过程,是一项系统工程。

1.成立专门机构

项目包装争取涉及区域经济、社会、自然环境等方方面面,涉及不同管理部门,涉及不同领域的扶持政策,同时也涉及许多专业知识,因此是一项复杂程度高、专业技术性强的工作,因此必须重视项目包装的有效组织与管理。QYB市要成立专门的项目争取部门,明确其职能职责,做好对各部门、各领域项目包装工作的统筹安排。从人员构成来看,QYB市一方面要发挥自身力量,统筹水利、水务、环保、国土、发改、经信、农业等部门的专业技术人员,成立专人组成的专门的项目编制机构,把握和分析国家政策走向,编制储备项目。另一方面要借支借力借势,与有政策影响力的各类规划编制单位建立战略合作关系,如与长江设计院签订战略合作协议,积极争取研究院在QYB市建设分院,开展长期稳定的合作。依托长江设计院丰富的实践经验和专业知识,围绕长江经济带绿色发展示范区建设编制和储备项目,为争取资金、政策做足准备。从职能职责看,除了做好项目的策划和包装外,QYB市还要做好项目的管理和考核,要对各部门组织管理的项目包装、争取工作确定目标管理体系,严格考核奖惩机制。

2.强化政策研究

政策研究是做好项目论证的前提和基础。QYB 市所要创建的长江经济带绿色发展示范区既要体现国家对长江经济带发展的总体要求，也要体现 QYB 市特殊的区域经济社会发展实际。因此政策研究要做到"上接天线、下接地气"。"上接天线"是指要密切关注上级政策变化和资金投向。长江经济带绿色发展示范区涉及国家发改委、工信部、交通运输部、生态环境部、水利部、长江委等不同主管部门，因此要关注这些主管部门的政策动向和资金投向，特别是要研究国家的规划导向、产业政策、土地政策、项目管理、资金支持等方面的政策和要求，做好信息搜集工作。"下接地气"是指项目研究和包装要结合实际做好区域经济社会发展的全面、系统、深入的分析研判。每个地区都有自己的特色，要突出重点，做好对上衔接工作。QYB 市最大的特色就是地处长江首城、传统的老工业城市、已经形成的生态环境保护与修复经验、城市与乡村融合发展等，这是 QYB 市在创建长江经济带绿色发展示范区中要突出的特色和亮点。

3.做好项目包装、储备、争取

在充分的政策研究基础上，要做好项目的包装储备工作。项目包装包括项目发现、项目论证、项目包装、项目推介等全过程。目前 QYB 市在项目包装中基本处于人员分散、力量分散、资金分散的阶段。以长江生态综合治理项目为例，目前该项目可以从生态环境部、自然资源部、水利部、国家发改委等不同部委申请不同的资金，不同项目之间既有联系，又有实施重点，需要在项目包装时处理好统与分的关系，形成项目储备库。

项目包装时要重视项目的论证，提前做好项目建议书、可研、规划、土地、环评等前期工作，确保项目达到一定的深度和审批要求，符合产业政策和投资方向，这也是后期能否成功争取资金的关键之一。QYB 市做到让项目等资金，而不是资金等项目，提高项目争取资金的成功率，要避免陷入"为了包装而包装""根据条件包装""等通知再包装"等误区，变被动等待为主动争取。要瞄准 QYB 市优势，找准项目包装储备和项目争取的结合点和突破点，由点到面，拓展延伸，规模引导，形成气候，如围绕向家坝水利工程灌溉工程、金沙江水电梯级开放生态恢复重建、长江上游生态旅游开发、竹资源保护及产业发展、长江上游生物多样性恢复工程等包装一批大项目。

加强项目争取。在经济新常态下，通过对外招商引资和对内增加投资的方式来争取资金支持难度加大，因此如何有效争取上级政策、资金支持成为经济社会发展的重要手段和途径。QYB市争创长江经济带绿色发展示范区，在上游地区面临重庆、泸州等地的激烈竞争，要把握先机，必须获得国家层面的支持。要学习泸州，在关键核心部门安排专人上挂，掌握第一手的国家、省产业政策和投资方向，快速向市级相关部门反馈，争取掌握主动、掌握先机。同时要与相关专业机构、中介机构建立战略合作关系，发挥其对上联系和对上争取的优势，争取更多的资金和项目支持。

（五）强化长江经济带绿色发展示范区的资金保障

从长江生态综合治理项目建设进度看，除叙州区、南溪区、临港经济技术开发区建设段进展较好外，其余区段建设进展较慢。对于已建成部分，南溪区和临港开发区均采取了公司化推进、PPP模式等，这种方式能够缓解财政压力，确保项目推进。而推进缓慢的其他区县普遍反映，由于缺乏社会资本投入，项目主要依靠财政资金推进。但是由于缺乏资金，财政资金主要用于保运行、用于重点项目建设，难以有富余财政资金用于生态综合治理项目建设，从而导致项目建设进度滞后严重。

同长江生态综合治理项目相比，长江经济带绿色发展示范区的创建具有涉及范围广、建设周期长、投资资金大、建设内容多等诸多特征，如果没有投融资方式的创新，难以为项目的推进和建设提供足够的资金支持。对于公益性项目和政府有责任的项目，主要由财政来提供。对适宜市场化的项目，要探索PPP、EPC、委托建设、直接融资、间接融资、特许经营、投资补助、政府购买等多种形式，加大社会资本的投入。

根据投融资模式的不同，项目运营模式也应有所创新。相关项目建成后应该根据其性质的不同，采取不同的运营模式，具体可分为公益性项目和收益性项目。公益性项目由政府来实施运营，收益性项目可通过委托专业机构、特许经营等方式，允许专业化的市场主体进入来实施项目运营，在运营项目中实现项目收益，避免增加财政负担。

（六）完善长江经济带绿色发展示范区的体制机制

QYB市争创长江经济带绿色发展示范区，离不开各项配套支撑政策。

1.加强法律保障

2015年12月3日，四川省十二届人大常务委员会第十九次会议确定包括

QYB市在内的13个市开始行使地方立法权，并于2017年10月20日经市五届七次会议审议通过了《QYB市翠屏山保护管理条例》，成为保护叙州区生态环境，合理利用翠屏山自然资源、人文资源的法律依据。

从莱茵河流域治理与武汉市推进生态治理的成功经验看，其共同的一个经验就是提供法律保障，如武汉市制定了水资源管理的一系列法律法规，保证水资源管理有法可依，为推进生态保护与生态修复提供了法律依据。QYB市要发挥地方立法权优势，出台系统的法律法规，形成支持绿色发展示范区创建的法律法规体系。这既包括宏观层面的生态文明的相关法律法规，也包括细分领域的水资源管理法律法规、岸线资源管理法律法规等。QYB市要严格奖罚，对污染和破坏沿江流域生态环境的单位和行为严格惩处。

2.形成多元主体参与机制

创建长江经济带绿色发展示范区是一项复杂的系统性工程，涉及多元社会主体的利益，这决定了生态治理无法单纯依靠政府力量完成，需要多元主体的参与。武汉市生态治理成功的一个非常重要的经验就是构建了多元主体协同治理的机制，这体现在：治理主体多元化，政府、企业、社会组织、公民个人都参与到生态治理过程中，而且实现了不同主体之间的融合。贵阳市在建设生态文明示范城市的过程中，也是通过生态文明立法、生态文明进课堂、举办生态文明论坛等多种形式提高不同社会主体的参与度，收到显著成效。

因此，QYB市要创建长江经济带绿色发展示范区，必须在单纯依靠政府力量推动的基础上，进一步发挥企业、居民等不同主体的作用，聚力推动QYB市创建长江经济带绿色发展示范区。政府主要是在规划和政策引导上发挥作用，将目前开展的生态保护、生态修复、水环境治理等统一到争创长江经济带绿色发展示范区上来。企业要成为项目投入、建设、运营的主体，居民应该不断提高生态建设与生态保护意识，共同参与到创建过程中。

3.构建区域协同机制

流域治理涉及多个行政区划之间的协同，这既包括QYB市内沿江各区县之间的协同，也包括QYB市与长江经济带沿线各节点城市的协同。

从QYB市内各区县之间的协同看，各区县要改变现有生态综合治理项目"整体规划、分布建设"的建设模式，加强市级层面对整个项目规划、建设、运营的引导。长江经济带绿色发展示范区是一个涵盖区域多、建设内容广的系统性工程，QYB市应进一步加强市级层面的统筹，发挥市级层面的核心作用和引导作用，合理划分市县在开展项目建设中的财权、事权，确保项目的整体推进。

从 QYB 市与其他节点城市的协同来看，各节点城市要建立区域之间的协调机制。在现有长江经济带领导小组座谈会的基础上，由 QYB 市发起，构建一个沿长江流域的地方政府间的对话、谈判、协商平台。在此基础上，QYB 市要通过与各节点城市的合作，共同争取国家层面出台长江经济带利益补偿机制、跨界水污染治理合作机制、联合审批制度等，避免由于个别政府的短视造成整个流域的生态破坏。

4. 提升知名度

依托已经建设的中国人民大学长江经济带研究院，持续举办长江经济带论坛。QYB 市要聘请专业机构运作论坛，提高论坛的举办层次、规模，提高与已有长江经济带发展论坛、长江经济带高峰论坛的辨识度，争取成为更具影响力的展会，争取 QYB 市成为长江经济带论坛的永久举办地。

执笔人：刘志慧、何一、谢礼

乡镇医院建设实务研究

——QYB 市中心镇医院建设规划（2020—2030）

一、研究背景

医疗卫生事业的健康发展关乎国计民生，基层医疗卫生机构的建设又关乎整个医疗卫生事业的全局。《"健康中国 2030"规划纲要》提出，坚持以基层为重点，以改革创新为动力，预防为主，中西医并重，把健康融入所有政策。《四川省"十三五"卫生计生事业发展规划》提出，基层医疗卫生机构要提能力、拓功能、强规范。《QYB 市"十三五"深化医药卫生体制改革规划2017—2020 年》提出，要增强基层医疗服务能力，以创等级、提质量及临床重点专科建设为抓手，实施基层医疗服务能力提升工程。《QYB 市"十三五"卫生计生事业发展规划》提出，各级财政要加大投入，加强城乡基层医疗卫生机构标准化、规范化、信息化建设。

QYB 市根据市委、市政府做强中心镇、加快推进中心镇医院建设的要求，为积极推进"健康宜宾"建设，进一步科学合理配置、调整医疗资源，完善医疗服务体系，提高医疗服务水平和能力，满足城乡居民日益增长的医疗服务需求，促进本市经济社会和卫计事业的全面、协调、可持续发展，按照《"健康中国 2030"规划纲要》《四川省"十三五"卫生计生事业发展规划》《QYB 市国民经济和社会发展第十三个五年规划纲要》《QYB 市"十三五"卫生计生事业发展规划》《关于加快推进中心镇建设规划工作的通知》等文件精神，结合本市和各区县医疗卫生事业发展现状，编制本规划，旨在为各区县中心镇医院按照"三乙"医院标准推进建设工作作出指导。

二、发展现状

（一）QYB 市医疗卫生事业发展现状

"十三五"期间，在市委、市政府的坚强领导下，全市深入学习贯彻习近平总书记系列重要讲话精神，紧紧围绕"四个全面"战略布局，坚持"保基本、强基层、建机制"基本原则，统筹推进管理体制、医疗保障、医疗服务、公共卫生、药品供应、监管体制等综合改革，深化医改取得阶段性成效。人均期望寿命由 72.06 岁提高到 74.78 岁，孕产妇死亡率由 19.7/10 万下降到 15.12/10 万，婴儿死亡率由 6.67‰下降到 5.21‰，5 岁以下儿童死亡率下降至 8.12‰，居民主要健康指标居全省前列。在这一阶段，全民医疗保障体系实现了全覆盖，国家基本药物制度得到全面实施，基层医疗卫生体系逐步完善，医疗服务能力明显提高，公立医院综合改革积极稳步推进。

尽管取得了前期的阶段性成效，本市医疗卫生资源总量不足、结构不优、分布不均、供需失调等问题仍比较突出，明显呈现出市强县弱、乡镇更弱的状态，与人民群众的健康需求还有较大差距。工业化、城镇化、人口老龄化进程加快，以及疾病谱变化、生态环境和生活方式变化等，对深化医改提出了更高要求。面对新的形势和挑战，QYB 市需要在巩固前期改革成果、总结推广成熟经验的基础上，进一步加强组织领导、制度创新和重点突破，深化医疗、医保、医药三医联动改革，建立健全覆盖城乡居民的基本医疗卫生制度和现代医院管理制度，优化医疗资源配置，推动医改由打好基础转向提升质量、由形成框架转向制度建设、由单项突破转向系统集成和综合推进，不断增加人民群众健康获得感，充分发挥川南区域医疗中心作用，为实现整体连片贫困到同步全面小康跨越提供有力健康保障。

（二）中心镇卫生事业发展的不足及发展机遇、面临挑战

1. 不足之处

总体而言，近年来各中心镇卫生资源有了大幅增加，现代医院管理制度得以基本建立，信息化建设提速发展，中医药事业扎实推进，社会办医得到一定程度发展。虽然各中心镇医疗卫生服务体系建设取得了一定成效，但居民健康需求与医疗卫生资源供给矛盾仍然存在，卫生资源不足且配置不均衡、人才引进和留住困难、卫生发展水平不高等问题仍然表现得比较突出。

第一，卫生资源总量不足，布局不合理，县城强、乡镇弱的局面亟须改善。20个中心镇医院每千常住人口拥有卫生技术人员、执业（助理）、注册护士和床位数的标准均低于四川省平均水平，病床资源与人力资源比例失调。医疗卫生资源总量、质量、结构与布局都表现出不同程度的不合理、不科学、不适应，机构建设综合配套不完善和服务体系软硬件不匹配等问题。卫生资源总量不足，尤其是优质资源短缺，难以满足全面建成小康社会进程中进一步释放的居民多层次、多样化健康服务需求。基层医疗卫生机构服务能力不足，难以承担分级诊疗制度基层首诊的重任。

第二，医疗卫生机构人才引进和留住困难。中心镇卫生院医务人员普遍严重缺乏，人员配置比达不到相关要求，经常出现有编制、无人员状况，临聘人员大部分无资质，有资质人员又留不住。在人才引进方面，渠道不畅通，途径比较单一，影响招考效果和医院发展。

第三，卫生投入不足，医疗机构负担较重。地方财力有限，政府投入与需求之间尚有差距。绝大多数县财政对中心镇医院在编在职人员都是实行差额补助，临聘人员工资全部由聘用单位承担。而从各个中心镇医院的情况来看，在编和临聘人员基本上各占一半，医院实际负担较重，经费支出较大，影响医疗卫生机构的可持续发展。

第四，优质卫生资源缺乏，整体医疗服务能力不强。乡镇基础薄弱、设备配置档次低、综合实力不强的现状没有得到根本改变。目前QYB市对中心镇医疗卫生服务体系建设中土地、人员、设备等方面要素保障水平还明显偏低，临床专科建设也比较滞后。社会办医院总体实力较低，缺乏高级卫生技术专业人才、高级学科带头人。当前镇域内医疗卫生资源还不能与居民日益增长的医疗卫生需求相适应，与上级医疗卫生机构合作不够、协同性不强，整体服务体系难以有效应对日益严重的慢性病高发等健康问题。

2.发展机遇

党的十八大以来，中央高度重视全民健康，把卫生与健康事业发展摆在经济社会发展全局重要位置，卫生与健康事业发展进入新阶段，全方位、全周期保障人民健康成为新要求。四川省委、省政府全面贯彻落实"健康中国"战略，推进"健康四川"建设，树立大卫生、大健康观念，把以治病为中心转变为以人民健康为中心，把人民健康放在优先发展的战略地位，将极大地促进医疗卫生事业的发展。

在"十三五"期末即将进入"十四五"时期，QYB市开展中心镇医院建设，面临重大的发展机遇。一是国家、省、市先后出台了"健康2030"规划纲要，2019年7月，国务院又出台了《关于实施健康中国行动的意见》文件，将传统的卫生健康工作由看病就医提升到了维护全生命周期健康的高度。二是2018年以来，QYB市开始积极争创四川省经济副中心工作，各区县也相应明确了发展战略和目标，全面推进县域副中心镇建设，今后几年，县域副中心镇将在政策、项目、资金、人才等方面逐步聚集，场镇规模将快速扩张，居民对医疗卫生服务的需求将大大增加。三是2019年11月，QYB市加快建成四川省经济副中心领导小组办公室《关于加快推进中心镇建设规划工作的通知》和11月13日下午市卫生健康委关于加快推进中心镇医院建设规划工作会议精神，明确要求在中心镇按"三乙"医院标准制定中心镇医疗卫生规划，以适应中心镇的发展需求，政府卫生投入和医疗保障水平将进一步提高。

3. 面临挑战

（1）经济层面

我国正处在经济增速换挡期和结构调整阵痛期，QYB市还处于绿色崛起的艰难爬坡期，发展后劲不足，转型升级任务重，新兴产业发展不足，现代服务业发展缓慢，县域经济整体发展水平不高，乡镇经济发展水平普遍较低，科技对产业的支撑能力薄弱。加快推进中心镇建设迫切需要加快转变经济发展方式，要求医疗卫生事业更加突出和强化体制机制改革，重视完善基层医疗卫生服务体系，切实改善民生和培育新的经济增长点。

（2）社会层面

城镇化的明显加快、人口老龄化的不断加深对医疗服务、基本公共卫生、计划生育服务体系建设都提出了新的挑战。随着人口老龄化与人口高龄化形势日益严峻，老年人健康保健需求日益增长，给公共健康服务总量、结构、方式都提出了更高的要求，满足老龄人口多层次的医疗保健需求也是医疗卫生事业发展的一大任务。市县乡各级政府保障和改善民生责任重大，而中心镇居民收入相对较低，不少地区脱贫攻坚任务仍然艰巨，公共卫生服务体系还不健全，影响社会和谐稳定因素较多，社会治理有待加强。日益增加的流动人口和更加频繁的人口迁移，也将为中心镇医疗卫生服务供给和管理服务带来新挑战。

（3）健康层面

目前，城乡优质医疗卫生资源的配置不均衡与工业化持续推进、城镇快速扩张的矛盾日益突出。肿瘤、心血管、糖尿病等慢性病已经成为居民健康的主要威胁。"全面两孩"政策放开后，妇产、儿童、生殖等专科医疗资源配置压力增大。随着物质生活水平提高，不健康生活方式以及环境污染等因素影响，居民健康素养水平有待提高，人们的健康观念和保健意识不断增强，居民医疗卫生服务需求的多层次、多样化日趋明显。另外，结核病、艾滋病等重大传染病防控形势依然严峻，各种地方病、新发传染病威胁也不容忽视。

三、 总体要求

（一）指导思想

QYB 市中心镇医院建设规划的指导思想：坚持以中国特色社会主义理论体系为指导，按照"四个全面"战略布局，全面贯彻党的十八届三中、四中、五中、六中全会精神和习近平总书记系列重要讲话，深入贯彻省委"一干多支、五区协同""四向拓展、全域开放"等重大战略部署和市委五届六次会议精神，围绕"健康宜宾"建设战略目标，按照 QYB 市医药卫生体制改革目标和市委、市政府做强中心镇、加快推进中心镇医院建设的要求，科学合理规划中心镇医院建设的目标和任务。以满足人民群众健康需求为导向，以改革创新为动力，以开放带动为途径，以卫生健康供给侧改革为主线，以重点专科建设为突破，强力推动中心镇优质医疗资源整合重组，加快推进中心镇医院达标创级工作，进一步扩大优质医疗资源覆盖面，提升医疗服务能力，提高优质医疗资源利用效率，构建布局合理、功能完善、便捷高效的医疗服务体系，为居民提供更加安全、有效、方便、优质的医疗卫生服务，也为 QYB 市全面建成全省经济副中心、四川南向开放枢纽门户和长江上游区域医疗中心作出贡献。

（二）基本原则

1.坚持健全服务体系

中心镇医院建设规划从中心镇实际情况出发，合理测算医疗的市场容量或规模，适应医学模式转变、疾病谱变化、人口老龄化、城市化等带来的新挑战，优化医疗资源结构，加快推进分级诊疗制度，以"强基层、补短板"为核心，充分发挥中心镇医院的功能，面向多地区、广区域，以提供基本医疗服务、基本公共卫生服务和妇幼保健服务为主，重点解决常见病、慢性病的临床问题。加快发展薄弱专科和接续性医疗服务，构建与国民经济和社会发展相适应、与居民健康需求相匹配，体系完整、分工明确、功能互补、密切协作的医疗卫生服务体系。

2.坚持协调发展

根据中心镇医院功能定位，中心镇医院建设规划坚持中心控制、周边发展原则，与宜宾建设长江上游区域医疗中心规划相适应，做到客观分析、准确定位，通过延伸发展优质医疗资源，扩大优质医疗服务供给。以调整结构、提升能级为主线，适度有序发展，合理控制三级医院数量，使三级综合医院、三级中医院和不同类别专科医院、不同级别的医院布局趋于合理，促进优质医疗资源下沉。充分发挥市级医院的引领作用，持续扩大区域影响力，加速推进市带县战略和县域医疗卫生次中心建设，筑强基层。

坚持城乡区域统筹，通过中心镇医院的升级建设，逐步缩小城乡、区域医疗服务供给差别，为中心镇及周边地区居民提供及时、方便、快捷的高水平、高质量医疗服务，确保医疗服务供给的公平性和可及性。坚持综合控制、专科发展思路，充分发挥市级医院和县级医院的引领作用，持续扩大区域影响力，加快中心镇"三乙"医院的打造。

3.坚持需求导向

中心镇医院建设规划要适应经济社会发展，适应城市化发展进程，适应全市医疗卫生事业发展的现状和趋势，以群众健康需求和提供基本医疗服务为导向，医疗机构设置布局合理，服务半径适宜，面向城乡居民。要与全县发展规划、城市总体规划、土地利用规划、国民经济与社会发展第十四个五年规划等相适应。综合考虑人口、土地、设施、地域、位置等因素，避免盲目重复建设。按照供给侧改革的要求，在保障人民群众基本医疗卫生需求的基础上，满足人民群众持续增长的多样化、差异化、个性化健康需求，保障人民群众公平可及地享有基本医疗服务，满足经济社会发展健康医疗服务适度超前的需求。

4.坚持政府主导，促进社会办医

中心镇医院建设规划要坚持政府在保障基本医疗卫生服务中的主导地位，落实政府在制度、规划、筹资、服务、监管等方面的责任。发挥市场机制在配置资源方面的作用，充分调动社会力量的积极性和创造性，形成多元化办医格局，满足人民群众多层次、多元化医疗卫生服务需求。

政府要合理设置公立医院，同时要按"非禁即入"原则，鼓励社会资本参与建设三级医院。根据实际需求，鼓励和引导社会资本参与公立综合医院建设和改革，合作创建混合所有制专科院区，鼓励社会办专科医院与公立医院合作办医，解决专科薄弱的突出问题。鼓励依托综合医疗机构的技术力量，实现联合办医，连锁服务，打造医疗集团。鼓励采取PPP模式建立混合所有制医院。对迁址重新建设的中心镇医院的原址改扩建项目和所有增量建设项目，全部可通过引入社会资本进行建设。在符合《医疗机构基本标准》的基础上，依托市、县（区）级优质医疗资源，结合医师多点执业，鼓励社会资本联合办医。

5. 坚持中西医并重

中心镇医院建设规划要落实国家医药卫生体制改革有关政策，遵循卫生计生工作基本方针，坚持中西医并重，保障中医、中西医结合医疗机构的合理布局和资源配置，充分发挥中医在慢性病诊疗和康复领域的作用。以积极、科学、合理、高效为原则，做好中医医疗服务资源配置。充分发挥中医医疗预防保健特色优势，完成各级中医医院能力和规范化建设，不断完善中医医疗机构、基层中医药服务提供机构和其他中医药服务提供机构共同组成的中医医疗服务体系，加快中医医疗机构建设与发展，加强综合医院、专科医院中医临床科室和中药房设置，增强中医科室服务能力。加强中西医临床协作，整合资源，强强联合，优势互补，协同合作，提高重大疑难病、急危重症临床疗效。统筹用好中医、西医两方面资源，提升中心镇医院西医和中医两种手段综合的服务能力。

（三）战略定位

QYB市中心镇医院建设，总体按照2020—2030年完成的总体规划，整体联动，分步骤完成实施。到2030年，构建完成与经济社会发展水平相适应、与居民健康需求相匹配、体系完整、分工明确、功能互补、协同发展的医疗服务体系。一是进一步完善并构建以县级医疗机构为龙头，以县域医疗卫生次中心为骨架，中心镇卫生院和村卫生室（站）为基础的县（区）、县域次中心（主要中心镇卫生院）、乡村（乡村一体化）三级农村医疗卫生服务网络。二是进一步巩固市级大型综合医院、专科医院的优势，形成市级、县级、中心镇医院之间合理分工、密切协作的新型卫生服务网络；三是建立覆盖全市、延伸至县域医疗卫生次中心的院前急救体系，公办与民营医疗机构合理竞争、互为补充，满足人民群众多层次、多样化需求，加大优质卫生资源和康复、养老、护理等专科为主的卫生资源配置，形成公平与效率兼顾的卫生资源配置格局，为群众提供安全、有效、方便、价廉的医疗卫生服务。

（四）主要目标

（1）第一期：2020—2022年。结合近年市卫健委推进医疗卫生区域次中心建设成效以及目前基础医疗条件好、辐射面宽并在县域经济副中心建设中起到支撑作用且地方党委、政府实质性支持力度大的6个中心镇卫生院作为首批示范建设点，2022年前要求三级达标硬件建设，并初步完成科室体系设置、人才队伍及科研成果筹划等工作，争取2个到3个创建成功。第一期创建的中心镇医院为翠屏区白花镇、叙州区观音镇、南溪区大观镇、高县沙河镇、兴文县僰王山镇、江安县夕佳山镇。其余14个全部完成总体定位（单建或院区）以及改扩建前期论证及土地落实，实质启动基础设施建设工作，并启动医疗能力提升的实质性工作。

（2）第二期：2023—2025年，第一期确保规划的6个中心镇卫生院全部创建为三级综合医院或中医院（院区）。在第一期实质推进的中心院中，条件较好、推进快的3～4个中心院完成硬件建设和内部管理体系、医疗能力提升建设，申报三级创建并力争2～3个完成创建，其余的中心院加快建设进程。

（3）第三期：2026—2030年，前期创建成功的中心院完成并升华医疗体系和医疗能力建设，形成完善的服务体系，服务县域经济副中心，余下的中心院加快建设进程，2030年全部完成创建。

四、重点任务

（一）2020—2022年

1. 第一期6个中心镇医院创建

第一期6个中心镇医院在2022年软硬件方面都要达到三乙医院标准，争取3～4个创建成功。下面对第一批创建三乙医院的6个中心镇医院分别从基本建设、服务能力、科室体系、人才队伍四个方面进行重点任务的明确。

（1）翠屏区白花镇中心卫生院

白花镇中心卫生院于2011年在全市乡镇率先创建国家二级乙等综合医院，计划于2020年通过省卫健委二甲综合医院的评审。在三级医院建设目标上，白花镇中心卫生院计划采取独立创建三级乙等综合医院的模式，按照"二年建设，一年整改完善"的基本规划，争取用三年左右的时间，通过省卫健委三乙综合医院的评审。

基本建设方面：这一阶段首先是要争取中央、省、市、区和镇各个层级的支持，划拨40亩（1亩=666.67平方米）土地，扩建2万平方米的业务用房，解决业务用房不足的问题。白花镇中心卫生院由原白花镇中心卫生院和原孔滩镇中心卫生院合并而成，共分三个院区，现占地约15亩，业务用房建筑面积约1.3万平方米，与创建三乙综合医疗机构要求的面积差距巨大（三乙综合医院要求3万平方米，三乙中医医院要求2万平方米）。发展规划计划今后将原白花镇中心卫生院区以康养服务为主，孔滩院区主要提供基本公共卫生和一定规模的医疗服务。需要政府尽早规划落实土地，做好新院区的选址、环评、立项等工作。接下来争取在2021年将医院院区建设基本完成，并按照三乙综合医院的要求整合全院卫生资源。2022年上半年，房屋全面建设竣工，集中医院资源，建成一个集预防、医疗、体检、保健于一体的三乙综合医院。

服务能力方面：目前白花镇中心卫生院的年医疗业务收入约3 200万元，距离三级医院的要求还有较明显的差距。目前，医院能对常见病、多发病及危急症做出正确的诊断和治疗，外、妇科能开展的常规手术范围不断扩大。但是，医院现有的设施设备还都比较落后，都只是卫生院常规配置，与三乙医疗机构要求的基本设备差距较大。同时，由于医疗卫生技术人员一直以来严重匮乏，人员结构不合理，与上级医院的技术水平存在较大差距，还远不能够达到三乙综合医院要求的服务能力。医院信息化管理、现代管理技术、医院感染控制、资源利用、经济效益、诊断质量、治疗质量、护理质量、工作质量、综合质量等方面目前还停留在二级医院的水平，与三乙综合医院的要求和指标相比还有很大差距。在这一阶段，要清产核资，摸清家底，争取各级政府大力支持，保证项目资金及时到位，购进急缺的配套设备，以保证工作有序推进。同时，结合医院实际情况，制定内部管理方案，制定和落实各项规章制度，完善内部管理体制。

科室体系方面：目前白花镇中心卫生院开设临床科室15个，医技科室5个，临床科室都无二级分科，对标三乙综合医院要求的科室设置还有差距。在这一阶段，要按照三乙综合医院评审标准，逐步完善科室设置。考虑到基层医疗卫生机构的定位以及居民的实际的医疗服务需要，在科室体系设置上，应该以常见病、慢性病科室为设置和完善的重点，立足于服务基层的基本医疗需求和基本公共卫生服务，暂时可以不用着重考虑高端专科的设置。比如，可以重点打造心血管内科、呼吸内科、康复理疗科、中医科等科室，注重医疗质量与安全。加强预防、保健工作，强化基层卫生服务网络的建设。通过科室体系的逐步建设完善，促进医疗技术水平提高，此后逐步形成优势和特色，增强卫生院的综合实力。

人才队伍建设方面：目前白花镇中心卫生院全院职工共202人（其中返聘2人），医院核定编制人数138人，实有编制人数89人，临聘人员113人，其中卫生专业技术人员155人，高级职称11人，中级职称23人。卫生技术人员流失严重，高学历、高职称及有一定特长的卫生技术人员往往被上级医疗部门选聘，其他业务人员也在不断调出，断代现象明显，致使卫生技术人员严重匮乏，人员结构不合理，大部分科室仅能满足排班需求，根本无法满足开设新科室的需要。在这一阶段，要抓紧理顺院内人事关系，拟订人才引进和培养计划。多管齐下，引进、培养相关科室需要的人才，提升职称比例，保持人才队伍稳定，完善人员配置，逐渐形成人才梯队，以适应医院长期发展的需要。市级编办部门要重点倾斜，增加人员编制，根据卫生院至少还应增加300人的目标，编制至少增加180个。人社、财政部门要会同市委编办，组织开展招聘，帮助中心镇卫生院实现人才扩充。县级财政对中心镇卫生院编制内人员的收入保障可以提升到90%，对临聘人员实行定额补助，保障其工资收入，如2万/人/年。

（2）叙州区观音镇中心卫生院

观音镇中心卫生院（含古罗）总建筑面积29 858平方米，2019年9月医院完成了整体搬迁并在新院区运行。按照加快推进中心镇医院建设规划的要求，观音镇中心卫生院（含古罗）在2022年要达到三乙综合医院所需硬件标准和医疗管理水平逐渐提升，并成功创建二甲综合医院。

基本建设方面：目前观音镇中心卫生院（含古罗）总建筑面积已经基本达到三乙医院的要求，新院区一期建设已经完成并投入运行，第二期建设即将开始。这一阶段首先需要各级财政支持2 000万元资金用于完善相应的基础设施建设，在2020年年底先达到二甲综合医院的建设标准。通过创建二甲，为以后创三乙打好基础、创造条件。

服务能力方面：观音镇中心卫生院作为叙州区的北部片区医疗次中心，承担着繁重的医疗任务，医疗水平处于全区先进行列。预计2019年共完成年门诊人次 13 万人次，医疗业务收入 6 000 万元；出院人次 1.5 万余人，辐射观音镇、樟海镇、柳嘉镇、合什镇、泥溪镇等地约 30 万人的基本医疗、预防保健、医疗急救、突发性公共卫生事件救治等工作。医院在科室设置上比较健全完整，医疗设备配置方面比较完备，但距离三乙综合医院都还有较为明显的差距。在这一阶段计划完成呼吸机、心脏除颤器、脑电图机、支气管镜、结肠镜、膀胱镜、直肠镜等 24 种"三乙"标准配置医疗设备，总投资约 6 566 万元。在原有基础上，开展传染病及感染性疾病、康复治疗的诊治、进一步加强预防保健的服务项目，开展病理诊断，为肿瘤的筛查、疾病的确诊打下坚实的基础。2020 年之前，对照《二级综合医院评审实施细则》逐条完善相关的医疗质量控制工作，严格执行 PDCA 循环[①]管理工作，实现医疗质量持续改进、服务能力持续提升，达到二级甲等医院的服务水平。2022 年之前，对照《三级综合医院评审实施细则》逐条完善相关的医疗质量控制工作，严格执行"PDCA"质量环管理工作，实现医疗质量持续改进。

科室体系方面：在 2020 年完成临床科室新增感染科、康复医学科、预防保健科；医技科室新增病理科、艾滋病初筛实验室。在 2022 年之前达到以下目标：①临床科室包括一级诊疗科目和二级诊疗科目。其中，一级诊疗科目将新增精神科、重症医学科；二级诊疗科目又细分为内科（包含呼吸内科、消化内科、心血管内科、神经内科），外科（包含普通外科、骨科、泌尿外科），妇产科（包含计划生育科），儿科（包含小儿消化科、小儿呼吸科），精神科（包含老年精神科、精神康复科）。②医技科室只包括二级诊疗科目，细分为医学检验科（包含临床体液检验、血液检验、临床生化检验、血清学检验、临床免疫），医学影像（包含 X 线诊断、CT、超声诊断、心电诊断、脑电及脑血流图诊断、放射治疗）。

人才队伍方面：2020—2022 年卫生院预计将面向社会公开招聘专业技术人员 100 人，其中医生 35 人，护士 55 人，临床营养师 4 名，工程技术人员 2 名（技师 1 名、助理工程师 1 名），临床药师 4 名。全院临床医疗人员本科学历占 20% 以上，引进 1 ~ 2 名硕士研究生，大专学历占 50%。职称目标：中

---

① PDCA 循环是由美国质量管理专家沃特·阿曼德·休哈特（Walter A. Shewhart）提出的一种全面质量管理的思想基础和方法依据。PDCA 是英语单词 plan（计划）、do（执行）、check（检查）和 act（处理）的第一个字母，PDCA 循环就是按照这样的顺序进行质量管理，并且循环不止地进行下去的科学程序。

级以上职称 50 名，副高以上职称 20 名，正高职称 2 名。人才培训目标：完成医院人才队伍建设，专业技术人员岗位培训率达到 100%。科研项目目标：创建临床科研小组，提高以多发病、常见病、疑难病防治研究为主攻方向的科研水平，大力引进高学历科研型专业技术人员，完成市级科研项目 1 项；发表学术论文 10 篇。

（3）南溪区大观镇中心卫生院

大观镇中心卫生院位于大观镇街村中心地段，是南溪区乡镇卫生院中唯一一家一级甲等综合性医院。医院占地面积 15 亩，建筑面积 6 000 平方米。2018 年门诊服务量 37 562 人次，住院 4 858 人次，医疗业务收入 2 044 余万元。

在中心镇医院建设规划上，大观镇中心卫生院考虑到要充分利用 QYB 市第五人民医院现有的医疗技术优势及相关大型诊疗设备、信息系统，已建立共享的基础，且 2019 年 10 月已同 QYB 市第五人民医院建立了医共体单位，计划采取与 QYB 市第五人民医院联建三级医院模式，建立 QYB 市第五人民医院（大观分院），重点发展内科、外科、妇产科，并按照三乙医院标准进行建设。

基本建设方面：医院现有业务用房 6 000 平方米，按照创建要求，每床建筑面积不少于 60 平方米。医院需增加业务用房面积至 18 000 平方米以上，需新建业务用房 12 000 平方米。在这一阶段，医院应向大观镇党委、政府申请划拨土地 20 亩，新建业务用房总投资 4 950 万元，用于一期工程新建外妇综合大楼一栋，约 11 000 平方米投入资金约 2 860 万元，2022 年 6 月前完成外妇大楼装修工程，投入资金约 1 650 万元，共计约 4 510 万元。二期工程新建洗浆房、营养食堂等，共计约 1 000 平方米投入资金约 290 万元，2023 年完成洗浆房、营养食堂等装修，投入资金约 150 万元，共计约 440 万元。另外，医院还需对原有病区，重点是 B 区进行装修改造，需投入资金约 100 万元；对现有院区内公共院坝进行黑化，需投入资金约 120 万元；将大观镇劳动保障中心调剂到医院后需进行装修改造，需投入资金约 80 万元。此部分总投资约 300 万，2020 年年底完成上述改造。

服务能力方面：医院承担区域内基本公共卫生、常见病、多发病、部分疑难疾病及急诊急救医疗服务，服务范围辐射整个大观片区及周边市县部分乡镇，服务人口约 20 余万人。医院现有编制床位 99 张，按照三级综合医院建设分院区要求，住院床位总数应达到 300 张以上，至少增加编制床位 201 张。

医院现拥有 CT、普通国产彩超、CR、体外冲击波碎石机等大型医疗设备，但远远无法达到创建标准，需增加 DR、进口高档数字化彩超、核磁共振、移动 X 光机等大型医疗设备。设备采购总投资应达到大约 2 811 万元，分三步实施：一期添置临床医技必须重要设备设施，包括腹腔镜、胃镜、肠镜、麻醉机、高档数字化彩超、DR、全自动生化分析仪等仪器设备，投入资金约 1 481 万元。二期购买宫腔镜、中型移动式 X 光机等仪器设备，投入资金约 400 万元。三期添置核磁共振等仪器设备，投入资金约 1 000 万元；打造标准化手术室 3 间，投入资金约 150 万元；采购办公设施设备约 200 万元。另与 QYB 市第五人民医院共享信息系统，建立灾备机房，投入资金约 200 万元。

科室体系方面：目前医院科室设置有内科、外科、妇产科、检验科、放射科等 10 余个临床医技科室，县重点专科康复科、肛肠科。在这一阶段，医院需要大力完善科室体系设置。临床科室需增设置儿科、中医科、耳鼻喉科、眼科、皮肤科。医技科室需增设药剂科、输血科、核医学科、理疗科（可与康复科合设）、病案室、营养部及其他相应的临床功能检查室（如脑电图、肺功能检测、胃镜、肠镜、支气管镜、膀胱镜室等）。

人才队伍方面：医院现有职工 121 人，其中医技人员 101 人。上级核定编制数 53 个，需增加编制数 256 个。按照一期建成 300 张编制床位的标准，每床至少配备 1.03 名医技人员要求，医技人员需达到 309 人。采用引进、培养等方式，充实医院中高级职称专业技术人员，其中，按照科室设置的要求，副高级职称至少 14 名。在 2020—2022 年，每年投入 100 万元用于高级职称人才引进，共投入资金 300 万元。采用公开招聘、与 QYB 市第五人民医院联建等方式补充医技人员至 309 人，其中护理人员达到 120 人，引进工程技术人员至少 2 名。

（4）高县沙河镇中心卫生院

目前，沙河镇中心卫生院占地面积约 11 亩，业务用房面积约 10 000 平方米，服务人口约 10 万人，主要承担全镇基本公共卫生服务和基本医疗服务工作。卫生院计划按照单建三级综合医院模式进行建设，力争在 2023 年前完成土地划拨、业务用房及配套设施建设、医疗设备、人员配置、技术水平和服务能力等达到三乙综合医院标准，并投入使用。

基本建设方面：医院目前业务用房面积约 10 000 平方米，编制床位 99 张，实际开放床位 119 张。按照三级综合医院标准配置要求，床位应不少于 500

张，每床建筑面积不少于 60 平方米，医院业务用房面积还需扩建 20 000 平方米左右，工程建设资金约 9 450 万元。在这一阶段，医院应争取建设用地和建设资金到位，并于 2022 年 1 月开工建设，保证建设项目于 2023 年 12 月以前能够竣工投入使用。

服务能力方面：目前医院服务人口约 10 万人，主要承担全镇基本公共卫生服务和基本医疗服务工作。医院编制床位 99 张，实际开放床位 119 张，应至少再增加床位 401 张。设备配置目前只有给氧装置、电动吸引器、自动洗胃机、心电图机、心电监护仪、万能手术床、无影灯、麻醉机等 30 余种医疗设备，还远远达不到三乙综合医院的标准，应按照要求另增加呼吸机、心脏除颤器、多功能抢救床、脑电图机、血液透析器、肺功能仪、支气管镜等 30 余种大小型医疗设备。按照设备投资预算 1.3 亿元来说，医院应多渠道筹集资金，争取分三年保证设备购置完毕并投入使用。

科室体系方面：目前医院有临床科室 8 个，没有急诊科、耳鼻喉科、口腔科、眼科、皮肤科等科室。医技功能科室 7 个，没有病理科、核医学科、消毒供应室、营养部和相应的临床功能检查室。另设有公共卫生科、医务科、护理部等科室。在这一阶段，医院应按照三乙综合医院的标准，争取完成科室体系建设。

人才队伍方面：医院现有卫生技术人员（包括临聘人员）83 人，其中执业（助理）医师 24 人（其中：副主任医师 2 人，主治医师 6 人，医师 5 人，助理医师 8 人；中医医师 5 人；全科医师 7 人），护士 46 人。卫生技术人员和护士的数量均远低于三乙综合医院要求每床配置的医护人员标准。另外，三乙综合医院要求专业科室的主任应具有副主任医师以上职称，目前只有儿科和外科具备，其余科室均无副主任医师。在这一阶段，医院应大力争取市委编办、人社和县级财政支持，增加编制，加大招聘力度，保障医护人员工资收入，重视开展业务培训，扩大高职称人员比例，力争在 2022 年 12 月之前，按照三乙综合医院标准增加卫生技术人员 424 人，增加护士 160 人，每个专业科室主任均达到副主任医师以上职称。

（5）兴文县僰王山镇中心卫生院

僰王山镇卫生院属于兴文县人民医院医疗健康集团分院，实现集团内人员、财务、业务、公卫、药械和医保资金等统一管理。到 2020 年，僰王山镇卫生院独立完成二乙综合医院创建任务。到 2022 年，作为县人民医院医疗健康集团分院达到三乙综合医院标准。医院新建项目建设、设备配置、人才队伍建设等方面应坚持政府主导，逐步加大专项资金投入。

基本建设方面：这一阶段，与县人民医院联建，将僰王山镇卫生院作为其分院进行打造，发展适合当地群众卫生健康需求的重点专科。坚持扩资源、补短板，基本完成基础设施、保障性项目与重点项目建设，基本建立健全促进中心镇三乙医院的体制、机制。目前，医院占地面积 9 981 平方米，建筑面积 9 550 平方米，业务用房面积 5 500 平方米（含在建项目 1 946 平方米），按照三乙综合医院标准，应扩大医院建筑面积 20 000 平方米，保证每床建筑面积不少于 60 平方米，病房每床净使用面积不少于 6 平方米，日平均每门诊人次占门诊建筑面积不少于 4 平方米。

服务能力方面：2019 年 1—10 月门诊总诊疗量 36 213 人次，住院总诊疗量 3 065 人次。目前，医院编制床位为 99 张，实际开放床位 123 张，拥有 DR、彩超、全自动生化分析仪、血液分析仪等医疗设备。在这一阶段，应分三期增加编制床位，争取在 2022 年 12 月达到 500 张以上。同时，配齐配足给氧装置、呼吸机、电动吸引器、自动洗胃机、心电图机、心脏除颤器、心电监护仪、麻醉机、麻醉监护仪、高频电刀等 40 余种达到三乙综合医院标准必需的医疗设备。

科室体系方面：目前医院内设公卫科、门诊部、内儿科、外妇科、中医科、口腔科、医学检验科、医学影像科等科室。今后，医院应分期分批进行完善的科室体系建设，重点建设精神病专科、中医科、康复科等，并在条件具备时，逐渐在重点科室开展科学研究，增进与市级医院、县级医院的科研协作和交流。

人才队伍方面：目前，医院有在职职工 96 人，其中执业医师及执业助理医师 23 人，主治医师 1 人，护士 22 人，护师 10 人，主管护师 1 人，医技人员 37 人，其他人员 2 人；具有本科及以上学历 8 人，大专学历 61 人，中专学历及以下 27 人。在这一阶段，医院应采用增加编制、公开招聘、争取上级医院对口支援、允许医生多点执业等方式补充卫生技术人员和护士达到三乙综合医院规定的标准，并使各专业科室的主任具有副主任医师以上职称，临床营养师不少于 2 人，工程技术人员（技师、助理工程师及以上人员）占卫生技术人员总数的比例不低于 1%。

（6）江安县夕佳山镇中心卫生院

江安县夕佳山镇中心卫生院主要承担辖区内的基本医疗、基本公共卫生服务、计划生育服务等工作。其目标是创建独立设置的三级乙等中医医院，为江安县南乡片区各镇提供能满足社会群众需要的看病就诊医疗服务和卫生健康指导服务。

创建三乙中医医院计划总投资按 10 000 万元进行筹措，资金主要来源：一是项目的前期工作经费由县财政承担，二是项目用地由地方政府无偿划拨，三是市级资金和足额县级配套资金，四是将项目纳入"十四五"规划，争取国家和省级更多的资金支持，五是积极争取将项目缺口资金纳入地方债券。

基本建设方面：夕佳山中心镇医院按照三级乙等中医医院基本标准，占地 30 亩，建设业务用房 18 000 平方米，适当预留项目用地用于"十四五"的健康医养结合和后续发展。医院力争 2020 年下半年开工建设，建设期间完成项目施工招标及平场工程，完成建筑、安装工程，启动医疗设备购置工作，完成装饰装修及设备安装工程，并于 2022 年年底之前竣工验收并投入试运行。

服务能力方面：按三级乙等中医医院设备基本配置标准和所开展诊疗科目情况，并结合夕佳山镇中心卫生院现有医疗设备情况，医院需增配 X 线电子计算机断层扫描装置（CT）、数字 X 线成像（DR）、彩色多普勒超声诊断仪、移动式 X 光机、内窥镜摄像系统等 40 余种基本设备，以及与开展的诊疗科目相适应的其他设备，计划资金约 2 000 万元。病房按 300 个床位配置，并保证每床单元设备齐备。

科室体系方面：医院采取院长领导下的科室负责制，科室设置将分为临床、医技、护理、管理与服务四个版块。这一阶段要争取初步完成科室体系设置。临床科室设置门诊部、急诊科、内科、外科、妇产科、儿科、针灸科、骨伤科、肛肠科、皮肤科、眼科、康复科、耳鼻喉科、口腔科等。医技科室设置药剂科、检验科、放射科、病理科、消毒供应室、彩超室、功能科等科室。职能科室设置医务科、护理部、院感科、医保科、病案科、人事科、财务科、设备科、信息科等。

人才队伍方面：目前医院总职工数 345 人，其中卫生技术人员 300 人，包括医师 80 人（中医类副高及副高以上职称 12 人），护理人员 160 人，医技人员 33 人（副高及副高以上职称 3 人），药剂人员 16 人（副主任中药师 1 人），临床营养师 1 人，工程技术人员及各类行财后人员 40 人，院级管理人员 5 人。

根据三级中医院人员配置标准，对照现夕佳山镇中心卫生院和片区卫生院人员结构情况，医院在建设周期内应通过人才引进、招聘和院内职称正常晋升以及片区人才整合、医共体建设等方式补充人才。医院拟增加人员明细如下：副高级医师 11 名（其中中医类 11 名），初（中）级医师 48 名（其中中医类 30 名）；副主任中药师 1 名、初（中）级药师 11 名（其中中药类 7 名）；副主任技师 3 名、初（中）级技师 28 名（其中中医类 6 名）；护士 130 名（其中中医类 80 名）；工程技术人员 2 名；临床营养师 1 名；各类行财后人员 45 名。医院力争在这一阶段初步完成人才队伍建设，在 2025 年完全达到三级乙等中医医院人才队伍配置标准。

（二）其余 14 个中心镇医院

在这一阶段，其余 14 个中心镇医院要全部完成总体定位，完成建设用地征迁、争取建设资金、工程前期手续，力争工程项目开工建设，并启动医疗管理水平逐渐提升、信息化建设逐步推进等工作。

14 个中心镇卫生院已明确创建目标总体定位和发展重点如下表所示。

卫生院	总体定位	发展重点
翠屏区金秋湖镇中心卫生院	与 QYB 市第二中医医院联建，作为其分院，建成三级乙等中医医院	中医康复科、安宁疗护、医养融合
南溪区江南镇卫生院	同 QYB 市第五人民医院（原南溪区人民医院）实行联建，作为 QYB 市第五人民医院（江南分院），建成三级乙等综合医院	中医科、康复科、内科等科室
叙州区横江镇卫生院	独立创建三级乙等综合医院	基本建设、设备投入、人才队伍建设、信息化管理
叙州区樟海镇卫生院	独立创建三级乙等综合医院	基本建设、设备投入、人才队伍建设、信息化管理
江安县四面山镇卫生院	独立创建三级乙等综合医院	基本建设、设备投入、人才队伍建设、信息化管理
长宁县双河镇卫生院	与县中医医院联建为"医共体"，作为其分院，建成三级乙等中医医院	重点建设中医科

续　表

卫生院	总体定位	发展重点
长宁县竹海镇卫生院	与县人民医院联建"医共体"，作为其分院，建成三级乙等综合医院	建成县域医疗技术分中心、康养服务中心
高县来复镇卫生院	独立创建三级乙等综合医院	基本建设、设备投入、人才队伍建设、信息化管理
珙县上罗镇卫生院	独立创建三级乙等综合医院	基本建设、设备投入、人才队伍建设、信息化管理
珙县孝儿镇卫生院	独立创建三级乙等综合医院	基本建设、设备投入、人才队伍建设、信息化管理
筠连县沐爱镇卫生院	独立创建三级乙等中医医院	重点建设中医科
筠连县巡司镇卫生院	独立创建三级乙等综合医院	基本建设、设备投入、人才队伍建设、信息化管理
兴文县共乐镇卫生院	与县人民医院联建，作为其分院进行打造，建成三级乙等综合医院	基本建设、设备投入、人才队伍建设、信息化管理
屏山县中都镇卫生院	作为县人民医院中医院区进行打造，建成三级乙等中医医院	中医科

（二）2023—2025 年

1.第一期 6 个中心镇医院全部创建成功

在这一阶段，确保第一期规划的 6 个中心镇医院全部创建为三乙综合医院或中医院（院区），顺利通过省卫健委评审。创建成功后，各中心镇卫生院医护人员配置根据需要逐步到位，并在已设置诊疗科目的基础上，尽快完善或增设医疗服务功能和科目，有计划地申报并开展科研项目，完善医院内部管理，增强服务能力，提升服务质量。

2.其余 14 个中心镇医院全面推进建设

在这一阶段，其余 14 个中心镇医院应全面推进建设，整合卫生资源，规范管理，改善就医环境，进行可持续性发展。条件较好、推进较快的 3～4 个中心院完成硬件建设和内部管理体系、医疗能力提升建设，申报三级创建并力争 2 ～ 3 个完成创建，其余的中心院加快建设进程。

下面对其余 14 个创建三乙医院的中心镇医院分别从基本建设、服务能力、科室体系、人才队伍四个方面进行重点任务的明确。

（1）翠屏区金秋湖镇中心卫生院

金秋湖中心卫生院由邱场镇卫生院、明威镇卫生院和王场镇卫生院整合而成，周边辐射南溪区林丰乡、自贡市富顺县福善镇以及本区的双谊镇、白花镇、金坪镇约 12 万人的医疗服务。卫生院年医疗业务收入约 1 000 万元，距离三级乙等医院的要求还有较大差距。

基本建设方面：金秋湖镇中心卫生院由三院合并而成，业务用房建筑面积约 6 632 平方米，与创建三乙医疗机构要求的面积差距巨大。医院共分四个院区，点多面广，运行成本高，管理难度大。医院利用前期顺利取得划拨的 40 亩土地，新建 2 万平方米的业务用房。这一阶段要继续积极争取国家政策和地方政府投入，完善医院业务用房建设，按照三乙中医医院基本建设目标，确定实施方案，分解任务，分步实施和运行。

服务能力方面：目前医院有编制床位 106 张，开放床位 350 张。医疗设备有彩色多普勒成像、DR 数字化成像、心电图、全自动血球分析仪和全自动生化分析仪等基本设备，基本能满足居民常见病、多发病所需的医疗服务以及在基本公共卫生服务方面的需要。在这一阶段，医院要对照三级乙等中医医院标准，按照三级乙等中医医院的要求分步骤、分阶段增加编制床位，多渠道筹集资金，购置必需的医疗设备。大型医疗设备的购置资金可以由县级财政和医院自筹按比例共同分摊。

科室体系方面：医院目前开设有中医科、中医康复科、内科、外科、妇科、儿科、预防保健科、全科医学科。这一阶段在完善科室体系建设的同时，应加强重点专科建设，促进医疗技术水平提高，逐步形成优势和特色，增强医院的综合实力；着重加强康复理疗科、慢性病科、中医科、安宁疗护的建设，争取通过两个市级重点专科立项；与市级医院加强合作和交流，选择科研课题，逐步开展科研项目。

人才队伍方面：目前全院职工共 108 人（其中定向生规培 3 人），医院核定编制人数 84 人，实有编制人数 70 人，临聘人员 38 人，其中卫生专业技术人员 101 人，高级职称 1 人，中级职称 8 人。这一阶段要按照拟订的人才招聘和培养计划，多措并举，引进和培养业务相关的人才，形成人才梯队，优化职称比例，满足科室配置和医院发展需求，为创建三乙中医医院做好人才储备。

（2）南溪区江南镇卫生院

江南镇卫生院位于南溪区南部，距离县城 8 千米，是一所集医疗、预防、康复、公共卫生等于一体的一级综合医疗卫生机构，承担着全镇 27 个行政村的医疗卫生服务。卫生院现有规模非常小，基础设施和相关建设离创建三级乙等医院有非常大的差距。目前，全镇人口仅有 3.3 万人，医疗服务需求较小。此外，因为距离县城较近，不宜再单独建一所三级医院。现有 QYB 市第五人民医院（原南溪区人民医院）江南分院正在修建（总投资 6 250 万元，占地面积 40 亩，建筑面积 16 049 平方米，预计 2021 年 6 月投入使用），所以，卫生院创建三级乙等医院的建设模式是和 QYB 市第五人民医院进行联建，作为QYB 市第五人民医院（江南分院）。

基本建设方面：目前，卫生院占地面积 468 平方米，业务用房面积 800 平方米。在 2020 年完成对 QYB 市第五人民医院（江南分院）主体工程建设的基础上，院区将于 2021 年 6 月投入使用，并继续完成对现有江南分院的部分科室设置和相关人员设备配置。对现有科室的基础设施改造及装饰装修预计3 000 平方米，所需资金 500 万元。电脑、打印机、复印机、办公桌椅等需要资金 200 万元。

服务能力方面：医院编制床位 30 张，实际开放床位 25 张。已有的科室配备了基本医疗设备，能提供常见病、多发病的诊疗服务和基本公共卫生服务。在这一阶段，医院应大力争取政府财政资金支持，增加编制床位，购置必需的医疗设备；按照三乙医院医疗设备配置标准，预计需要资金 2 000 万元；通过基本设备的配置完善，重点满足对本乡镇及周边群众的中医医疗和康复及预防保健的需求。

科室体系方面：江南镇卫生院现设有内科、外科、儿科、中医科、预防保健科。区人民医院江南分院拟开设门急诊、普通内儿科、妇产科、血液科、肿瘤科、康复科等科室。在这一阶段，至少完成 3 个重点科室的建设，主要包括中医科、康复科、内科的科室改造，并按照创建三级乙等综合医院的科室配置相关医疗设备。

人才队伍方面：医院现有职工 22 人，其中执业医师 5 人，助理执业医师4 人，护士 9 人，检验士 1 人，药剂师 1 人，其他人员 2 人。医院应采用引进、培养、公开招聘等方式补充中医科、康复科、内科三个科室医技人员至 100

人。这一阶段计划每年投入100万元用于高级职称人才引进，共计300万元。

（3）叙州区横江镇卫生院

横江镇中心卫生院（含复龙）总建筑面积7500平方米，现有职工103人，专业技术人员81人，占全院人员总数的79%。在该院现有的专业技术人员中，本科学历15人，占19%，大专学历48人，占59%，中专学历18人，占22%。全院初级职称53人，副高职称1人，无中级及正高职称人员。医院核定床位70张，实际开发床位120张。目前该院能开展内科、外科、儿科、妇科、中医科常见病、多发病的诊治。卫生院的建设模式为独立创建三级乙等综合医院。在这一阶段，横江镇卫生院应进一步对照《二级综合医院评审细则》查漏补缺，完善整改措施，全面启动二级甲等综合医院创建工作。

基本建设方面：横江镇中心卫生院整体迁建工程在已完成立项、可研批复、建设用地征迁、初步设计等前期工作的基础上，于2023年1月开工建设。工程总投资22000万元（争取上级资金或地方专项债券资金17600万元、自筹4400万元），总建筑面积56500平方米（含3000平方米门诊改造和3500平方米复龙院区建设），编制500张床位，2024年12月竣工并投入使用。

服务能力方面：在前一阶段已投资约3893万元完成儿童用呼吸机等31种"三乙"标准配置医疗设备的基础上，这一阶段应完成厌氧菌培养箱、腹膜透析仪等36种"三乙"标准配置医疗设备，总投资约3281万元。完成信息化建设总投资1260万元，包括硬件方面：电脑打印机等预计500台（电脑+打印机）配置300万元，自助服务机具280万元（CT、彩超等电子报告打印）；软件方面：新建HIS系统500万元，电子发票、居民健康卡等系统80万元，影像设备对接软件50万元，理氏系统检验对接设备50万元；人才引进方面：面向社会公开招聘计算机专业人员2名。

科室体系方面：进一步对照《二级综合医院评审细则》查漏补缺，完善整改措施。新增急诊医学科、眼科、耳鼻咽喉科、口腔科、皮肤科、传染科、手术室、病理科、血库、消毒供应室、病案室、艾滋病初筛实验室。技术能力：在原有基础上，开展急诊、眼科、耳鼻咽喉科、口腔科、皮肤科、传染病等疾病的诊治；进一步加强预防保健的服务项目；开展外科、妇产科、骨科方面手术诊疗；开展病理诊断，为肿瘤的筛查、疾病的确诊打下坚实的基础。

人才队伍方面：这一阶段预计面向社会分别公开招聘200名专业人才，医师80人，护理人员170人，临床药师2人，临床营养师1人，工程技术人员

2 人，管理人员 1 人，办公室后勤人员 13 人。全院临床医疗人员本科学历占 40% 以上，硕士研究生学历占 3%。职称目标：中级职称 20 名，副高职称 10 名，正高职称 2 名。人才培训目标：培养 5 ～ 10 名理论基础比较扎实、临床经验比较丰富、专业特色突出的专科（专病）人才；培养 10 ～ 20 名具有较好理论基础、基本技能、基本知识比较扎实的临床应用型人才。年度专业技术人员年度岗位培训率达到 100%。科研项目目标：拓展临床科研小组并在本院培养在编在职临床科研型人才，完成市级科研项目 1 ～ 2 项；发表学术论文 20 篇。

（4）叙州区樟海镇卫生院

樟海镇现有一级甲等卫生院两所，一级乙等卫生院一所，三个卫生院总建筑面积 6 890 平方米，现有职工 122 人，卫生技术人员 88 人，其中本科学历 22 人，占 25%，大专学历 42 人，占 48%，中专学历 24 人，占 27%。中级职称 9 人，初级职称 79 人。编制床位 90 张，实际开放床位 194 张。在这一阶段，樟海镇卫生院应进一步对照《二级综合医院评审细则》查漏补缺，完善整改措施，全面启动二级甲等综合医院创建工作。

基本建设方面：在上一阶段，总投资 11 142 万元建设中心卫生院一期门诊住院大楼，总建筑面积 22 600 平方米，编制 200 张床位，已经于 2022 年 12 月竣工并投入使用。这一阶段开始中心卫生院二期住院辅检大楼建设工作。二期项目总投资 22 270 万元（争取上级资金或地方专项债券资金 17 816 万元、自筹 4 454 万元），总建筑面积 45 200 平方米，编制 400 张床位。二期项目应在 2024 年 1 月开工建设，2025 年 12 月竣工并投入使用。

服务能力方面：在上一阶段已投资约 3 448 万元完成 X 线—正电子发射计算机显像系统等 35 种"三乙"标准配置医疗设备的基础上，这一阶段继续增设必需的医疗设备，计划完成 X 线电子计算机断层扫描装置（CT）、X 线电子计算机断层扫描装置（CT）中心供氧设备、体内心脏起搏器、医用冷库或冷藏库等 42 种"三乙"标准配置医疗设备，总投资约 3 966 万元。同时，计划完成信息化建设总投资 180 万元，包括电脑打印机等，预计 300 台。面向社会公开招聘计算机专业人员 3 名。完善网络建设，提高网络办公水平，2025 年创建 3 星级数字化医院。

科室体系方面：按照"二甲"标准完善科室建设，新增急诊医学科、眼科、耳鼻咽喉科、口腔科、皮肤科、传染科、手术室、病理科、血库、消毒供应室、病案室、艾滋病初筛实验室。技术能力：在原有基础上，开展急诊、眼科、耳鼻咽喉科、口腔科、皮肤科、传染病等疾病的诊治；进一步加强预防保健的服务项目；开展外科、妇产科、骨科方面手术诊疗；开展病理诊断，为肿瘤的筛查、疾病的确诊打下坚实的基础。

人才队伍方面：在这一阶段，医院预计面向社会公开招聘人员 210 名，其中医师 70 人，护理人员 100 人，药师 2 人，临床营养师 1 人，其他专业人员 37 人。全院临床医疗人员本科学历占 40% 以上，硕士研究生学历占 3%。职称目标：副高以上职称 35 名，正高职称 5 名。人才培训目标：加大人才培养力度，制定政策，吸引高学历、高职称专业技术人员，提高尖端人才比例。年度专业技术人员年度岗位培训率达到 100%。科研项目目标：拓展临床科研小组并在本院培养在编在职临床科研型人才，完成市级科研项目 3 ~ 5 项；完成省级临床科研项目 1 ~ 5 项，发表学术论文 20 篇。

（5）江安县四面山镇卫生院

四面山镇中心卫生院现属一级甲等医院，占地面积 2 100 平方米，建筑面积 3 500 平方米，2019 年医疗业务收入 298.24 万元。卫生院以独立创建三乙综合医院为目标，以提供基本医疗服务为主，提供特需医疗服务为补充。项目建设总投资按 18 000 万元进行筹措，主要措施：一是项目的前期工作经费由县财政承担；二是项目用地由地方政府无偿划拨；三是市级资金和足额县级配套资金；四是将项目纳入"十四五"规划，争取国家和省级更多的资金支持；五是积极争取将项目缺口资金纳入地方债券。

基本建设方面：四面山中心镇医院按照三级综合医院基本标准建设，占地 45 亩，建设业务用房 30 000 平方米。在上一阶段完成选址、土地落实和施工招标等工作的基础上，于 2023 年 1 月开始施工，完成建筑、安装、装饰装修及设备安装工程，同时启动医疗设备购置工作、人才队伍建设与科室体系设置。2025 年 6 月完成院区工程基本建设并竣工验收投入试运行。

服务能力方面：医院目前有编制床位 40 张，实际开放床位 40 张。按照三乙综合医院的标准，设计门诊容量达到 400 人次，床位编制达到 500 张，每床单元设备齐全。在医疗设备方面，医院按三级乙等综合医院设备基本配置标准和所开展诊疗科目情况，并结合四面山镇中心卫生院现有医疗设备情况，需要增配 CT、DR、彩超、移动式 X 光机、内窥镜摄像系统、电子胃肠镜、麻醉机、高压灭菌设备等 30 余种设备，以及与开展的诊疗科目相适应的其他设备，计划资金约 3 000 万元。

科室体系方面：目前医院设置有中医科、西医科、内科、外科、妇产科、骨科、五官科、理疗科及辅检科等科室。这一阶段应采取院长领导下的科室负责制，大力健全科室体系。科室设置将分为临床、医技、护理、管理与服务四个版块。临床科室设置门诊部（急诊室）、呼吸消化内科、心脑血管内科、普外科、骨科、妇（产）科、儿科、中医科、全科医学科、口腔科、眼耳鼻喉科、手术麻醉科、预防保健科等。医技科室设置药剂科、医学检验科、放射科、功能科（B 超、心电图）、消毒供应室等。职能科室设置医务科、护理部、院感科、医保科、病案科、人事科、财务科、设备科、信息科等。

人才队伍方面：医院现有编制 31 人，在编在职人员 28 人，临聘人员 9 人；其中专业技术人员 28 人，含副高级职称 3 人、中级职称 3 人。根据三乙综合医院人员配置标准，对照现四面山镇中心卫生院和片区卫生院人员结构情况，这一阶段应通过人才引进、招聘和院内职称正常晋升以及片区人才整合、医共体建设等方式大力补充人才。拟增加人员明细如下：副高级医师 10 名，初（中）级医师 115 名；副主任药师 1 名、初（中）级药师 5 名；副主任技师 1 名、初（中）级技师 15 名；护士 240 名；工程技术人员 6 名；临床营养师 1 名；各类行财后人员 50 名，力争在下一个阶段内使人才队伍配置达到三乙综合医院标准。

（6）长宁县双河镇卫生院

双河镇中心卫生院距离县城 34 千米，占地面积 16 亩，现有业务用房 6 800 平方米。卫生院共有两个院区，卫生技术人员 48 人，实际开放床位 60 张。卫生院是市政府确立的、2019 年建成的县域医疗卫生次中心，四川省首批"社区医院"创建试点单位。目前卫生院主要开展中西结合的内儿科常见病多发病诊治，能开展一二级手术，正以"用 2 ～ 3 年时间达到二级医院水平"为目标而奋斗。

按照总体规划，与县中医医院联建为"医共体"，作为其分院，整体联动，在上级部门和县中医院指导下，分期实施，到 2030 年年底前建成床位 300 张、编制人员 500 名的三级乙等中医医院。

基本建设方面：上一个阶段已经完成卫生院老年院区达到二级中医医院所需硬件标准建设，并成功创建二级中医医院。在此阶段医院需达到三乙中医医院所需硬件标准。推进二期住院、康复大楼建设项目，建设地址：双河镇院区总投资 5 270 万元（争取上级资金或地方专项债券资金 5 270 万元），总建筑面积 7 000 平方米，编制 150 张床位，预计 2023 年 6 月开工建设，2025 年 12 月竣工并投入使用。

服务能力方面：根据三级中医医院建设的要求，医院继续分期分批完成医疗设备的配置，这一阶段医疗设备总投资约需要 2 086 万元。计划完成信息化建设总投资 180 万元，包括电脑打印机等预计 300 台。人才引进：面向社会公开招聘计算机专业人员 3 名；完善网络建设，提高网络办公水平，2025 年创建 3 星级数字化医院。对照《二级综合医院评审实施细则》逐条完善相关的医疗质量控制工作，严格执行"PDCA"质量环管理工作，达到医疗质量持续改进，确保在 2025 年，达到二级甲等医院的服务水平。

科室体系方面：目前医院设置有内科、外科、妇产科、儿科、医学检验科、医学影像科（X 线诊断专业和超声诊断专业）、中医科、麻醉科、耳鼻喉科等科室。这一阶段要按照三乙标准完善科室体系建设，规范设置急诊科、中医科、内科、外科、妇产科、儿科、针灸科、骨伤科、肛肠科、皮肤科、眼科、推拿科、耳鼻喉科等临床科室，设置药剂科、检验科、放射科、消毒供应室、营养部和相应的临床功能检查室等设施设备新建、改造建设。开展病理诊断，为肿瘤的筛查、疾病的确诊打下坚实的基础。

人才队伍方面：按照三乙中医医院人力资源和科研标准的要求，医院要继续加强人才队伍建设，达到中医药人员不低于 60%。这一阶段预计面向社会公开招聘人员 110 名，其中医师 30 人，护理人员 50 人，药师 2 人，临床营养师 1 人，其他专业人员 27 人。全院临床医疗人员本科学历占 40% 以上，硕士研究生学历占 3%。副高以上职称 35 名，正高职称 5 名。加大人才培养力度，吸引高学历、高职称专业技术人员，提高尖端人才比例。专业技术人员年度岗位培训率达到 100%。同时，拓展临床科研小组并在本院培养在编在职临床科研型人才，完成市级科研项目 3 ～ 5 项；完成省级临床科研项目 1 ～ 5 项。发表学术论文 15 篇。

（7）长宁县竹海镇卫生院

竹海中心卫生院（含万里）总建筑面积 4 500 平方米，现有在职职工 47 人，其中卫生技术人员 44 人，编制床位 60 张，实际开放 100 张。医院承担着竹海镇及周边乡镇 5 万多人的基本医疗、基本公卫、全民体检工作。医院创建模式为与长宁县人民医院联建"医共体"，作为其分院，整体联动，建成县域医疗技术分中心、康养服务中心，在2030年年底前完成三乙综合医院创建工作。

基本建设方面：在这一阶段，卫生院整体迁建工程于2023年1月开工建设。建设选址为竹海镇新桥村，医院总用地面积为2.5万平方米，总投资22 000万元，总建筑面积4.5万平方米（含0.8万平方米康养中心建设），编制400张床位）。2024年12月竣工并投入使用。

服务能力方面：在这一阶段，卫生院应继续按照三乙综合医院的标准完善医疗设备配置。在前一阶段已投资约3 500万元完成35种三乙标准配置医疗设备的基础上，继续完成X线电子计算机断层扫描装置（CT）、X线电子计算机断层扫描装置（CT）中心供氧设备、体内心脏起搏器、医用冷库或冷藏库等42种"三乙"标准配置医疗设备，总投资约3 900万元。在上一阶段已完成信息化建设总投资300万元的基础上，继续完成信息化建设总投资1 280万元，包括硬件方面：电脑打印机等预计500台（电脑＋打印机）配置300万元，自助服务机具280万元（CT、彩超等电子报告打印）；软件方面：新建HIS系统500万，电子发票、居民健康卡等系统100万元，影像设备对接软件50万元，实验室信息管理系统检验对接设备50万元；人才引进方面：面向社会公开招聘计算机专业人员2名。

科室体系方面：按照三乙标准继续完善科室体系建设，医院新增急诊医学科、眼科、耳鼻咽喉科、皮肤科、传染科、手术室、病理科、血库、消毒供应室、病案室、艾滋病初筛实验室。技术能力方面：在原有基础上，医院开展急诊、眼科、耳鼻咽喉科、皮肤科、传染病等疾病的诊治；进一步加强预防保健的服务项目；开展外科、妇产科、骨科方面手术诊疗；开展病理诊断，为肿瘤的筛查、疾病的确诊打下坚实的基础。

人才队伍方面：这一阶段预计面向社会分别公开招聘200多名专业人才，包括医师80人，护理人员170人，临床药师2人，临床营养师1人，工程技术人员2人，管理人员1人，办公室后勤人员13人。全院临床医疗人员本科学历占40%以上，硕士研究生学历占3%。中级职称20名，副高职称10名，正高职称2名。培养5～10名理论基础比较扎实、临床经验比较丰富、专业特色突出的专科（专病）人才；培养10～20名具有较好理论基础、基本技能以及基本知识比较扎实的临床应用型人才。专业技术人员年度岗位培训率达到100%。拓展临床科研小组并在本院培养在编在职临床科研型人才，完成市级科研项目 1～2 项；发表学术论文 20 篇。

（8）高县来复镇卫生院

来复镇中心卫生院是集医疗、教学、预防保健、社区服务于一体的一级甲等综合性医院，承担着辖区及周边毗邻地区约 8 万居民的基本医疗服务和公共卫生任务。建筑面积 7 076.43 平方米，业务用房面积 2 898.45 平方米，目前有 9 个临床科室：急诊科（室）、内科、儿科、外科、妇产科、中医科（康复）、口腔科、五官科、麻醉科。4 个医技科室：药剂科（药房）、检验科、输血科、医学影像科。目前卫生院正在创建二级乙等综合医院，计划按照单建三乙综合医院模式进行建设，力争 2026 年前完成土地划拨、业务用房及配套设施建设、医疗设备、人员配置、技术水平和服务能力等达到三级综合医院标准并投入使用。

基本建设方面：目前医院业务用房面积约 2 898 平方米。按照三级综合医院标准配置要求，床位应不少于 500 张，每床建筑面积不少于 60 平方米，医院业务用房面积还需扩建 27 000 平方米左右，工程建设需资金约 1.22 亿元。在这一阶段，医院应争取建设用地和建设资金到位，并于 2023 年 12 月开工建设，保证建设项目于 2025 年 12 月以前能够竣工并投入使用。

服务能力方面：目前医院服务人口约 8 万人，主要承担全镇基本公共卫生服务和基本医疗服务工作。目前医院编制床位 99 张，实际开放床位 119 张，按三乙综合医院创建标准，应至少再增加床位 401 张。在设备配置方面，目前医院只有给氧装置、电动吸引器、自动洗胃机、心电图机、心电监护仪、万能手术床、无影灯、麻醉机等 30 余种医疗设备，还远远达不到三乙综合医院的标准，应按照要求另增加呼吸机、心脏除颤器、多功能抢救床、脑电图机、血液透析器、肺功能仪、支气管镜等 30 余种大小型医疗设备。按照设备投资预算 1.5 亿元，多渠道筹集资金，争取分三年保证设备购置完毕并投入使用。

科室体系方面：目前医院有临床科室 9 个，没有眼科、皮肤科、康复科等科室；4 个医技科室，没有病理科、核医学科、消毒供应室、营养部和相应的临床功能检查室。在这一阶段，医院应按照三乙综合医院的标准，争取逐步完成科室体系建设，并同步完成科室需要的设备和人员配备。

人才队伍方面：医院现有卫生技术人员（包括临聘人员）87 人，护士 38 人，卫生技术人员和护士的数量均远低于三乙综合医院要求每床配置的医护人员标准。另外，三乙综合医院要求专业科室的主任应具有副主任医师以上职称，目前只有儿科和外科具备，其余科室均无副主任医师。在这一阶段，医院应大力争取市委编办、人社和县级财政支持，增加编制，加大招聘力度，保障医护人员工资收入，重视开展业务培训，扩大高职称人员比例，力争在2025年12月之前，按照三乙综合医院标准增加卫生技术人员428人、增加护士162人，每个专业科室主任均达到副主任医师以上职称。

（9）珙县上罗镇卫生院、孝儿镇卫生院

目前，上罗镇卫生院、孝儿镇卫生院均为一级甲等卫生院。两镇卫生院从实际情况出发，坚持扩资源、增供给、补短板，均按照三乙综合医院标准进行整体升级迁建。在上一个阶段，截至2022年，医院已基本完成基础设施、保障性项目与重点项目建设，基本建立健全促进三乙医院的体制、机制，达到三乙标准。在这一阶段，医院要坚持扬优势、提能力、上水平，加快建成上罗镇中心卫生院、孝儿镇中心卫生院区域重点专科，基本建成具有一定竞争力、吸引力、辐射力的中心镇医院。到2025年，两院均完成三乙综合医院创建任务。

基本建设方面：目前，上罗镇中心卫生院占地面积3 421平方米，建筑面积3 411平方米，业务用房面积3 411平方米。孝儿镇中心卫生院占地面积3 436平方米，建筑面积5 572平方米，业务用房面积5 572平方米。上罗镇中心卫生院拟增地80亩，拟行建筑面积30 000平方米以上，拟行投资额度1.8亿元。孝儿镇中心卫生院拟增地50亩，拟行建筑面积30 000平方米以上，拟行投资额度1.3亿元。

服务能力方面：目前，上罗镇中心卫生院编制床位为60张，孝儿镇中心卫生院编制床位80张。在这一阶段，两镇卫生院应在上一阶段编制床位已达到299张以上的基础上，继续增加编制床位，到2025年，两院编制床位均达到500张以上。在医疗设备方面，两院应在现有设备的基础上，继续分步骤、分阶段配齐配足三乙综合医院所需的相关设备，多措并举，实现医院服务能力大幅度提升。

科室体系方面：上罗镇中心卫生院重点加强妇产科、中医科、康复科等科室建设及培养相关专业技术人才，将其发展成二级学科。孝儿镇中心卫生院重点培育并加强精神病科、老年病科、肿瘤科、儿科等科室建设及相关专业技术人才，并将其发展成二级学科。同时，两院要争取分别完成1个省级重点学科立项、3个市级重点学科建设，使科室体系建设日趋完善，达到三乙综合医院的标准。

人才队伍方面：上罗镇中心卫生院目前有卫技人员（含合并乡镇卫技人数）68人，到2025年，卫技人员要达到515人，一共要增加448人。孝儿镇中心卫生院目前有卫技人员（含合并乡镇卫技人数）75人，到2025年，卫技人员要达到515人，一共要增加440人。要通过公开招聘、上级医院对口支援、医生多点执业等多种途径扩充卫技人员数量，同时注重提升职称比例，优化人才队伍结构。

（10）筠连县巡司镇卫生院、沐爱镇卫生院

根据两个镇中心卫生院的现状和特点，计划以将巡司镇中心卫生院独立创建为三乙综合医院、沐爱镇中心卫生院独立创建为三乙中医医院为发展目标。巡司镇中心卫生院建设总概算投入约3亿元，其中建设成本约2.1亿元（含装修），医疗设备设施约5 000万元，科研、人才培养、科室建设等经费4 000万元；沐爱镇中心卫生院建设总概算投入约1.6亿元，其中建设成本约1.1亿元（含装修），医疗设备设施约3 000万元，科研、人才培养、科室建设等经费2 000万元。

基本建设方面：在上一阶段，巡司镇中心卫生院完成土地征用30亩（预留15亩），沐爱镇中心卫生院完成土地征用30亩（预留10亩）。巡司镇中心卫生院按照501张医用床位设计，每床60平方米，总面积约30 000平方米，上一阶段完成建设18 000平方米，本阶段完成建设12 000平方米。沐爱镇中心卫生院按照400张医用床位设计，每床45平方米，总面积约18 000平方米，上一阶段完成建设8 000平方米，本阶段完成建设10 000平方米。

服务能力方面：在上一阶段，巡司镇中心卫生院已达到综合二甲水平，沐爱镇中心卫生院已达到二甲中医医院水平。在这一阶段，两镇卫生院要各自对照三乙综合医院和三乙中医医院的标准，加强内部管理体系建设，持续提升服务能力。

科室体系方面：两镇卫生院应根据实际需要和与县级医院互补原则，科学设置一级科室。巡司镇中心卫生院原则上设置12～15个临床科室和10个医技科室。上一阶段应完成8～10个临床科室设置和7个医技科室及相关的临床功能检查室，本阶段完成4～5个临床科室设置和3个医技科室及相关的临床功能检查室，并适当设置二级科室。沐爱镇中心卫生院原则上设置10～12个临床科室和6个医技科室。上一阶段应完成6～8个临床科室设置和4个医技科室及相关的临床功能检查室，本阶段完成2～4个临床科室设置和2个医

技科室及相关的临床功能检查室，并适当设置二级科室。

人才队伍方面：根据床位数的设置要求，巡司镇中心卫生院应有医护技术人员 500 名左右以及有相应的其余人员，上一阶段已达到 350 人；沐爱中心卫生院应有医护技术人员 300 名左右以及有相应的其余人员，上一阶段已达到 200 人。本阶段除继续增添医务人员数量和逐步培养提升已有人才素质技能外，应加强与省、市、县级医疗机构的联建合作，加大人才引进、招聘力度。在人才培养和引进方式上两镇卫生院应充分利用国家政策，鼓励医生多点执业、联建医共体、远程会诊、跟师学习等多种方式进行。

（11）兴文县共乐镇卫生院

共乐镇卫生院属于兴文县人民医院医疗健康集团分院，实现集团内人员、财务、业务、公卫、药械和医保资金等统一管理。2022 年，共乐镇卫生院达到二乙综合医院创建标准，到 2030 年，创建为三乙综合医院。医院新建项目建设、设备配置、人才队伍建设等方面应坚持政府主导，逐步加大专项资金投入。

基本建设方面：这一阶段，继续与县人民医院联建，将共乐镇卫生院作为其分院进行打造，发展适合当地群众卫生健康需求的重点专科。坚持扩资源、补短板，基本完成基础设施、保障性项目与重点项目建设，基本建立健全促进中心镇三乙医院的体制、机制。目前，医院占地面积 3 305.77 平方米，建筑面积 1 810.15 平方米，业务用房面积 1 428.19 平方米。按照三乙综合医院标准，应扩大医院建筑面积约 28 000 平方米，保证每床建筑面积不少于 60 平方米，病房每床净使用面积不少于 6 平方米，日平均每门诊人次占门诊建筑面积不少于 4 平方米。到 2025 年，共乐镇卫生院作为县人民医院医疗健康集团分院达到三乙标准，并独立完成二乙综合医院创建任务。

服务能力方面：2019 年 1—10 月门诊总诊疗量 12 168 人次，住院总诊疗量 2 966 人次。目前，医院实际开放床位 50 张，拥有 B 超、心电图、DR、全自动生化分析仪，血液分析仪等医疗设备。在这一阶段，医院应继续增加编制床位，争取在 2025 年 12 月达到 199 张以上。同时，逐步配齐配足达到三乙综合医院标准必需的医疗设备。

科室体系方面：目前医院内设预防保健、内科、外科、妇产科、中医科、医学检验、医学影像科、全科医学科等科室。医院应分期分批进行完善的科室体系建设，建成老年病科、肿瘤病专科，并将其发展成县级重点专科，在条件具备时，逐渐在重点科室开展科学研究，增进与市级医院、县级医院的科研协作和交流。

人才队伍方面：目前，医院在职职工人数48人，其中执业医师及执业助理医师15人，主治医师1人，护士15人，初级护师5人，主管护师1人，医技人员4人，其他人员7人；具有本科学历11人，大专学历32人，中专及以下学历5人。在这一阶段，医院应采用增加编制、公开招聘、争取上级医院对口支援、允许医生多点执业等方式补充卫生技术人员和护士达到三乙综合医院规定的标准，并使各专业科室的主任具有副主任医师以上职称，临床营养师不少于2人，工程技术人员（技师、助理工程师及以上人员）占卫生技术人员总数的比例不低于1%。

（12）屏山县中都镇卫生院

屏山县中都镇中心卫生院是集医疗、预防、保健、计划生育、健康教育、康复于一体的综合性甲等中心卫生院，是现中都镇唯一一所具有住院功能的医疗机构，既承担全镇4万人的基本医疗服务，也承担基本公共卫生服务，还辐射周边约5万人的基本医疗服务。

根据现有医联体运行机制，依托新市镇现有次中心医疗卫生资源，将中都镇中心卫生院创建为县人民医院中医院区，命名为"屏山县民族医院"作为县域西部医疗次中心，2030年建成科室完善、管理科学、服务能力达到三乙水平的中医院，并通过三乙评审。创建成功后，医院辐射新市镇、龙华镇、清平乡、夏溪乡、屏边乡、马边县、沐川县等周边地区约20余万人，设置床位300张，配置卫生技术人员300人（其中护理人员至少90人，副主任医师至少12人）。

基本建设方面：医院争取中央、省、市财政资金和地方债券资金整合资金共8 000万元，在中都镇场镇新征建设用地25亩，新建14 000平方米的门诊及住院业务用房，并配套完善医疗附属设施、设备。由县卫生健康局牵头，县人民医院完成招投标，进行主体工程建设及装饰装修，于2023年12月竣工并投入使用。

服务能力方面：医院现有编制床位44张（含太平编制床位19张），实际开放床位60张。拥有五分类血细胞分析仪、全自动生化分析仪、全自动尿液分析仪、电解质分析仪、数字化X射线摄影系统（DR）、彩色多普勒超声诊断仪、心电监护仪、呼吸机、麻醉机、洗胃机、远程医疗会诊系统等医疗设备。在这一阶段，医院要继续多渠道筹集资金，分期分批完成三乙中医医院需要的医疗设备配置。

科室体系方面：目前，医院开设有内科、外科、妇科、儿科、口腔科、中医科、医学影像科、检验科、放射科、心电科、预防保健科、麻醉科、眼耳鼻喉科、全科医疗等十余个科室，基本具备二级综合医院服务能力。在这一阶段，医院要按照三乙中医医院的标准继续完善科室体系建设，优化资源配置。

人才队伍方面：医院现有人员编制 40 人，在编在职职工 38 人，现有在岗职工 64 人，卫生专业技术人员 55 人。在这一阶段，医院要继续加大人才引进和培养的力度，并申报二级乙等综合医院达标评审。

3. 2026—2030 年

前两个阶段已成功创建三乙综合医院或三乙中医医院的 14 ～ 16 个中心院完成并升华医疗体系和医疗能力建设，形成完善的服务体系，服务县域经济副中心。余下的 4 ～ 6 个中心院要继续全面开展三级乙等医院创建工作，于 2030 年全部完成创建，顺利通过省卫健委评审。

在这一阶段，各中心院要继续争取上级资金或地方专项债券资金，并努力自筹资金，完成或持续改善基础设施建设，优化资源配置；完善科室体系建设，逐步完成重点专科建设，积极与市级医院、县级医院联合开展科研课题；继续加强人才引进与培养，改善职称结构，提升学历水平，完善内部管理体制，形成良性运行机制；继续对照《三级综合医院评审实施细则》《三级中医医院评审实施细则》等文件逐条完善相关的医疗质量控制工作，严格执行"PDCA"质量环管理工作，达到医疗质量持续改进。在原有基础上，各科专业进一步细化，能开展各专业疾病的诊治和各种辅助检测工作；进一步增强疑难病症的诊治能力，使辐射的人民群众得到更精准的医疗服务，进一步保障人民群众的健康；对照标准查漏补缺，开展三级自评，持续自查整改，做好迎检准备。

五、环境保护

医疗废物污染防治是环境保护工作的重要组成部分。部分医疗废物含有有害成分，若利用和处置不当，将对水体、大气和土壤造成严重污染，甚至严重威胁人民群众身心健康。各中心镇医院在按照三乙医院标准建设的过程中，要坚持以科学发展观为指导，以有效控制医疗废物环境风险为目标，以全过程规范化管理为抓手，完善医疗废物监管体制机制，创新监管手段，严格环境监管，保障人体健康，维护生态安全，促进经济社会可持续发展。市、县、乡镇环保部门要健全领导机制，明确责任和分工，做到责任到位、措施到位、监管到位。

（一）建立医疗废物管理责任制

各中心镇医院要落实《医疗废物管理条例》（国务院令第 380 号）和《医疗卫生机构医疗废物管理办法》（卫生部令第 36 号），建立医疗废物管理责任制。医疗卫生机构负责医疗废物产生后的分类收集管理并及时将医疗废物交由医疗废物集中处置单位处置。医疗废物集中处置单位负责从医疗卫生机构收集医疗废物并进行无害化处置。医疗卫生机构和医疗废物集中处置单位的法定代表人为第一责任人。第一责任人要切实履行职责，防止因医疗废物导致疾病传播和环境污染事故，特别是防止医疗废物流向社会非法加工利用。

（二）加大对医疗废物的监管力度

卫生行政部门应当加强对医疗卫生机构医疗废物管理工作的监督检查；环保部门应当加强对医疗废物集中处置单位和设施的监管，特别是加大对小规模医疗废物焚烧处置设施的监督性监测力度，对不能稳定达标的要在 1 年内依法淘汰或者关停。各停用处置设施可用于突发疫情防控期间应急处置医疗废物。不具备集中处置医疗废物条件的农村等偏远地区，自行就地处置医疗废物的应当符合《医疗废物管理条例》规定的基本要求。

六、保障措施

（一）加强组织领导，强化各部门协作

市政府成立领导组，会同财政、国土、发改、卫健、人社等部门，办公室设在市卫健委，由市卫健委具体推进工作，加强对规划执行的领导和协调，明确部门职责，加强部门协调配合。县卫健、发改、财政、民政、人社、住建城管、乡（镇）政府等有关部门大力支持和密切配合。医疗健康集团高度重视，明确职责，落实专人负责，共同将中心镇医院规划设置与经济发展、和谐社会构建统一起来，稳固县级公立医疗机构的主导地位，充分发挥市场调节功能，科学配置医疗资源，保证规划的落实，促进规划目标的实现；建立科学、合理的医疗服务体系，切实加强对医疗机构设置规划实施的组织领导，引导医疗

资源合理配置，避免医疗卫生资源配置重复、盲目扩大规模，逐步缩小城乡差别、地区差别，充分合理利用医疗资源，满足中心镇区域内居民的日益增长的医疗服务需求，更好地为居民提供符合成本效益的医疗、预防、保健和康复等医疗卫生服务，实现医疗事业与经济社会的协调发展。

（二）坚持政府主导，加大财政投入

市政府加大投入，坚持公立医疗机构的公益性质。公立医疗机构在医疗服务体系中应占主导地位，政府对发展基本医疗服务负有重要责任。按照分级负担原则，政府明确各级财政在卫生方面的投入责任，全面落实政府办医疗卫生机构符合区域卫生规划的基本建设、设备购置、重点学科发展、人才培养、符合国家规定的离退休人员费用、政策性亏损补贴等投入政策。各级卫生计生行政部门要积极争取政府，财政逐步加大对医疗事业的投入，建立健全财政保障体系，完善并落实政府举办医疗机构补助政策，支持医疗机构履行基本医疗服务和公共卫生职能。中心镇医院异地新建项目建设、设备配置等应坚持政府主导，逐步加大专项资金投入，坚持社会公益性原则，提高政府投入效率，保证城乡居民医疗服务的公平性，最大限度地发挥政府财政的公共服务职能。

（三）拓宽融资渠道，引入社会资本联合办医

市政府破除社会力量进入医疗领域的不合理限制和隐性壁垒，逐步扩大社会资本进入公立医疗机构的范围。加大政府购买服务的力度，加强政府监管、行业自律与社会监督。在中心镇医院建设过程中，可以有序引导其他资本参与改革，发挥市场在资源配置中的决定作用，拓展社会办医发展空间，推进健康服务业发展。可以与社会举办医疗机构共享人才、技术、品牌等，尽可能让资源的利用效率最大化。拓宽融资渠道，鼓励和引导金融机构增加健康产业投入，鼓励企业、慈善组织、基金会、商业保险机构等社会力量出资新建、参与改制等多种形式投资医疗。

（四）加强监管，坚持依法办医、有序发展

各区县卫健局依照中心镇医院设置规划和《医疗机构管理条例》及其实施细则等法律法规的规定，对区域内医疗资源配置实行宏观调控，有计划地协调发展中心镇医院，对中心镇医院加强管理，严把医疗机构的机构、人员、技术、设备等医疗服务要素的准入关，保证医疗服务市场依法、有序，确保基层

医疗卫生事业科学、健康、持续、协调发展。

（五）统筹安排，促进资源合理配置和利用

市政府统筹规划，全盘考虑，以居民健康需求为出发点，以管理和服务规范为依据，加强中心镇医院的管理与监督。医疗费用补偿标准和就诊规范要体现优先保障基本医疗，引导居民就医合理分流，促进医疗卫生服务的合理利用和医疗机构设置规划落实。继续实施"市带县（区）"发展战略、对口支援帮扶及远程会诊，全力提升基层医疗机构服务能力。积极推进市第一、二人民医院通过医疗联合体等多种方式帮扶、托管资源薄弱的中心镇医院。鼓励医联体内医院共同面向区域提供相关服务，促进区域优质医疗资源共享，建设区域远程会诊中心、区域影像诊断中心、区域心电诊断中心等。鼓励以县（区）为单位发展"统一管理、统一财务、统一资源、统一绩效"的紧密型医疗联合体，体系内建立顺畅的双向转诊关系和延伸门诊、延伸病房，开展技术、人员、管理、信息化建设等深层次合作和帮扶，优化医疗资源配置，提高医疗资源利用效率。

（六）多管齐下，强化人才支撑

按照"增加总量、提高质量、调整结构"的原则对卫生人力资源进行配置，加大卫生人才队伍建设力度，完善培养、培训、使用和管理机制，造就一支数量适宜、素质优良、结构优化、分布合理的卫生人才队伍，确保医疗人才规模与居民健康服务需求相适应。

推进人才增量，提升人才能力和素质，积极引导市级医院、县级医院医师服务中心镇，推进优质卫生人才下沉。推行全员聘用、岗位管理和公开招聘制度，实现身份管理向岗位管理转变。完善各级医院医师多点执业注册、备案、考核、评价、监管等政策，鼓励医疗卫生人员提供"互联网＋医疗健康"服务。以实施高级职称医师区域注册为重点，探索建立本市执业医师多点执业制度，推进和规范医师多点执业。鼓励市级医院、县级医院医师到中心镇医院执业。

重视加强医护人员培训，临床住院医师规范化培训率达 100%，参培人员结业考试合格率达 95%。卫技人员每年取得继续医学教育规定学分率达 100%，继续医学教育覆盖率达 100%。每年保证选派一定数量的医、护骨干到市级以上医院进行短期培训。

合理确定绩效工资水平并建立动态调整机制，适度向基层医疗卫生机构倾斜。允许医疗卫生机构突破现行事业单位工资调控水平，允许医疗服务收入扣除成本并按规定提取各项基金后主要用于人员奖励。

结合公立医院薪酬制度改革，研究制定医疗服务收入的内涵和与绩效工资制度相衔接的具体办法。落实艰苦边远地区津贴、卫生防疫津贴、精神卫生津贴、乡（镇）工作补贴等政策。绩效工资分配向夜班、加班、法定假日值班、传染病疫情与突发公共事件应急处置等医务人员倾斜。基层医疗卫生机构内部绩效分配可采取设立全科医生津贴等方式，向承担签约服务等临床一线任务的人员倾斜。完善医疗、药剂、技术、护理职称晋升体系和职称晋升办法，适当提高医疗卫生机构中、高级专业技术岗位比例并向基层倾斜。建立科学的、动态的收入增长调整机制，保障中心镇医护人员合理待遇。

在按照三乙医院标准推进中心镇医院建设的过程中，人才队伍建设需要一个长期的培养和完善过程。中心镇医院要高度重视人才储备工作，加快人才引进，提高科室医疗服务质量，提升医务人员科研、教学能力，建立和完善各项医疗质量保障制度，确保硬件和软件建设全面达标，医疗服务能力得到明显提升。

执笔人：龚文君

贫困村退出第三方评估调查报告
——基于对 2016 年 QYB 市贫困村退出情况的调查

贫穷不是社会主义。消除贫困、改善民生、实现共同富裕，是社会主义的本质要求，是我们党的重要使命。因此，及时消除贫困，确保贫困村和贫困户如期脱离贫困，有利于践行党的宗旨，体现社会主义优越性，有利于促进社会稳定与协调发展，体现"四个全面"的战略布局，有利于加强精神文明建设与推动社会进步，体现新时期长征精神，有利于落实"两个一百年"奋斗目标，体现中华民族的不断振兴。

为此，根据《四川省贫困县贫困村贫困户退出验收工作指导意见》中"委托第三方机构对脱贫成效进行调查评价"的要求，宜宾学院政府管理学院组成了专业化的第三方评估组。评估组严格按照四川省委、省政府精准脱贫工作部署，全面认真学习精准脱贫的目标任务和政策要求，通过问卷调查、听取汇报、查阅资料、入户调查、现场勘验以及个别访谈等多种方式，掌握了 QYB 市 2016 年贫困村退出的翔实信息，并形成了专题评估报告，以期为地方政府年度脱贫攻坚工作考核提供依据。

一、指导思想

此次评估的指导思想是，以科学发展观为指导，深入贯彻党的十八大以及十八届三中、四中、五中、六中全会精神，全面落实精准扶贫、精准脱贫基本方略，紧紧围绕"两不愁三保障"和贫困人口"一超六有"、贫困村"一低五有"脱贫退出标准以及《QYB 市农村扶贫开发规划（2011—2020 年）》《中共QYB 市委关于集中力量打赢扶贫开发攻坚战确保先于全省全面建成小康社会的决定》要求，按照《省级党委和政府扶贫开发工作成效考核办法》（川委厅

〔2016〕37 号）和《四川省贫困县贫困村贫困户退出验收工作指导意见》（川脱贫办发〔2016〕87 号）等文件精神，以促进贫困劳动力就业、增加贫困人口收入、改善贫困村民生、加快贫困地区发展为核心，坚持政府主导，社会、市场协同参与，更加注重培育发展特色优势产业，更加注重提高扶贫对象自我发展能力，更加注重创新体制机制解决制约发展的突出问题，推动 QYB 市经济社会更好更快发展。

二、评估依据

项目组对 QYB 市贫困村退出成效进行科学准确评估，客观公正反映 QYB 市脱贫攻坚成效，促进 QYB 市扎实推进精准扶贫、精准脱贫，提升脱贫工作公信力和群众满意度，主要依据如下：

（1）《中共中央 国务院关于打赢脱贫攻坚战的决定》（中发〔2015〕35 号）。

（2）《中共中央办公厅、国务院办公厅〈关于建立贫困退出机制的意见〉》（厅字〔2016〕16 号）。

（3）《中共四川省委关于集中力量打赢扶贫开发攻坚战，确保同步全面建成小康社会的决定》（川委发〔2015〕10 号）。

（4）《四川省贫困县贫困村贫困户退出实施方案》（川委厅〔2016〕66 号）。

（5）《四川省贫困县贫困村贫困户退出验收工作指导意见》（川脱贫办发〔2016〕87 号，以下简称《意见》）。

（6）《四川省市（州）、贫困县党委和政府脱贫攻坚工作年度考核办法》（川委办〔2016〕37 号）。

（7）《2016 年度四川省市（州）、贫困县党委和政府脱贫攻坚工作年度考核实施方案》（川脱贫办发〔2016〕91 号）。

三、实施原则

为使贫困村退出评估工作体现科学性和客观性，项目组必须遵循以下基本原则：

（1）第三方原则。第三方指除两个相互联系的主体之外的某个客体。通过第三方独立开展调查工作，可以在组织工作上确保调查结果的客观性、真实性。

（2）标准统一原则。为全面客观反映调查工作的成果，便于纵向比较，评估在设计形式和程序上力求标准统一。

（3）信息对称原则。为增强贫困村退出调查过程中信息的对称性，除以调查问卷为调查评估的主要形式外，项目组通过对象访谈、现场考察和查阅资料等多种形式，从不同渠道收集信息，尽量保证信息来源客观、可靠和全面。

（4）实地印证原则。贫困村退出调查过程中，项目组对相关内容进行了随机抽查，以查阅档案、实地验证、随机走访等形式，印证相关资料和活动开展、运行情况。

（5）量化为主原则。评估的标准要求有明确的量化指标，难以量化的，以质量、时限、进度等语句表述，便于进行纵向和横向比较。

（6）保密原则。项目组在调查研究过程中所收集的相关文件、资料、数据以及结果等信息不得对外泄露，尤其不得泄露贫困户的个人隐私问题。未经许可，项目组也不得以论文、学术报告等任何形式使用有关调查数据和报告内容等。

四、组织实施

为了保证调查评估工作的顺利开展，QYB 市贫困村退出第三方调查项目组成立，并卓有成效地开展了一系列工作。

（一）组建专业化的实施小组

项目组下设协调指导组、项目实施组、后勤服务组以及专家顾问团队。

1. 工作协调组

工作协调组主要成员为宜宾学院政府管理学院以及微智公司相关领导，承担项目的组织、协调工作，确保项目有序顺利完成。

2. 项目实施组

项目实施组主要成员为宜宾学院政府管理学院以及国家统计局宜宾调查队熟悉扶贫工作和调查专业的领导、老师以及有相关调查经验的大学生组成，承担项目的调查设计、样本抽选、问卷设计、入户调查、统计分析和报告撰写等具体的技术工作。

3. 后勤服务组

后勤服务组主要成员由微智公司和宜宾学院政府管理学院相关领导组成，承担项目组人员的后勤工作保障、通勤交通安排以及老师和同学课程的调节，

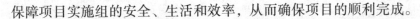

保障项目实施组的安全、生活和效率，从而确保项目的顺利完成。

4.专家顾问团队

专家顾问团队主要成员为四川大学、国家统计局宜宾调查队和西南大学以及其他熟悉扶贫工作和调查统计专业的相关专家教授组成，承担整个项目全过程的重点问题指导和难点问题咨询，以及对相关调查人员的业务培训等事宜，为项目的顺利完成提供坚实的智力支撑。

（二）开展人员组织和培训工作

（1）人员组织。本次评估调查项目组织了督导员、调查员、驾驶员，共10个实施小组。督导员为相关扶贫研究和调查的专业老师共计10人，负责调查员工作过程中的监督指导工作。筛选有田野调查经历的调查人员共计40人，负责主要的调查工作。

（2）业务培训。为保证调查结果的准确性，提高工作效率，项目实施组和专家顾问团队组织所有调查参与人员进行相关业务培训，主要包括贫困验收标准的详细解读、调查问卷的题目及答案的解释、识别退出程序资料的名目和其他佐证材料的讲解。同时，项目实施组和专家顾问团队传授农村田野调查的基本调查方法手段的应用和注意事项，并现场组织调查人员进行等距抽样练习和模拟调查。

（三）落实具体工作进度

由于此次调查项目时间紧任务重，评估组充分利用时间，分阶段、分任务，具体落实，严格执行，确保项目顺利完成。具体时间与重点任务安排如下。

第一阶段（2016年11月20日—11月23日）：宣传动员、成立相关组织机构。

项目组根据组织架构成立相关项目小组，落实责任，分工合作，确保项目顺利完成。

第二阶段（2016年11月24日—11月26日）：完成并确定验收评估方案以及问卷，并完成调查人员的培训。

项目实施组和专家顾问团队反复磋商研究确定评估方案以及相关脱贫标准的概念化问卷和编码指标，并组织相关专家完成对调查人员的业务培训。

第三阶段（2016年11月27日—11月30日）：实施QYB市贫困村退出

现场调查评估工作。

项目实施组根据调查评估方案工作流程分别前往对应县区村社，进行现场核查，通过座谈、问卷调查和访谈等方式，搜集相关佐证资料。

第四阶段（2016 年 11 月 28 日—12 月 1 日）：项目组进行资料汇总和统计分析。

项目组根据调查资料进行归类，将问卷进行编码计算，对相关评估指标进行定性、定量分析和统计，得出调查结果。

第五阶段（12 月 2 日—12 月 4 日）：项目组撰写调研报告。

项目组撰写并完成调研报告，并递交 QYB 市扶贫和移民局征求意见。

五、调查对象和范围

（一）抽样范围

QYB 市范围内全部 10 个县区，按照片区内外县区进行划分，其中乌蒙山片区内 5 个贫困县以及片区外 5 个非贫困县。

（二）调查对象

本次样本选取按照片区进行划分，其中片区内 5 个贫困县每个县随机抽选 2 个贫困村作为调查样本，片区外 5 个县区每个县随机抽选 1 个贫困村为调查样本。每个样本村脱贫贫困户按 10% 的比例，依据姓氏笔画排序进行等距抽选开展贫困村退出调查，同时每个村抽取第一书记 1 名、驻村干部 1 名、村民代表不低于 2 名、非贫困户不低于 3 名进行贫困人口识别准确率、贫困人口脱贫准确率和贫困村"五个一"全覆盖群众满意度、贫困户帮扶措施群众满意度调查。（见表 1）

表 1　2016 年 QYB 市贫困村退出第三方评估抽样表

县区	乡镇村	脱贫贫困户（按10%抽样）	非贫困户	第一书记	驻村干部	村民代表
屏山县	龙溪乡人民村	5	3	1	1	2
	龙华镇碳石村	4	3	1	1	2

续　表

县区	乡镇村	脱贫贫困户（按10%抽样）	非贫困户	第一书记	驻村干部	村民代表
筠连县	镇舟镇云岭村	8	3	1	1	2
	蒿坝镇高桥村	6	3	1	1	2
兴文县	僰王山镇永寿村	9	3	1	1	2
	玉屏镇鱼池村	4	3	1	1	2
珙县	仁义乡斯栗村	6	3	1	1	2
	恒丰乡上洛村	6	3	1	1	2
高县	庆岭乡桥坎村	8	3	1	1	2
	胜天镇新民村	5	3	1	1	2
翠屏区	明威乡民东村	5	3	1	1	2
南溪区	江南镇二郎村	5	3	1	1	2
宜宾县	喜捷镇五桂村	5	3	1	1	2
长宁县	竹海镇龙潭村	3	3	1	1	2
江安县	阳春镇兴旺村	4	3	1	1	2
总计		83	45	15	15	30

（三）调查方式

本次以年度为周期，针对2016年拟退出贫困村进行调查评估，采用实地考察、随机走访、问卷调查、查阅资料、开展座谈等方式进行。

实地考察主要是核查脱贫贫困户住房条件、饮水安全、生活用电和广播电视以及贫困村道路、卫生室、文化室、通信网络等客观验收标准。

随机走访与问卷调查相结合的目的是开展脱贫贫困户的抽查工作，通过走访和问卷调查获取脱贫贫困户实际的脱贫成效情况以及对精准扶贫精准帮扶的满意度，佐证"六有"数据的真实性。

开展座谈和查阅资料相结合的目的是了解和核算贫困村的贫困率情况以及精准扶贫工作情况，主要是识别和退出工作开展的程序完成情况。

六、评估结果

（一）贫困户脱贫评估

1. 贫困户脱贫率

贫困户脱贫率是精准扶贫工作评估最首要的目的，也是基本的考核标准，是对贫困户脱贫工作成效检验的重要指标。本次调查共抽选 15 个样本村 2016 年度脱贫贫困户样本 83 户，其中根据实地调查达到脱贫标准的有 83 户，脱贫率为 100%，详见表 2。

表 2 样本村贫困户脱贫率统计表

县区	乡镇村	2016年		
		抽选脱贫贫困户数	实际达标户数	脱贫率
屏山县	龙溪乡人民村	5	5	100%
	龙华镇碳石村	4	4	100%
筠连县	镇舟镇云岭村	8	8	100%
	蒿坝镇高桥村	6	6	100%
兴文县	僰王山镇永寿村	9	9	100%
	玉屏镇鱼池村	4	4	100%
珙县	仁义乡斯栗村	6	6	100%
	恒丰乡上洛村	6	6	100%
高县	庆岭乡桥坎村	8	8	100%
	胜天镇新民村	5	5	100%
翠屏区	明威乡民东村	5	5	100%
宜宾县	喜捷镇五桂村	5	5	100%
长宁县	竹海镇龙潭村	3	3	100%
南溪区	江南镇二郎村	5	5	100%
江安县	阳春镇兴旺村	4	4	100%
总计		83	83	100.00%

从抽样调查结果来看，QYB市2016年度所抽样调查的83户贫困户年人均纯收入全部稳定超过3 100元的标准，而且吃穿不愁，义务教育、基本医疗、住房安全有保障，全部满足了"两不愁三保障"的标准；在此基础上做到了所有调查对象都有饮用水安全、有生活用电、有广播电视。

2."两不愁"

"两不愁"是指贫困户年人均纯收入稳定超过当年国家扶贫标准且吃穿不愁。

（1）贫困户年人均纯收入是指农户当年收入扣除相应所发生的费用后的收入总和，主要包括工资性纯收入、家庭经营纯收入、转移性收入和财产性收入。评估小组将各样本村的调查数据进行统计分析，得到QYB市15个贫困村83户脱贫贫困户人均纯收入达标率（见表3）。从表3中可以看出，2016年人均纯收入最大值高达30 935元，最低值为3 108.33元，均值为10 908.71元，达标率为100%。整体脱贫贫困户人均年纯收入均值较高，为10 908.71元，究其原因一方面是农户外出务工获得的工资性收入起到了很大的拉升作用，另一方面是政府扶贫资金与实物折价对拉高农户的人均年纯收入也起到了一定的作用，这也反映出各县区政府在对贫困户脱贫帮扶工作和产业帮扶工作的较大投入力度和较高执行力度。不过，个别样本村人均年纯收入最小值处于3 100元的临界点上，存在返贫的风险，值得当地政府重视。总体而言，由于抽样贫困户数量较少，其结果不具备典型普遍性。

表3 脱贫贫困户人均纯收入达标率（单位：元／年）

县区	乡镇村	2016年			
		均值	最大值	最小值	达标率
屏山县	龙溪乡人民村	9 918.56	18 220.00	3 264.00	100%
	龙华镇碳石村	8 384.72	12 291.20	3 108.33	100%
筠连县	镇舟镇云岭村	9 517.59	18 036.25	5 150.00	100%
	蒿坝镇高桥村	7 182.33	9 567.00	5 501.40	100%
兴文县	僰王山镇永寿村	12 074.56	17 883.33	7 180.80	100%
	玉屏镇鱼池村	11 729.41	17 060.90	9 365.12	100%

续　表

县区	乡镇村	2016年			
		均值	最大值	最小值	达标率
珙县	仁义乡斯栗村	10 112.36	21 007.00	4 576.50	100%
	恒丰乡上洛村	8 899.06	15 845.33	3 575.25	100%
高县	庆岭乡桥坎村	12 573.43	30 935.00	4 507.40	100%
	胜天镇新民村	11 627.10	19 385.00	8 224.00	100%
翠屏区	明威乡民东村	12 259.67	17 711.67	8 420.00	100%
宜宾县	喜捷镇五桂村	12 269.10	23 790.00	5 606.00	100%
长宁县	竹海镇龙潭村	14 099.00	18 381.33	10 646.67	100%
南溪区	江南镇二郎村	11 988.70	16 950.00	3 796.00	100%
江安县	阳春镇兴旺村	12 448.13	15 847.50	8 763.33	100%

（2）脱贫贫困户的家庭经济收入结构包括：①工资性收入，主要是农户从事非农产业获取的工资性收入；②家庭经营收入，主要是指农户家庭通过农业生产获得的收入；③财产性收入，主要是指农户通过家庭财产的投资租赁等获取的收入；④转移性收入，主要是指政府的政策性转移支付和扶贫资金或者项目折价收入（见表4）。从表4中可以发现，15个样本村脱贫农户家庭经济收入的主要来源是工资性收入，在2016年度占家庭总收入的61.09%；其次是家庭经营收入，占家庭总收入的21.13%；再次是转移性收入，占家庭总收入的16.81%；最后是财产性收入，这个部分的收入相比较前面三种收入，资金量较少，只占到总收入的0.96%。从收入的构成来看，样本村脱贫贫困户的家庭经济收入是以外出务工收入作为缓解和支撑家庭摆脱贫困的第一经济来源，同时来自政策性的转移支付以及政府、社会输送的扶贫资金对当地贫困户脱贫也起到了重要的作用，而21.13%的家庭经营收入说明了样本村产业扶贫的成效较为显著，反映了各样本村结合自身区域农业发展的优势，"强化产业帮扶，助力脱贫攻坚"的举措初见成效。总体上讲，脱贫贫困户家庭收入结构以务工和农业收入为主，能够实现稳定脱贫，但应该持续保持农民职业培训，加大转移力度，深化产业扶持，逐步扩大这两项比例，使其家庭收入结构更为合理。

表4　脱贫贫困户收入结构比重情况

县区	乡镇村	2016年				
		工资性收入	家庭经营收入	财产性收入	转移性收入	合计
屏山县	龙溪乡人民村	64.28%	25.74%	0.87%	9.12%	100%
	龙华镇碳石村	27.83%	59.57%	0.00%	12.60%	100%
筠连县	镇舟镇云岭村	42.35%	36.68%	0.00%	20.96%	100%
	蒿坝镇高桥村	44.54%	40.95%	0.00%	14.51%	100%
兴文县	僰王山镇永寿村	70.12%	13.69%	0.81%	15.38%	100%
	玉屏镇鱼池村	68.01%	12.02%	0.00%	19.97%	100%
珙县	仁义乡斯栗村	61.05%	16.77%	0.00%	22.18%	100%
	恒丰乡上洛村	68.68%	14.86%	0.00%	16.47%	100%
高县	庆岭乡桥坎村	76.06%	3.54%	3.58%	16.82%	100%
	胜天镇新民村	56.02%	4.24%	11.42%	28.32%	100%
翠屏区	明威乡民东村	52.84%	24.15%	0.08%	22.93%	100%
宜宾县	喜捷镇五桂村	72.76%	7.66%	0.00%	19.58%	100%
长宁县	竹海镇龙潭村	32.54%	48.20%	0.35%	18.91%	100%
南溪区	江南镇二郎村	74.02%	12.33%	0.34%	13.31%	100%
江安县	阳春镇兴旺村	81.43%	12.82%	0.00%	5.76%	100%
	总计	61.09%	21.13%	0.96%	16.81%	100%

3."三保障"

"三保障"是指义务教育、基本医疗、住房安全有保障。

（1）义务教育有保障是指建档立卡贫困家庭子女义务教育阶段，学校不向学生收取学费、书本费、作业本费等，学生无因贫困而辍学，家庭无因上学而负债。义务教育有保障是教育扶贫的主要手段，其目的是使贫困家庭子女有机会接受基础和根本性的教育，以提高其思想道德意识并使其具备一定的掌握先进科技文化知识的能力来实现扶智扶志的双重目的，同时增加家庭收入，改善生产生活条件，达到脱贫越线的目标。通过教育扶贫，可以从根本上解决贫困问题，因此，义务教育入学率是评估贫困户脱贫工作的重要方面。

表5　脱贫贫困户义务教育入学达标率

县区	乡镇村	2016年	
		因贫辍学人数	达标率
屏山县	龙溪乡人民村	0	100%
	龙华镇碳石村	0	100%
筠连县	镇舟镇云岭村	0	100%
	蒿坝镇高桥村	0	100%
兴文县	蛮王山镇永寿村	0	100%
	玉屏镇鱼池村	0	100%
珙县	仁义乡斯栗村	0	100%
	恒丰乡上洛村	0	100%
高县	庆岭乡桥坎村	0	100%
	胜天镇新民村	0	100%
翠屏区	明威乡民东村	0	100%
宜宾县	喜捷镇五桂村	0	100%
长宁县	竹海镇龙潭村	0	100%
南溪区	江南镇二郎村	0	100%
江安县	阳春镇兴旺村	0	100%
总计		0	100%

从表5中可以发现，2016年各样本村脱贫贫困户子女均未出现因贫辍学的情况，从侧面也反映了QYB市农村义务教育普及范围和执行力度都十分出色，对教育扶贫工作给予了巨大的帮助。因此，该项指标达标率均为100%。

（2）基本医疗有保障是指应参加新农合或城乡居民医疗保险建档立卡贫困人口百分之百参加参合（保）。贫困人口医疗费按照基本医保、大病保险、民政医疗救助、疾病应急救助规定实施医保扶持予以保障。参加农村医疗保险保障了农户的基本医疗需求，有利于增强农村贫困户的抗风险能力，在看病就医时能有效减轻家庭经济负担（见表6）。从表6中可以看出，所有脱贫贫困户全部参加了城乡居民医疗保险，其基本医疗有保障。不过值得注意的是，个别样本村城乡居民医疗保险报销自费比例超过了10%，这部分脱贫贫困户主要是因为患有重大疾病或者慢性疾病，直接到市人民医院住院，因病情需要使用了一定量的自费药品不能报销，导致其自费支付比例较高；而自费医疗未超过10%主要是两种情况：一是多数抽选脱贫贫困户近一年内没有生病住院经历，二是个别样本村脱贫贫困户享受了县内住院"零支付"的帮扶政策。

表6　脱贫贫困户基本医疗保障达标率

县区	乡镇村	2016年	
		新农合参加参合（保）率	自费比例
屏山县	龙溪乡人民村	100%	0.00%
	龙华镇碳石村	100%	25.00%
筠连县	镇舟镇云岭村	100%	12.50%
	蒿坝镇高桥村	100%	16.70%
兴文县	僰王山镇永寿村	100%	0.00%
	玉屏镇鱼池村	100%	0.00%
珙县	仁义乡斯栗村	100%	20.00%
	恒丰乡上洛村	100%	0.00%
高县	庆岭乡桥坎村	100%	12.50%
	胜天镇新民村	100%	0.00%
翠屏区	明威乡民东村	100%	0.00%
宜宾县	喜捷镇五桂村	100%	0.00%
长宁县	竹海镇龙潭村	100%	0.00%
南溪区	江南镇二郎村	100%	0.00%
江安县	阳春镇兴旺村	100%	0.00%

（3）住房安全有保障是指按照《四川省农村居住建筑施工技术导则》《四川省农村居住建筑C级危房加固维修技术导则》的规定，通过农村危房改造、

易地搬迁、生态移民、避险搬迁等措施，达到村内没有无房户、危房户和住房困难户，实现住有所居。根据实地调查数据汇总了脱贫贫困户的住房情况，结果见表7。2016年度QYB市通过农村危房改造、易地搬迁、生态移民、避险搬迁等措施，15个样本村脱贫贫困户住房地基基础保持稳固，承重墙体基本完好，梁、柱节点无破损、无裂缝，楼、屋盖板无明显裂缝和变形，均达到了住建部印发的《农村危险房屋鉴定技术导则（试行）》中"A、B"级住房标准，其住房达标率为100%。

表7　脱贫贫困户住房安全保障达标情况

县区	乡镇村	2016年			
		地基稳固达标率	承重墙体无明显裂缝达标率	梁、柱无明显开裂达标率	楼、屋盖板无明显开裂和变形达标率
屏山县	龙溪乡人民村	100%	100%	100%	100%
	龙华镇碳石村	100%	100%	100%	100%
筠连县	镇舟镇云岭村	100%	100%	100%	100%
	蒿坝镇高桥村	100%	100%	100%	100%
兴文县	僰王山镇永寿村	100%	100%	100%	100%
	玉屏镇鱼池村	100%	100%	100%	100%
珙县	仁义乡斯栗村	100%	100%	100%	100%
	恒丰乡上洛村	100%	100%	100%	100%
高县	庆岭乡桥坎村	100%	100%	100%	100%
	胜天镇新民村	100%	100%	100%	100%
翠屏区	明威乡民东村	100%	100%	100%	100%
宜宾县	喜捷镇五桂村	100%	100%	100%	100%
长宁县	竹海镇龙潭村	100%	100%	100%	100%
南溪区	江南镇二郎村	100%	100%	100%	100%
江安县	阳春镇兴旺村	100%	100%	100%	100%
总计		100%	100%	100%	100%

调查过程，评估小组将脱贫贫困户住房结构划分为钢筋混凝土结构、砖混结构、砖木结构、土坯结构、石木结构和其他结构，结果见表8。从表8中可以看出，目前脱贫贫困户的住房主要以砖混结构为主，占所有住房类型的77.10%；其次是钢筋混凝土结构，占所有住房类型的8.40；砖木结构占所有住房类型的7.20%，其中土坯房和石木结构房屋在样本村脱贫贫困户中还占有一定比例共计6%，其一是尽快消除安全隐患，二是评估看其是否具有保护价值，若有一定的保护价值，也注重对其进行保护，以对未来脱贫后的农村景观丰富多样化保留一些特色资源。同时，在调查中，评估小组还发现部分样本村还存在易地搬迁等在建工程，虽然地方政府通过各种措施帮助贫困户住进了安全的过渡房，但是从帮扶进度来看，这类新建住房尚未完工，排除天气因素外，也需要引起地方政府的重视。

表8 脱贫贫困户住房结构情况

县区	乡镇村	2016年					
		钢筋混凝土占比	砖混占比	砖木占比	土坯占比	石木结构占比	其他结构占比
屏山县	龙溪乡人民村	0.00%	100.00%	0.00%	0.00%	0.00%	0.00%
	龙华镇碳石村	0.00%	100.00%	0.00%	0.00%	0.00%	0.00%
筠连县	镇舟镇云岭村	0.00%	50.00%	0.00%	12.50%	25.00%	12.50%
	蒿坝镇高桥村	0.00%	50.00%	33.30%	0.00%	16.70%	0.00%
兴文县	僰王山镇永寿村	0.00%	88.90%	11.10%	0.00%	0.00%	0.00%
	玉屏镇鱼池村	0.00%	100.00%	0.00%	0.00%	0.00%	0.00%
珙县	仁义乡斯栗村	0.00%	100.00%	0.00%	0.00%	0.00%	0.00%
	恒丰乡上洛村	0.00%	100.00%	0.00%	0.00%	0.00%	0.00%
高县	庆岭乡桥坎村	50.00%	50.00%	0.00%	0.00%	0.00%	0.00%
	胜天镇新民村	40.00%	60.00%	0.00%	0.00%	0.00%	0.00%
翠屏区	明威乡民东村	0.00%	80.00%	20.00%	0.00%	0.00%	0.00%
宜宾县	喜捷镇五桂村	20.00%	40.00%	40.00%	0.00%	0.00%	0.00%
长宁县	竹海镇龙潭村	0.00%	100.00%	0.00%	0.00%	0.00%	0.00%

续　表

县区	乡镇村	2016年					
		钢筋混凝土占比	砖混占比	砖木占比	土坯占比	石木结构占比	其他结构占比
南溪区	江南镇二郎村	0.00%	100.00%	0.00%	0.00%	0.00%	0.00%
江安县	阳春镇兴旺村	0.00%	75.00%	25.00%	0.00%	0.00%	0.00%
总计		8.40%	77.10%	7.20%	2.40%	3.60%	1.20%

4. "三有"

"三有"是指有安全饮用水、有生活用电、有广播电视。

（1）安全饮用水是指安全饮用水的达标标准包括水量、水质、方便程度和供水保证率四个指标。①水量：甘孜州、阿坝州、凉山州每人每天可获得水量不低于40升，其余地区的贫困人口每人每天可获得水量不低于60升。②水质：符合国家相关水质标准。③方便程度：正常成人的人力取水往返时间不超过10分钟。甘孜州、阿坝州、凉山州人力取水往返时间不超过20分钟。④保证率：供水保证率不低于95%。（见表9）

表9　脱贫贫困户饮用水安全情况

县区	乡镇村	2016年				
		自来水接通率	机井打水率	人工取水率	饮用水质安全	用水保障率
屏山县	龙溪乡人民村	100%	0%	0%	100%	100%
	龙华镇碳石村	75%	25%	0%	100%	100%
筠连县	镇舟镇云岭村	25%	50%	25%	100%	100%
	蒿坝镇高桥村	100%	0%	0%	100%	100%
兴文县	僰王山镇永寿村	55.6%	44.4%	0%	100%	100%
	玉屏镇鱼池村	0%	100%	0%	100%	100%
珙县	仁义乡斯栗村	0%	50%	50%	100%	100%
	恒丰乡上洛村	0%	16.7%	83.3%	100%	100%

续 表

县区	乡镇村	2016年				
		自来水接通率	机井打水率	人工取水率	饮用水质安全	用水保障率
高县	庆岭乡桥坎村	87.5%	0%	12.5%	100%	100%
	胜天镇新民村	0%	100%	0%	100%	100%
翠屏区	明威乡民东村	0%	100%	0%	100%	100%
宜宾县	喜捷镇五桂村	0%	60%	40%	100%	100%
长宁县	竹海镇龙潭村	0%	100%	0%	100%	100%
南溪区	江南镇二郎村	100%	0%	0%	100%	100%
江安县	阳春镇兴旺村	0%	100%	0%	100%	100%

从表9可知，脱贫贫困户取水方式主要为自来水、机井和人工取水三种，其中机井主要水源为地下水，人工取水主要是山泉水。这两种方式都是接水入户，通过开关水龙头取水，使用方便，无须肩挑手提，水量有保障。贫困村相对远离工业污染，无论地下水还是山泉水，其水质都有保障，但是由于大部分样本村农户取水点分散，导致水质监测实施难度较大，而没有办法提供水质监测报告；个别样本村通过政府督促及村上集中对取水点的清理，并对水质进行监测，确保了用水量、方便程度、用水保障率和水质安全率，因此脱贫贫困户安全饮用水达标率为100%。

（2）有生活用电是指脱贫贫困户家中通生活用电且能满足照明、电视、电风扇、冰箱、洗衣机、电饭煲等日常生活用电需求。评估小组实地核查了15个样本村83户脱贫贫困户，没有发现无生活用电的情况，而且农村电网改造以后，其电压电量完全能够保证农户日常生活娱乐需求，家庭生活用电达标率100%。

（3）有广播电视是指脱贫贫困户家中能收听收看广播电视节目。通过广播电视有线网络、无线调频、地面数字电视等方式，建设村级应急广播系统，实现广播覆盖。（见表10）

表10　脱贫贫困户接收广播电视的方式

县区	乡镇村	2016年		
		直播卫星占比	有线电视占比	地面数字电视占比
屏山县	龙溪乡人民村	100.00%	0.00%	0.00%
	龙华镇碳石村	75.00%	0.00%	25.00%
筠连县	镇舟镇云岭村	100.00%	0.00%	0.00%
	蒿坝镇高桥村	100.00%	0.00%	0.00%
兴文县	僰王山镇永寿村	77.80%	22.22%	0.00%
	玉屏镇鱼池村	100.00%	0.00%	0.00%
珙县	仁义乡斯栗村	100.00%	0.00%	0.00%
	恒丰乡上洛村	100.00%	0.00%	0.00%
高县	庆岭乡桥坎村	50.00%	12.50%	37.50%
	胜天镇新民村	60.00%	20.00%	20.00%
翠屏区	明威乡民东村	100.00%	0.00%	0.00%
宜宾县	喜捷镇五桂村	100.00%	0.00%	0.00%
长宁县	竹海镇龙潭村	100.00%	0.00%	0.00%
南溪区	江南镇二郎村	100.00%	0.00%	0.00%
江安县	阳春镇兴旺村	50.00%	0.00%	50.00%
总计		86.70%	4.80%	8.40%

　　通过实地核查15个样本村，每村都实现了广播电视信号全覆盖，每家每户都能正常观看电视节目或者收听广播。表10反映了脱贫贫困户接收广播电视的方式最主要是直播卫星（86.70%），其次是地面数字电视（8.40%），最后是有线电视（4.80%）。

　　5.扶贫工作满意度

　　根据《四川省贫困县贫困村贫困户退出验收工作指导意见》，第三方调查需兼顾退出程序和满意度，因此本次调查也对扶贫工作满意度进行了测评。（见表11）

表 11   2016 年扶贫工作满意度调查情况

人员身份	识别准确率	退出准确率	"五个一"满意度	帮扶满意度	综合满意度
非贫困户	98.17%	98.17%	90.80%	91.20%	94.59%
第一书记	98.50%	99.50%	92.40%	93.20%	95.90%
驻村干部	98.00%	98.50%	93.60%	92.80%	95.73%
村民代表	98.50%	98.25%	92.40%	91.60%	95.19%
脱贫贫困户	98.55%	98.46%	92.62%	91.62%	95.31%
合计	98.34%	98.58%	92.36%	92.08%	95.34%

　　评估小组从贫困人口识别准确率、贫困人口退出准确率、贫困村"五个一"全覆盖群众满意度和贫困户帮扶措施群众满意度四个方面考察了各类人群对扶贫工作的满意度。总体而言，QYB 市 2016 年度扶贫工作满意度较高，其中识别准确率达到 98.34%，退出准确率达到 98.58%，"五个一"满意度为92.36%，帮扶满意度为 92.08%；非贫困户综合满意度最低为 94.59%，第一书记综合满意度最高为 95.90%，驻村干部综合满意度为 95.73%，村民代表综合满意度为 95.19%，脱贫贫困户综合满意度为 95.31%。2016 年扶贫工作综合满意度为 95.34%。

　　虽然几者之间存在一些差异，但是与评估小组实地访谈的结果也相对应。在问到关于精准识别的问题时，脱贫贫困户、驻村干部、第一书记以及村民代表均为现场参与者，所以基本上都认同村上的认证结果，也表示相关程序都是公开公平的；问到退出精准度时，脱贫贫困户对此的满意度要略低于精准识别，反映了脱贫贫困户对扶贫政策的依赖以及对脱贫后生活的忧虑；而在问及帮扶满意度时，不排除因村干部在现场协助调查造成农户判断失真导致此项分数较高的现象。在对非贫困户的调查中，发现个别非贫困户对于该村的贫困户识别工作有一定的意见，对帮扶工作有个人情绪。由于目前各贫困村的帮扶项目针对性强，帮扶项目资金高，导致个别村民有争当贫困户的现象。同时，从另一个侧面反映出扶贫帮扶工作有较明显的成效。因此，我们通过满意度调查发现，样本村在识别精准、退出精准和帮扶精准工作中还存在一些待完善的地方，进一步做实政策宣传、公开机制及动员解释工作，有助于化解不同群体因信息不对称造成的满意度差异。

（二）贫困村退出评估

贫困村退出以贫困发生率为主要衡量标准，原则上贫困村贫困发生率降至3%以下，统筹考虑村内基础设施、基本公共服务、产业发展、集体经济收入等综合因素；在此基础上做到村村有集体经济收入、有硬化路、有卫生室、有文化室、有通信网络。

1.贫困发生率

评估验收内容：贫困村贫困发生率（%）=贫困村退出当年年末所辖剩余贫困人口数÷贫困村退出当年年末农业户籍人口数。验收方式：实地核查贫困村在省脱贫攻坚"六有"大数据平台和全国扶贫开发信息系统贫困人口数据，现场测算退出贫困村贫困发生率是否低至3%以下。

根据评估小组现场测算以及对贫困户的抽查结果表示，15个样本村2016年贫困发生率均低于3%（见表12）。其中，僰王山镇永寿村、玉屏镇鱼池村、喜捷镇五桂村、阳春镇兴旺村4个村贫困发生率为0；镇舟镇云岭村贫困发生率最高为2.64%。按照由低到高的排序结果为：僰王山镇永寿村、玉屏镇鱼池村、喜捷镇五桂村、阳春镇兴旺村＜恒丰乡上洛村＜胜天镇新民村＜仁义乡斯栗村＜龙华镇碳石村＜明威乡民东村＜庆岭乡桥坎村＜龙溪乡人民村＜竹海镇龙潭村＜江南镇二郎村＜蒿坝镇高桥村＜镇舟镇云岭村。

表 12　样本村贫困发生率情况

县区	乡镇村	2016年			
		剩余贫困人口/人	全村总人口/人	贫困发生率	达标率（低于3%）
屏山县	龙溪乡人民村	20	1 098	1.82%	100%
	龙华镇碳石村	11	1 013	1.09%	100%
筠连县	镇舟镇云岭村	48	1 817	2.64%	100%
	蒿坝镇高桥村	48	1 927	2.49%	100%
兴文县	僰王山镇永寿村	0	1 863	0.00%	100%
	玉屏镇鱼池村	0	1 012	0.00%	100%

续　表

县区	乡镇村	2016年			
		剩余贫困人口/人	全村总人口/人	贫困发生率	达标率（低于3%）
珙县	仁义乡斯栗村	13	1 439	0.90%	100%
	恒丰乡上洛村	1	1 143	0.09%	100%
高县	庆岭乡桥坎村	32	1 886	1.70%	100%
	胜天镇新民村	6	1 241	0.48%	100%
翠屏区	明威乡民东村	16	1 077	1.49%	100%
宜宾县	喜捷镇五桂村	0	1 249	0.00%	100%
长宁县	竹海镇龙潭村	16	756	2.12%	100%
南溪区	江南镇二郎村	28	1 196	2.34%	100%
江安县	阳春镇兴旺村	0	1 391	0.00%	100%

2. 集体经济收入

评估验收内容：村级集体经济有合理、持续稳定的收入来源，有健全的运行机制；少数民族地区（含享受少数民族待遇地区）县（市、区）村集体经济经营性累积收入为人均3元人民币以上。其他县（市、区）年底村集体经济经营性累积收入为人均6元人民币以上。验收方式：实地核查（查阅）贫困村集体经济组建情况、运行机制、财务管理等相关资料，并现场测算是否达到验收标准。

评估小组通过现场收集核实集体经济收入台账、对账单和其他相关凭证来核算村集体经济收入以及其经济来源，评估2016年底村集体经济经营性累积收入是否达到人均6元人民币以上（民族地区为人均3元人民币以上），收入是否稳定、运营制度是否健全等指标。

调查结果发现：各样本村集体经济运行制度健全，收入稳定，人均收入最低为6.02元，均达到规定的标准（见表13）。按照人均收入由高到低排序结果为：明威乡民东村＞竹海镇龙潭村＞燹王山镇永寿村＞龙华镇碳石村＞镇舟镇云岭村＞玉屏镇鱼池村＞蒿坝镇高桥村＞仁义乡斯栗村＞庆岭乡桥坎村＞恒丰乡上洛村＞龙溪乡人民村＞胜天镇新民村＞喜捷镇五桂村＞阳春镇兴旺村＞江南镇二郎村。

表13 样本村集体经济收入情况

县区	乡镇村	2016年		
		集体经济 收入/元	人均集体经济 收入/元	达标率
屏山县	龙溪乡人民村	7 100	6.47	100%
	龙华镇碳石村	16 000	15.79	100%
筠连县	镇舟镇云岭村	20 000	11.01	100%
	蒿坝镇高桥村	16 000	8.30	100%
兴文县	僰王山镇永寿村	37 000	19.86	100%
	玉屏镇鱼池村	8 510	8.41	100%
珙县	仁义乡斯栗村	11 800	8.20	100%
	恒丰乡上洛村	7 415.77	6.49	100%
高县	庆岭乡桥坎村	14 100	7.48	100%
	胜天镇新民村	8 000	6.45	100%
翠屏区	明威乡民东村	112 500	104.46	100%
宜宾县	喜捷镇五桂村	8 000	6.41	100%
长宁县	竹海镇龙潭村	39 074.5	51.69	100%
南溪区	江南镇二郎村	7 200	6.02	100%
江安县	阳春镇兴旺村	8 600	6.18	100%

不过，各样本村集体经济收入来源较为单一，创新机制不足，主要是两种：一是集体财产的流转，二是入股分红。就调查结果来看，入股分红无论是在比例还是在对集体经济的贡献上要高于集体财产流转，但是也存在入股公司或者大户出现亏损或倒闭的情况，造成集体经济的损失，特别是对贫困村退出和贫困户脱贫造成潜在的风险。

3. 有硬化路

评估验收内容：有硬化路是指乡（镇）政府所在地或上级路网至建制村村委会驻地（村小学）通硬化路。通村硬化路路面类型包括有铺装路面（水泥混凝土、沥青混凝土路面)、简易铺装路面(沥青贯入式、沥青碎石、沥青表面处治路面)和其他硬化路面[石质路面(含弹石、条石等)、混凝土预制块路面、砖铺路面等]。验收方式:实地核查拟退出贫困村硬化路建设是否达到行业标准。

"要致富,先修路",通村道路路面硬化对贫困村脱贫致富具有关键作用。在调查过程中,评估小组实地核查了各样本村的通村道路路面硬化情况,15个村的通村道路路面全部硬化(见表14),铺装路面主要是水泥路面,其中煤王山镇永寿村其路面为沥青混凝土路面。同时,评估小组在调查访谈中了解到农户对路面硬化项目的实施均表示极大的赞誉,表示对自己生产生活的正向改观起到了很大的作用。

表14   样本村通村道路路面硬化情况

县区	乡镇村	有硬化路	达标率
屏山县	龙溪乡人民村	有	100%
	龙华镇碳石村	有	100%
筠连县	镇舟镇云岭村	有	100%
	蒿坝镇高桥村	有	100%
兴文县	煤王山镇永寿村	有	100%
	玉屏镇鱼池村	有	100%
珙县	仁义乡斯栗村	有	100%
	恒丰乡上洛村	有	100%
高县	庆岭乡桥坎村	有	100%
	胜天镇新民村	有	100%
翠屏区	明威乡民东村	有	100%
宜宾县	喜捷镇五桂村	有	100%
长宁县	竹海镇龙潭村	有	100%
南溪区	江南镇二郎村	有	100%
江安县	阳春镇兴旺村	有	100%

4.有卫生室

评估验收内容：依据《四川省卫生厅关于加强我省基层卫生服务体系达标建设的通知》（川卫办发〔2013〕373号）要求，村卫生室业务用房建筑面积平原地区60平方米，山地、丘陵地区50平方米，民族地区不低于30平方米。乡镇卫生院所在的行政村可不设村卫生室。如在此标准下10%以内，但当地县级卫生计生行政主管部门结合实际认定其能满足基本医疗卫生服务开展需要或对人口较少（或面积较小）的行政村，县级卫生计生行政主管部门结合实际决定与相邻行政村联合设置村卫生室的，均认可当地意见视同达标。验收方式：实地核查（查验）贫困村卫生室建设是否达到行业标准。

因病致贫是当前比例较高的一种致贫因素。由于农村基本医疗条件落后，生病农户难以及时就医，容易造成小病拖成大病的情况，加重家庭负担。标准的卫生室能对农民小病小伤进行及时诊治，有效地减小了上述现象的发生率，对减少因病致贫有积极的作用。从表15可知，15个贫困村卫生室建筑面积都超过了50平方米，均值为66.6平方米，同时每个卫生室都配备有执业医师或者合格乡村医生1名以上。所以，15个贫困村卫生室均达到标准要求。

表15　样本村卫生室情况

县区	乡镇村	是否有卫生室	建筑面积（平方米）	有合格乡村医生/执业（助理）医师	达标率
屏山县	龙溪乡人民村	有	60	有	100%
	龙华镇碳石村	有	55	有	100%
筠连县	镇舟镇云岭村	有	60	有	100%
	蒿坝镇高桥村	有	72	有	100%
兴文县	僰王山镇永寿村	有	60	有	100%
	玉屏镇鱼池村	有	60	有	100%
珙县	仁义乡斯栗村	有	90	有	100%
	恒丰乡上洛村	有	90	有	100%
高县	庆岭乡桥坎村	有	90	有	100%
	胜天镇新民村	有	52	有	100%

续　表

县区	乡镇村	是否有卫生室	建筑面积（平方米）	有合格乡村医生/执业（助理）医师	达标率
翠屏区	明威乡民东村	有	60	有	100%
宜宾县	喜捷镇五桂村	有	65	有	100%
长宁县	竹海镇龙潭村	有	65	有	100%
南溪区	江南镇二郎村	有	60	有	100%
江安县	阳春镇兴旺村	有	60	有	100%

5. 有文化室

评估验收内容：依据《四川省基层公共文化设施标准工程实施规划（2013—2015）》的通知（川发改社会〔2013〕1062 号）有关要求，具体标准可参照：有文化室（文化室建筑面积不低于 50 平方米，甘孜藏族自治州、阿坝藏族羌族自治州、凉山彝族自治州不低于 40 平方米）、有室外文化活动场地、有宣传栏、有公共文化服务必需的一套文化器材、有一套广播器材和有图书"六个有"。验收方式：实地核查（查验）贫困村文化室建设是否达到行业标准。

农村标准文化室的建设有利于丰富农户业余文化生活，有利于科技文化知识在农村的传播，有利于农村党组织文化建设，有利于好习惯、好风气的形成，成为扶智扶志的桥头堡。按照"六个有"的文化室要求，评估小组考察了各样本村的文化室，调查结果为：15 个村均配备了文化室，其建筑面积最小为 50 平方米，最大为 118 平方米，均值为 81.13 平方米；拥有图书且种类丰富实用；有室外文化活动场所；有宣传栏；有文化娱乐器材和广播设备（见表16）。因此，15 个贫困村文化室建设符合验收条件。

表 16 样本村文化室情况

县区	乡镇村	是否有文化室	建筑面积（平方米）	藏书量（册）	有室外活动场所	有广播器材	有文化器材	有宣传栏	达标率
屏山县	龙溪乡人民村	有	100	2 000	有	有	有	有	100%
	龙华镇碳石村	有	80	1 600	有	有	有	有	100%
筠连县	镇舟镇云岭村	有	60	1 760	有	有	有	有	100%
	蒿坝镇高桥村	有	118	2 100	有	有	有	有	100%
兴文县	僰王山镇永寿村	有	60	1 200	有	有	有	有	100%
	玉屏镇鱼池村	有	100	1 924	有	有	有	有	100%
珙县	仁义乡斯栗村	有	90	1 162	有	有	有	有	100%
	恒丰乡上洛村	有	98	1 600	有	有	有	有	100%
高县	庆岭乡桥坎村	有	70	1 600	有	有	有	有	100%
	胜天镇新民村	有	51	1 500	有	有	有	有	100%
翠屏区	明威乡民东村	有	110	3 000	有	有	有	有	100%
宜宾县	喜捷镇五桂村	有	60	2 100	有	有	有	有	100%
长宁县	竹海镇龙潭村	有	80	2 000	有	有	有	有	100%
南溪区	江南镇二郎村	有	90	3 000	有	有	有	有	100%
江安县	阳春镇兴旺村	有	50	1 720	有	有	有	有	100%

6.有通信网络

评估验收内容：以窄带（拨号上网、GPRS等）或宽带（ADSL、3G、4G、光纤等）方式，在已通电贫困村实现至少有一处有互联网覆盖。验收方式：实地核查（查验）贫困村通信网络建设是否达到行业标准。

通过实地调查发现，15个贫困村村公所均实现了互联网覆盖，其上网方式为ADSL宽带，运营商主要为电信和移动，同时在当地农户都或多或少地接通了宽带；而且调查人员实地验证了手机3G上网，均能正常使用。所以，评估小组认定15个贫困村通信网络良好（见表17）。

表 17　样本村通信网络情况

县区	乡镇村	通宽带	手机3G网络	达标率
屏山县	龙溪乡人民村	有	有	100%
	龙华镇碳石村	有	有	100%
筠连县	镇舟镇云岭村	有	有	100%
	蒿坝镇高桥村	有	有	100%
兴文县	僰王山镇永寿村	有	有	100%
	玉屏镇鱼池村	有	有	100%
珙县	仁义乡斯栗村	有	有	100%
	恒丰乡上洛村	有	有	100%
高县	庆岭乡桥坎村	有	有	100%
	胜天镇新民村	有	有	100%
翠屏区	明威乡民东村	有	有	100%
宜宾县	喜捷镇五桂村	有	有	100%
长宁县	竹海镇龙潭村	有	有	100%
南溪区	江南镇二郎村	有	有	100%
江安县	阳春镇兴旺村	有	有	100%

7. "四好村"创建

按照《中共四川省委办公厅、四川省人民政府办公厅关于印发<创建省级"四好村"活动工作方案>的通知》（川委厅〔2016〕70号），15个贫困村积极开展"四好村"的创建活动，均制定了书面的"四好村"创建活动方案以及具体的相关安排和推动举措，资料翔实。每村均制定了完善的村约村规，村容整洁，民风淳朴（见表18）。

表18　样本村"四好村"创建情况

县区	乡镇村	有"四好村"创建活动方案	有"四好村"创建活动具体安排并推进	村容整洁	有健全的村约村规	表现出良好的民风	达标率
屏山县	龙溪乡人民村	有	有	有	有	有	100%
	龙华镇碳石村	有	有	有	有	有	100%
筠连县	镇舟镇云岭村	有	有	有	有	有	100%
	蒿坝镇高桥村	有	有	有	有	有	100%
兴文县	㮤王山镇永寿村	有	有	有	有	有	100%
	玉屏镇鱼池村	有	有	有	有	有	100%
珙县	仁义乡斯栗村	有	有	有	有	有	100%
	恒丰乡上洛村	有	有	有	有	有	100%
高县	庆岭乡桥坎村	有	有	有	有	有	100%
	胜天镇新民村	有	有	有	有	有	100%
翠屏区	明威乡民东村	有	有	有	有	有	100%
宜宾县	喜捷镇五桂村	有	有	有	有	有	100%
长宁县	竹海镇龙潭村	有	有	有	有	有	100%
南溪区	江南镇二郎村	有	有	有	有	有	100%
江安县	阳春镇兴旺村	有	有	有	有	有	100%

　　综上，基于第三方立场，评估小组汇总了抽样调查的15个贫困村以及10%比例的脱贫贫困户所有退出标准达标情况的调查数据、实地勘察资料及走访搜集意见，经综合分析研判，最终得出的基本结论如下。

　　15个样本村所抽选的83户脱贫贫困户年人均收入均稳定超过2016年四川省规定3 100元/年的现有标准，义务教育有保障，城乡居民基本医疗保险参保率为100%，有安全住房，有安全饮用水，生活用电有保障，广播信息实现了全覆盖。脱贫贫困户均达到《四川省贫困县贫困村贫困户退出验收工作指导意见》规定的"一超六有"的脱贫标准。

　　同时，相关各类人员对于QYB市2016年度扶贫工作满意度较高，其中识别准确率达到98.34%，退出准确率达到98.58%，"五个一"满意度为92.36%，帮扶满意度为92.08%；非贫困户综合满意度最低，为94.59%，第一书记综合满意度最高为95.90%，驻村干部综合满意度为95.73%，村民代表综合满意度为95.19%，脱贫贫困户综合满意度为95.31%。2016年扶贫工作综合满意度为95.34%。

15个贫困村贫困发生率均低于3%，拥有硬化路，年底村集体经济经营性累积收入人均超过6元人民币，拥有标准的卫生室和文化室，有通信网络，制定了"四好村"创建活动方案（见表19）。15个贫困村均达到了《四川省贫困县贫困村贫困户退出验收工作指导意见》所规定的"一低五有四好"退出标准，符合贫困村退出的条件。

表19 样本村退出评估结论

县区	乡镇村	贫困发生率是否低于3%	集体经济经营性累积收入是否达到人均6元（民族地区3元）	有无硬化路	有无标准卫生室	有无标准文化室	有无通信网络	"四好村"创建活动动方案	评估小组结论（是否退出）
屏山县	龙溪乡人民村	是	是	有	有	有	有	有	退出
	龙华镇碳石村	是	是	有	有	有	有	有	退出
筠连县	镇舟镇云岭村	是	是	有	有	有	有	有	退出
	嵩坝镇高桥村	是	是	有	有	有	有	有	退出
兴文县	爽王山镇永寿村	是	是	有	有	有	有	有	退出
	玉屏镇鱼池村	是	是	有	有	有	有	有	退出
珙县	仁义乡斯栗村	是	是	有	有	有	有	有	退出
	恒丰乡上洛村	是	是	有	有	有	有	有	退出
高县	庆岭乡桥坟村	是	是	有	有	有	有	有	退出
	胜天镇新民村	是	是	有	有	有	有	有	退出
翠屏区	明威乡民东村	是	是	有	有	有	有	有	退出
宜宾县	蕃捷镇五桂村	是	是	有	有	有	有	有	退出
长宁县	竹海镇龙潭村	是	是	有	有	有	有	有	退出
南溪区	江南镇二郎村	是	是	有	有	有	有	有	退出
江安县	阳春镇兴旺村	是	是	有	有	有	有	有	退出

七、需要进一步加强的工作

脱贫攻坚第三方评估的主要目的是客观真实，实事求是地反映地方政府实施精准扶贫工作的成效，而初衷还是在于督促地方政府精准帮扶，使扶贫政策更具针对性，真正惠及贫困人口，让贫困人口及时脱贫致富。因此，分析调查结果表明，2016年QYB市精准扶贫工作在以下几个方面还需要进一步加强。

（一）帮扶产业有待进一步加强

为打好脱贫攻坚战，样本村依托自身特色农产品优势，非常重视产业帮扶脱贫工作。从评估调研掌握的信息看，当前还存在着一些问题。

一是贫困户掌握帮扶产业技术有难度，可能导致产业帮扶难以持续。对样本村的具体扶贫措施主要为养殖和经济种植，对于留守在家的贫困农户而言要掌握相关技术有一定难度，同时无论是农技员配比还是项目实施都缺乏具体的技术指导和技术培训规划。由于帮扶对象自身的禀赋以及农技资源的稀缺，造成部分扶贫项目缺乏后续支撑，扶贫产业难以持续发展成形，只形成了短期效应，特别是一些针对贫困户的养殖、种植产业，仅仅是每年给予一定数量的畜禽苗、果蔬苗和相应的补贴，从单年看收入是提高了，但持续的收益却难以为继。

二是帮扶产业呈现同质化、低端化。调查结果显示，当前样本村帮扶产业单一，以种养殖业为主，对劳动力的职业技能培训没能形成产业级的帮扶程度。虽然各样本村结合区域特点发展特色产业，但是从大尺度视域来看，帮扶产业表现出明显的同质化现象。这种现象可能造成同类产品供需矛盾，导致"丰产不丰收"的结果。同时，目前的种养殖业还处于低端原材料提供阶段，其利益潜力难以挖掘，加上技术困境，容易形成产业链"青黄不接"的现象。同时缺乏对贫困户劳动力的职业培训规划，也容易形成其家庭经济收入结构的不合理现象。以上几种现象对脱贫贫困户返贫形成了潜在的威胁。

（二）个性化帮扶有待进一步加强

在实地调研中发现，当前很多做法还是以政府人员"类型化"的办法实施扶贫措施，并没有实现真正的个性化帮扶。因致贫原因不同，贫困户对帮扶有着不同的需求，如生产救助、学业救助、大病救助、房屋改造、低保救助、农业实用技术、担保贷款等各有差异。精准扶贫就是要求根据每个贫困户的致贫原因，制定有针对性的帮扶措施。但是，调查结果显示，地方政府贯彻落实精准帮扶、因户制宜、制定个性化帮扶措施的工作还有待提高。例如，对于拥有一技之长，但苦于无处施展的贫困人员的帮扶措施和对那些思想落后、好吃懒做、坐吃山空的贫困户的扶贫措施并没有什么不同；对于身心健全的贫困户和对那些残疾的贫困户的救助方式也是如出一辙。这样的帮扶方式没有差异性和针对性，没有真正帮助他们解决自己的"贫困"之处，是不会使他们完全脱离贫困的。这种现象的出现有两方面的原因：

一是由于扶贫工作的任务重、难度大，加之目标考核机制的双重压力，扶贫工作人员在帮扶工作中没有以问题为导向，以深入了解原因、解决问题的态度为工作的出发点，而是以目标任务为导向，注重可量化数据、可视性外观上脱贫标准达到。

二是制度设计本身存在一定的理想性，与实践有所脱节。比如，政府文件中规定要"定点、定人、定时、定责任、包脱贫"，这种规定如能落实将需要巨大的人力物力，几乎难以完成。

（三）联系帮扶单位对扶贫工作的认识有待加强

在调查中发现，"五个一"帮扶作用发挥不平衡，联系帮扶单位工作成效相比较其他四项工作成效略低。由于联系帮扶单位不受政策的硬性约束，在入户调研中也发现，不同脱贫户对其联系帮扶单位的评价褒贬不一，总体而言，联系帮扶单位对帮扶贫困户脱贫致富的认识还需进一步提高，出现这种情况有两方面原因：

一是联系帮扶单位所拥有的资源不同导致为帮扶对象带去的扶贫资金存在差异，造成脱贫贫困户心理上的失衡，不利于农村社区的团结与和谐。

二是个别联系帮扶单位的扶贫工作停留在表面，只是送来慰问品，缺少和农民的深入、平等沟通。在访谈中发现，部分贫困户对联系帮扶单位的牵头人除了姓氏之外，没有更多的信息了解，这也从一个方面体现了双方沟通交流的欠缺，也反映了联系帮扶单位更注重物质扶贫，思想扶贫工作还有待提升。

（四）思想帮扶工作有待进一步加强

从分析结果中我们发现，个别样本村脱贫贫困户家庭经济收入结构中转移性收入比例还是比较高，而工资性收入和家庭经营收入比例还需要进一步提高，而这正好应对了调查中不少脱贫贫困户不愿脱贫的"等靠要"思想。分析如下：

一是"输血式"物质帮扶造成扶贫对象的依赖思想。例如，对口扶贫单位或者驻村干部好、资源多，也许可以调用较多的资源直接输送利益，使贫困户脱贫，但这种脱贫可能表现出短期性，存在返贫的潜在可能性。但如果对口扶贫单位或者驻村干部缺乏资源，直接输送的资源相比之下较少，甚至可能对贫困户脱贫产生较大的影响。在调查中，政府工作人员提到部分村民"等靠要"的思想严重，驻村干部建档立卡时，部分贫困人口的致贫原因也被归为发展动力不足。这说明直接输送物质利益的做法导致了贫困人口对政府的依赖，使部分贫困人口自身的积极性未能激发，把脱贫寄托于政府的帮扶。

二是基层党组织对扶志工作没有发挥好战斗堡垒作用。目前，样本村党组织建设仍然存在一定的问题，在精准扶贫工作中，没有发挥好战斗堡垒作用。首先，目前农村党员队伍普遍存在年龄老化，在思想扶贫工作中存在一定的力不从心；其次，农村党员干部思想僵化，市场观念薄弱。他们在实施产业扶贫过程中，难以跳出小农经济的圈子，扶贫方式缺乏创新，因此党组织自身难以发挥自强不息、脱贫致富的先锋模范和战斗堡垒作用，导致思想帮扶工作能力有待提高。

（五）脱贫巩固工作有待进一步加强

评估小组在针对部分非贫困户和脱贫贫困户的满意度调查及访谈中发现，被调查人员不满意的部分除了对贫困户的遴选外，较多的是担心政府对脱贫贫困户给予的后续关注不足，原因如下：

一是对已脱贫贫困户跟踪关注不足。由于目前政府的扶贫工作的重心聚焦在2016年脱贫贫困户身上，而对于2014年、2015年脱贫贫困户则存在跟踪关注不够的情况，反映在个别扶贫工作者对上年脱贫贫困户情况不了解，对调查形成干扰的情况。

二是帮扶项目政策后续不确定性。目前的"类型化"的扶贫方式、较为单一的扶贫产业、扶智扶志工作的短板、留守农村的老弱妇孺脱贫贫困户以及对帮扶政策的可持续性的忧虑等综合因素确实造成了脱贫贫困户对退出后生产生活的茫然以及可能面临的再次致贫因素的担忧。因此，上述脱贫贫困户隐瞒自身收入，"等靠要"依赖思想严重也就有章可循。

八、巩固脱贫成果的对策建议

各级党委、政府和各种社会力量通过精准识别、精准帮扶，实现贫困村和贫困户精准脱贫，这只是万里长征第一步，如何巩固脱贫成果，防止贫困户返贫和产生新的贫困户，需要引起全社会的高度关注。

（一）巩固脱贫成果，成败在于党委和政府重视

消除贫困既是党的宗旨与目标，也是各级党委和政府的责任。在调查中了解到，几乎所有的贫困户和贫困村"两委"干部都认为没有各级党委和政府的高度重视，短期内让贫困人口脱离贫困几乎是不可能的。因此，各级党委和政府必须精准发力，确保脱贫成果得以有效巩固。

一是要健全完善正面激励机制和惩戒问责机制，探索建立多元化、立体式督查考核机制，采取跟踪问效、明察暗访、随机抽查等多种方式开展督查，有效巩固全市脱贫成效。

二是要靠前站位跟进，主动担当作为，建强基层组织，培育引领先锋，强化干部人才支撑，充分发挥基础性和牵引性作用，为巩固脱贫攻坚成果精准发力。

三是要坚持党组织引领发展，建好巩固脱贫成果的基层堡垒。以乡镇和村级换届为切入点，树立鲜明导向，选优配强乡（镇）村两级班子，特别是坚持"双高双强"型基层带头人队伍建设标准，多渠道选优配强村党组织书记，为巩固脱贫成果提供坚强组织保证。

四是要坚持党员群众带头发展，育好巩固脱贫成果的引领先锋。持续深化困难党员帮扶行动，拓展困难党员救助范围，加大创业扶持力度。全面推广"党员聚在扶贫产业上，党组织建在扶贫产业链上，党的活动融入精准扶贫中"的党建扶贫模式，组织农村无职党员认领精准脱贫服务岗位，实行承诺服务，帮助解决贫困群众生产生活困难。

五是要坚持干部人才支撑发展，用好巩固脱贫成果人力资源。深化干部挂职精准脱贫，让更多干部在脱贫攻坚主战场成长。按照总量不少、标准不降的原则，适时调整补充工作力量，管好用好驻村帮扶工作队，加强扶贫一线工作力量。继续组织实施专业技术人才对口帮扶、农村实用人才培养开发等行动，选派专业技术人员蹲村驻点开展技术指导。

（二）巩固脱贫成果，根本在于贫困人口立志

"扶贫先要扶志"，同样，脱贫必先立志。项目评估小组在调查中发现，不少贫困户还存在一定的"等靠要"观念，缺乏自立自强的致富思想意识。具体而言，各区县贫困户与非贫困户中还存在以下几种消极心理。

一是依赖心理。不少贫困户对党委和政府长期给予的帮扶产生了一定的依赖心理，不想脱贫。有些贫困户自身脱贫的意愿不强，在调查中会有报低收入和隐藏部分收入的现象，有赖着贫困户身份吃政府帮扶政策的想法。这种心理在老龄群体和病残群体中表现更为突出。

二是攀比心理。这种心理不仅表现在贫困户与贫困户之间，也表现在贫困户与非贫困户之间。在调查中发现，不少贫困户之间相互比较自身条件，争相向政府伸手索要更多的扶贫资金和物资。当然，也有不少非贫困户产生了不平衡心理，认为自己辛苦挣钱，不如贫困户来得简单，也滋生出想进入贫困户的不良想法。

三是盲目心理。在调查中发现，相当一部分贫困户虽然想通过自身努力实现致富，但是由于缺乏主动意识，能力也不足，于是一味等待帮扶者做出安排，基本上是照搬照做。

因此，各级党委和政府要多措并举，帮助村民树立正确的观念。

一是要加强正确的舆论宣传，营造勤劳致富的良好乡风。基层组织要充分利用各种阵地，通过农民喜闻乐见的方式，开展以"勤劳可致富，懒惰无门路""脱贫不等不靠，致富敢闯敢冒""贫穷可悲，懒惰可耻"等为主题的宣传活动，努力营造出崇尚勤劳致富和勤俭持家的优良民风。

二是要定期召开村民大会，及时组织先进与落后典型开展评介会，形成倒逼机制。通过评介会，让致富先进分子的经验能够为他人提供借鉴，让不思进取的人倍感压力，从而营造出人人争相发家致富的良好氛围。

三是要不定期组织贫困户开展义工活动，构建和谐的村民关系。在调查走访过程中，项目评估小组了解到不少非贫困户对贫困户无偿享有各种政策扶持流露出不满情绪或嫉妒心理，这会在一定程度上影响邻里关系。因此，"村两委"干部利用农闲之余，不定期组织贫困户义务开展清洁大扫除、维修道路、修缮农田水利设施等力所能及的活动，不仅有利于培育贫困户的感恩心理，也能为本村解决一些实际问题，获得非贫困户的支持与认可，从而有利于促进村民之间关系和谐。

（三）巩固脱贫成果，重点在于推动产业发展

实践证明，只有产业发展起来，农民才能真正永久地摘掉"贫困帽子"。从实际情况来看，农户自己所能经营的产业主要包括集体经济和个体经营两个方面。因此，基层党委和政府要紧密结合农村实际，精准施策，推动农村产业科学发展，使农户真正走上可持续的致富之路。

一是要统一产业结构。由于各村社面积不大，地理条件和环境基本相同，再加之农户的资金、技术、营销方式等都比较有限，因此应坚持"宜农则农、宜游则游、宜工则工、宜商则商"的原则，因地制宜，统一调整产业结构，整合资源，抱团发展，形成比较优势，增强市场竞争力和抵御风险的能力。

二是要建立专业合作社。各村社应根据自身产业规划发展需求，建立相应的专业合作社，按照"自愿入社"的原则，吸纳农户参与，实现贫困户全覆盖，由专业合作社实现规范化运作，统一组织、管理、销售，创建特色品牌，提供信息、技术、销售链条服务，降低成本，提高效率，实现产品效益最大化。

三是要壮大集体经济。增加农村集体收入是发展农村公益事业、减轻农民负担、促进农民增收、实现农民富裕的有效途径。各村社要根据本地实际情况，结合本地产业优势、产品优势、地理环境优势，以村委会为主体，村组合一组建相应的专业合作社或创办经济实体，通过开展产、供、销服务和创办农产品加工企业，增加村集体收入，壮大村集体经济实力。资金是制约贫困户发展产业的最大瓶颈。政府要鼓励商业银行积极探索创新金融扶贫手段，按照"龙头企业+专业合作社+基地+农户"的发展模式，创新产业链贷款模式，带动金融扶贫创新，完善监管制度，实现互利共赢。同时，金融部门要创新订单农业贷款、农业设施设备抵押贷款等多种贷款形式，缓解贫困地区借款主体抵押物缺乏的现实问题，帮助贫困户融资。

四是要鼓励贫困户开展多种形式的小型经营活动，实现收入来源的多元化。总得来说，农户单一依靠集体经济和本村的主导产业创收的风险比较大，也难以形成稳定的收益。因此，基层党委和政府应当积极支持和鼓励贫困户依据自身优势和需求，发展养殖、水产、种植等多种形式的小型经营活动，不仅可以弥补主导产业创收的不足，也可以满足自身需求。

（四）巩固脱贫成果，关键在于完善基础设施

基础设施建设的落后是贫困村形成的重要原因之一。从实际情况来看，农村的基础设施建设主要体现在农户的住房条件和农村生产生活环境改善两个方面。从调查情况来看，不少农户就是因为"行路难""吃水难"和"住房难"等原因致贫的。因此，完善农村基础设施建设是稳定脱贫成果的基础性条件。

一是要切实改善贫困户的住房问题。在调查中了解到，当前贫困户的基本住房问题已经解决，但由于农村存在着相互攀比的心理，因此，要多措并举防止脱贫户随意扩大建房面积和超过标准进行装修，避免他们再次因为住房问题而贫。

二是要切实完善贫困村的各种生活设施。首先，政府要加强贫困村的道路建设与维护，确保出行道路的畅通与舒适；其次，要加强贫困村的饮水和用电等设施建设，确保村民基本生活用水和用电无障碍；再次，要加强贫困村卫生设施建设，确保村民看病时"小病不出村就能治"的目标得以实现；最后，要加强贫困村的文化设施建设，确保村民有书看，有网上，有活动场地和运动器材。

三是要切实完善贫困村的各种生产设施。政府要积极引导，采取"政府补助、社会帮扶、群众参与"相结合的方式，多方筹措资金，重点打造农田水利改善工程、乡土建设示范工程、公路交通改善工程，为贫困村可持续发展保驾护航。

（五）巩固脱贫成果，核心在于政策持续推进

贫困是相对的，任何时期都会存在贫困现象。这就客观上要求党和国家的扶贫政策要保持一定的连续性，能够持续精准发力，及时解决贫困人口所需，也有效防止产生新的贫困人口。因此，各级党委和政府要站在战略的高度、长远角度，科学谋划，确保各项扶贫政策的持久发挥政策效应。

一是要夯实脱贫户现有的各种保障政策。虽然贫困户通过政策扶持暂时脱离了贫困，但其自我致富能力相对还是比较脆弱的，因此，现有的各种扶贫保障政策不能马上退出，否则脱贫户就有重新返贫的危险。在调查中了解到，不少贫困户对政府是否会在其脱贫后取消各种保障政策心存畏惧，特别是"一有、两不愁、四保障"（有稳定收入来源，不愁吃、不愁穿，义务教育、基本医疗、住房、养老有保障）等对贫困户影响巨大的扶贫保障政策更要持续推

进，它能从根本上影响扶贫政策的成效。

二是要夯实特殊弱势贫困群体的保障政策。各级党委和政府要安排专门的财政资金解决好农村五保户、低保户和贫困残疾人家庭等弱势贫困人口的生产和生活问题，全面实现政策兜底，免除其后顾之忧。

三是要创新贫困户的帮扶和保障政策。2016年林业部门出台政策，吸纳有劳动能力的贫困人口就地转成护林员，实现保护生态和精准脱贫的"双提升"。这一创新做法为地方各级党委和政府就提供了很好的思路。各地可以结合实际，由政府面向贫困户安排一部分公益性岗位，通过以工代赈的方式，解决贫困户的就业问题。

执笔人：周陶

县域公共服务发展实务研究
——QYB 市 QCP 区 "十三五" 基本公共服务研究

前　言

"十三五" 时期（2016—2020 年），是 QYB 市 QCP 区全面践行创新、协调、绿色、开放、共享发展理念，先于全省、全市全面建成小康社会的重要战略机遇期，是总体实现基本公共服务均等化的关键时期。科学编制 QCP 区公共服务发展第十三个五年规划，对于推进 QCP 区公共服务体系健康持续发展，推进以保障和改善民生为重点的社会建设，切实保障人民群众最关心、最直接、最现实的利益，促进社会公平正义，加快经济发展方式转变，扩大内需，特别是消费需求，具有十分重要的意义，也是全面深化改革，建设服务型政府的内在要求。

根据国家《"十三五" 推进基本公共服务均等化规划》《四川省 "十三五" 基本公共服务均等化规划》和国家、省、市关于编制第十三个五年规划的总体部署要求，以及《QYB 市 QCP 区国民经济和社会发展第十三个五年规划纲要》有关要求，科学编制 QCP 区公共服务发展第十三个五年规划，主要阐明基本公共服务的主要范围、重点任务和保障工程，引导公共资源配置，是 QCP 区 "十三五" 时期基本公共服务发展的综合性、基础性、指导性文件，是政府有关部门制定年度公共服务工作计划和各项政策措施的重要依据。

一、发展背景

本研究范围包括基本公共教育、基本医疗和公共卫生、人口和计划生育、公共文化体育服务、劳动就业服务、社会保障、基本住房保障、基本社会服务、精准扶贫、残疾人基本公共服务十大领域，作为政府兜底服务的依据和保障。规划各领域以服务清单为核心，以促进城乡、区域、人群基本公共服务均等化为主线，以重点任务、保障工程为依托，以统筹协调、财力保障、人才建设、多元供给、监督评估五大实施机制为支撑，是保障全区人民基本生存需求的制度性安排。

（一）发展基础

"十二五"时期，QCP 区在经济发展、基础设施建设、生态环境改善、社会民生事业、城乡面貌、改革开放等方面取得了重大成就，为全面建成小康社会奠定了坚实基础。各有关部门认真贯彻落实党中央、国务院、省、市的决策部署，QCP 区基本公共服务体系建设取得了显著成效。公共教育体系日趋完备，义务教育适龄儿童入学率 100%，适龄少年入学率 99.5%，高中阶段毛入学率达 97%，高等教育毛入学率达 29%，全面实行进城务工人员随迁子女就近入学制度。教育、医疗卫生体制、人口和计划生育改革纵深推进。实施积极就业政策，加大就业岗位开发力度，建立城乡均等的公共就业服务体系。建成就业见习基地 15 个，城镇登记失业率控制在 4% 以内。建立起以职工养老保险、失地农民养老保险、机关事业养老保险、职工医疗保险、高额补充医疗保险、居民医疗保险、特殊人员医疗保险（离休人员、伤残军人医疗补助）、工伤保险、生育保险为主的社会保险体系，初步实现社会保险全覆盖，保障水平逐步提高，城乡社会救助体系和社会福利体系基本形成。建成民办社会福利机构 8 个，床位 742 个。超额完成安置房建设、农村危房改造、城市棚户区改造、保障性住房建设等重大民生工程建设任务。川滇黔结合部文化强区建设成效明显，农村社区书屋、公共阅览室、民众体育文化活动中心基本做到城乡覆盖。体育事业取得长足发展，全民健身稳步推进。从总体上看，QCP 区基本公共服务的制度框架已初步形成，教育、就业、就医、社会保障、文化生活和残疾人基本公共服务等领域的难点问题得到有效缓解。

同时，QCP 区基本公共服务发展水平有待提高，发展规模不足、发展质量不高、发展不均衡的情况依然存在。一是 QCP 区基本公共服务总体水平与国家要求的保障标准存在较大差距。二是基本公共服务滞后于经济发展，供给总量不足，是全区供给侧结构性改革补短板的重要任务之一。三是服务质量不高，"重设施、轻服务"的现象依然存在，基层设施不足和利用不够并存，民众对基本公共服务的满意度不高，基本公共服务信息化水平和精准度有待进一步提升。四是发展不均衡，城乡区域和人群之间公共服务还存在一定差距，服务项目还存在疏漏盲区，尚未有效覆盖全部流动人口。四是制度建设有待完善，多部门提供公共服务的有效协调机制尚不完善，体制机制创新滞后，社会力量参与不够。这些问题难以保障发展成果惠及全民，不利于社会和谐稳定，制约 QCP 区经济社会健康协调可持续发展。

"十三五"是 QCP 区总体实现基本公共服务均等化的关键时期。从需求看，"十二五"期间，QCP 区城镇居民人均可支配收入年均增长 10.8%，2015年达到 28 786 元；农村居民人均可支配收入年均增长 16.3%，2015 年达到13 385 元；社会消费品零售总额增长 1.09 倍，2015 年达到 231.73 亿元，消费结构加快转型升级，各类公共服务需求日趋旺盛。从供给看，"十二五"期间，QCP 区经济快速发展，地区生产总值年均增长 9.1%，2015 年达到 511.67亿元，继续稳居川南四市 28 区（县）首位、全省丘陵地区县域经济综合实力第二位。一般公共预算收入年均增长 17.1%，2015 年达到 18.59 亿元，"十二五"期间招商引资市外资金累计到位 228 亿元，其中到位省外资金 180 亿元，基本公共服务财政保障能力进一步加强。从体制环境看，政务服务环境进一步优化，企业市场准入范围继续扩大，公共领域准入进一步放宽。教育、医疗卫生体制、人口和计划生育改革纵深推进。QCP 区要牢牢抓住"六大机遇"[1]，迎接"四大挑战"[2]，增强发展意识、机遇意识、担当意识，主动适应、把握、引领新常态，科学确定发展路径和方式，不断提升 QCP 区公共服务水平，总体实现基本公共服务均等化，推动经济社会协调发展，为全面建成小康社会夯实基础。

（二）发展环境

"十三五"时期是 QCP 区先于全省、全市全面建成小康社会的决胜期，也是完善基本公共服务体系，总体实现基本公共服务均等化的攻坚期，面临新的机遇和挑战。

---

[1]《QYB 市 QCP 区国民经济和社会发展第十三个五年规划纲要》：国家全面开放和"一带一路"倡议机遇、长江经济带建设机遇、西部大开发机遇、国家新型城镇化机遇、四川省"三大发展"机遇和 QYB 市"2 365"战略机遇。

[2]《QYB 市 QCP 区国民经济和社会发展第十三个五年规划纲要》：经济发展进入新常态、生态环境约束加剧、区域竞争日趋激烈、虹吸效应需要重视。

（1）经济新常态。经济发展速度变化，结构深度调整优化，发展动力加快转换，公共服务在稳增长、惠民生、补短板的战略地位进一步凸显，为公共服务加快发展提供了良好机遇。财政收入增速逐步放缓和基本公共服务财政支出的刚性增长之间的矛盾加大，对有效应对民生投入保障压力提出了新要求。

（2）人口新结构。随着人口老龄化程度不断加深和两孩政策全面实施，总抚养比将进一步上升，适龄劳动力短缺的问题日益突出。QCP区处于工业化、城镇化加速期，城镇常住人口快速增长伴随农村人口减少，基本公共服务人群结构、空间结构以及供给方式发生了新变化，对基本公共服务供给侧改革提出了新要求。

（3）需求新变化。随着全面建成小康社会进程的推进，人民群众的生活水平正在不断提高，对过上更好生活有了新期盼，服务需求开始从"有"到"好"转变，需求的多元化、多样化、多层次趋势也更加凸显，对基本公共服务供给规模、供给结构和质量水平提出了新要求。

（4）社会新特征。随着工业化和城镇化的不断推进，社会阶层结构、社会组织形态、利益格局深刻变动，合理引导社会预期，促进社会公平正义，对现行公共服务体系提出了新的挑战。国家提出治理体系和治理能力现代化整体要求，对加快转变政府职能、完善政策法规体系等方面提出了新要求。

（5）科技新突破。移动互联网、物联网、大数据、云计算等信息化技术将加快推动公共服务种类和覆盖面扩大，公共服务供给参与者尤其是政府角色定位与职能分工不断被深化、细化，形成"政府主导、社会协同、公众参与"供给格局，对创新基本公共服务供给方式和服务模式提出了新要求。

二、指导思想和主要目标

（一）指导思想

QCP区基本公共服务发展的指导思想是：

高举中国特色社会主义伟大旗帜，全面贯彻落实党的十八大和十八届三中、四中、五中、六中全会精神，坚持以马克思列宁主义、毛泽东思想、邓小平理论、"三个代表"重要思想、科学发展观为指导，深入学习贯彻习近平总书记系列重要讲话精神，全面落实国家"四个全面"战略布局，四川省"三大发展"战略、QYB市"2 365"战略和"绿色QYB市"总体趋向，牢固树立五大发展理念，坚持以人民为中心，从解决人民最关心、最直接、最现实的利益问题入手，以普惠性、保基本、均等化、可持续为方向，健全 QCP 区基本公共服务制度，完善服务项目和基本标准，强化公共资源投入保障，提高共建能力和共享水平，努力提升人民群众的获得感、公平感、安全感和幸福感，为实现 QCP 区全体人民先于全省、全市迈入全面小康奠定坚实的社会基础。

（二）基本原则

QCP 区基本公共服务发展遵循以下基本原则：

（1）以人为本，保障基本。坚持尽力而为、量力而行、积极稳妥，从最广大人民群众的根本利益出发，牢牢把握基本公共服务项目和标准，优先保障人民群众最基本的生存需要和发展需要。立足 QCP 区实际情况，主动问需于民、问计于民，合理引导社会预期，强调通过人人参与、人人尽力，实现人人共享。

（2）统筹推进，均衡发展。突出基本公共服务体系整体设计，统筹运用各领域、各层级公共资源，推进优化整合和均衡配置。重点向经济落后地区、城市新区、薄弱环节、特定人群倾斜，突出重点、补齐短板，切实加强基层公共服务机构设施和能力建设，促进城市优质资源向农村延伸服务，推动基本公共服务城乡、区域、人群协调发展。

（3）政府主责，多方参与。强调基本公共服务公益属性，增强政府基本公共服务主体责任，合理划分各级政府事权和支出责任，不断加大各级政府财政资金投入和监督问责。充分调动市场和社会的积极性和创造性，积极培育各类社会服务组织、社会工作者等多元主体，支持平等参与并提供服务，促进通力协作，形成扩大供给合力。

（4）改革创新，完善机制。落实国家基本公共服务制度，深化重点领域和关键环节改革，推进基本公共服务均等化、标准化、法制化，形成保障基本公共服务体系有效运行长效机制。创新基本公共服务供给模式，引入竞争机制，积极采取购买服务等方式，形成多元参与、公平竞争的格局，全面提升基本公共服务质量效率和群众满意度。

（三）主要目标

"十三五"时期，围绕 QCP 区提前两年先于全省、全市全面建成小康社会的战略目标，实现基本公共服务体系增量、加项、提标、扩面，覆盖城乡居民的基本公共服务体系全面建成，服务均等化总体实现，群众认同度和满意度显著增加。"十三五"时期，QCP区基本公共服务发展的主要目标有以下几个方面：

（1）制度更加健全规范。各领域制度规范衔接配套、基本完备，服务提供和享有有章可循、有规可依、有责可督，基本公共服务依法治理水平明显提升。标准体系全面建立并实现动态管理，各领域建设类、管理类、服务类标准逐步完善。保障机制巩固健全，财政支出得到保障，人才队伍不断壮大，可持续发展的长效机制基本形成。

（2）发展更加均衡协调。基本公共服务发展水平全面提升，大力推进"居村市民化"和"进城市民化"，农村留守人口、农业转移人口、外来流动人口、困难家庭等特殊群体的基本公共服务水平显著提高，城乡区域人群间基本公共服务差距明显缩小，广大群众享有基本公共服务大体均衡，均等化水平稳步提高，实现基本公共服务制度全覆盖。

（3）群众更加幸福满意。调整服务供给结构以匹配新需求，使服务资源总量明显上升、效率明显提高。基本公共服务网络全面建立，基层服务基础更加夯实，基本公共服务方便可及。基本公共服务需求表达机制有效建立，服务成本个人负担比率合理下降，人民生活更加幸福，社会满意度不断提高。

"十三五"时期基本公共服务领域主要发展指标如表1所示。

表1 "十三五"时期基本公共服务领域主要发展指标

服务领域	指 标	2015年	2020年	5年累计
基本公共教育服务	学前三年毛入园率（%）	90	95	4
	九年义务教育完成率（%）	99.5	99.6	0.1
	高中阶段教育毛入学率（%）	97	100	3
	劳动年龄人口平均受教育年限（年）	12	14.5	2.5
基本劳动就业服务	城镇登记失业率（%）	3.69	4.2	—
	城镇新增就业人数（人）	15 143	80 000	64 857
	职业技能培训（人次）	3 120	3 500	380

服务领域	指　标	2015年	2020年	5年累计
基本社会保险服务	基本养老保险参保率（%）	—	97	—
	基本医疗保险参保率（%）	—	98	—
	工伤、生育、失业保险参保率（%）	—	90	—
	基本社会保险覆盖率（%）	—	100	—
基本医疗和公共卫生服务	人口自然增长率（‰）	—	5	—
	孕产妇死亡率（1/10万）	—	18	—
	婴幼儿死亡率（‰）	—	2	—
	出生人口性别比	—	105	—
	5岁以下儿童死亡率（‰）	7.21	6	−1.21
	每千常住人口医疗卫生机构床位数（张）	2.47	4.6	2.13
	每千常住人口执业（助理）医师数（人）	1.53	2.20	0.67
基本社会服务	医疗救助比例（%）	—	100	—
	生活不能自理特困人员集中供养率（%）	—	50	—
	每千名老人拥有养老服务机构床位数（张）	—	35	—
	其中：养老床位中护理型床位比例（%）	—	30	—
基本住房保障	城镇棚户区住房改造数（万户）	9 000	1 134	—
	农村危房改造数（户）	3 019	2 250	—
基本公共文化体育服务	国民综合阅读率（%）	—	80	—
	广播、电视综合人口覆盖率（%）	—	99以上	—
	人均拥有公共体育场地面积（平方米）	0.5	1.5	1.0
	经常参加体育锻炼人数比例（%）	—	39	—
残疾人基本公共服务	困难残疾人生活补贴和重度残疾人护理补贴覆盖率（%）	—	100	—
	学龄残疾儿童少年接受义务教育比率（%）	—	96	—
	新增残疾人就业人数（人次）	—	16 883	—

三、主要任务和实现指标

（一）基本公共教育

1. 基本情况

"十二五"以来，QCP区教育事业优先发展，连续5年获全市普通高中、职业教育、义务教育、学前教育教学质量评比第一名。义务教育适龄儿童入学率100%，适龄少年入学率99.5%，高中阶段毛入学率达97%，高等教育毛入学率达29%，全面实行进城务工人员随迁子女就近入学制度。持续提高教育质量，重视学前教育、职业教育，推进教育公平。

教育规模："十二五"期间，教育办学规模得到进一步扩大，基本满足全市学龄儿童就学需求。截至2015年年末，全区建有幼儿园166所，小学学龄儿童入学率100%，学前教育学生29 294人。全区有各级各类学校175所（不含幼儿园），其中高等教育学校2所，中等职业学校8所，职中在校生22 109人；高级中学2所、完全中学3所、十二年一贯制学校2所、初级中学22所、九年一贯制学校13所、特殊教育学校2所，高中在校生18 881人，初中在校生30 421人；小学29所，小学教学点92个，小学在校生62 334人，小学学龄儿童入学率100%。

办学条件："十二五"期间，校舍安全工程全面推进，推进农村学校标准化建设，加固改造80所中小学7.9万平方米校舍，全面消除学校危房。实施运动场、课桌凳、改水改厕等"十小建设工程"，铺设83所城乡学校塑胶运动场159 729平方米，更换课桌凳76 428套，配置教育设备设施和教学实验仪器总值14 682万元，全区中小学教学实验仪器达标率和音、体、美、劳技等学科教学器材配备达标率均为95%以上，生均教学仪器设备价值，小学达1 315元，初中达1 548元；全区公办中小学藏书达到206.7万册，小学生均20.25册，初中生均30.27册。

师资状况："十二五"期间，师资力量得到进一步加强。幼儿园教师人数1 611人，师生比为1：18.18；义务教育教师人数6070人，其中，小学教师人数3346人，师生比为1：18.63；初中教师人数2724人，师生人数比1：11.17；高中教师人数1 436人，师生比为1：13.15；职业教育教师938人，师生比为1：23.57。

教育资助：义务教育"三免一补"，做到应免尽免，全区年均 8.17 万中小学生享受免学费、免教科书费、免作业本费，近三年共发放农村贫困学生寄宿生生活补助 1 400 万元，资助学生 37 530 人次；共发放高中阶段助学金 1 591.22 万元，资助学生 99 223 人次；发放生源地助学贷款 946.668 万元，资助学生 1 627 人次；发放贫困大学生入学经费 15.5 万元，资助学生 233 人次。中央专项彩票公益金教育助学项目"励耕计划"累计资助 93 人次，"润雨计划"累计资助 66 人次。在农村寄宿制学校建设亲情小屋，开通 240 部亲情电话。将进城务工人员随迁子女接受义务教育纳入全区教育发展规划和教育管理体系，统筹安置入学，每年接收进城务工人员随迁子女 1 500 余人入学，全区公办学校就读的进城务工人员随迁子女达 2 万余人。

2.重要任务

"十三五"期间，QCP 区教育发展的目标是：全面提高国民素质，人均受教育年限达 12.5 年以上，新增劳动力人均受教育年限达到 14.5 年以上。青壮年非文盲率达到 99.9% 以上。积极发展学前教育，形成形式多样的学前教育发展格局；优质均衡发展义务教育；加快普及高中阶段教育。在全市率先实现教育现代化、公共教育服务均等化，建成终身学习的学习型社会。

学前教育：推进 0 ～ 3 岁早期教育。推进教育部"0 ～ 3 岁婴幼儿早期教育"试点工作，将 0 ～ 3 岁婴幼儿早期教育作为"生态教育"体系的重要组成部分。贯彻"政府主导、社区组织、幼儿园搭台、早教机构唱戏"的早教事业发展总体思路。在此基础上，积极探索 0 ～ 6 岁一体化教育，努力建立具有翠屏特色的 0 ～ 6 岁现代学前教育体系。实施普惠性学前教育。大力实施乡镇中心幼儿园建设工程，新建和改建一批公办幼儿园，到 2016 年，每个乡镇至少建成 1 所独立建制的中心幼儿园和若干所村级幼儿园。努力构建政府主导、社会参与、公办民办并举的学前教育发展格局，全面发展普惠性学前教育。"十三五"期间实现学前三年毛入园（班）率达 95%，学前一年受教育率达 100%。加快学前教育集团化管理改革，促进学前教育集团"一体化"运作。加强学前教育集团章程建设，自上而下设计幼儿园各项管理制度。建立并完善区级龙头园、乡镇中心园、村级幼儿园三级学前教育资源配置体系。

义务教育：实施高水平均衡发展的义务教育。坚持公平优质的价值取向，面向所有适龄儿童、少年提供平等的入学机会，确保适龄儿童、少年免试就近入学。完善进城务工人员随迁子女和其他流动人口子女接受义务教育的保障体制，保障进城务工人员随迁子女平等接受义务教育。全面实施"特色学校建设工程"，丰富学校特色内涵，扩大"AAA"特色学校比例，提升学校文化品质，促进学校内涵发展。巩固提高义务教育水平。小学适龄儿童入学率达到100%，六年巩固率达到100%，在校学生年辍学率控制在0.01%以内；初中适龄少年入学率达到99.9%以上，初中三年巩固率达99.5%以上，在校学生年辍学率控制在0.05%以内；小学毕业生升入初中阶段的比例达到100%，义务教育完成率达到99.6%以上。切实保障适龄儿童、少年入学机会公平，全面提升教育质量，实现高水平、高质量普及义务教育。全面深入实施素质教育。坚持德育为先、能力为重、全面发展。强化德育工作管理，切实把德育贯穿于各级各类教育的始终，增强德育工作的针对性和实效性。注重心理健康教育，培养学生良好的心理素质。重视中国优秀传统文化和地方特色传统文化教育，开展经典诵读和导读活动，培育学生的人文素养。推进义务教育学区制建设及考试招生制度改革。认真落实义务教育招生政策，以学区为单位，实行九年一贯制招生，保障适龄儿童少年就近对口入学。改革普通高中毕业会考制度，积极探索考试评价新机制，加强对学生综合素质和实践能力的考查，强化素质教育导向。改革初中毕业考试和高中招生考试制度，实行初中学业水平考试。改变以升学考试科目分数简单相加作为唯一录取标准的做法，可试行参考学生成长记录、社会实践和社会公益活动记录、体育与文艺活动记录等其他资料，实行"综合评价，择优录取"的招生制度，促进高中教育的均衡发展。

普通高中教育：基本普及高中阶段教育。到2020年，基本普及高中阶段教育，满足初中毕业生接受高中阶段教育需求。全力提升教育教学质量。创建1所省一级示范性普通高中（或达到省一级示范性普通高中办学标准），1所省二级示范性普通高中（或达到省二级示范性普通高中办学标准）。高中阶段入学率达到100%，全区基本普及高中教育。全面提高普通高中学生综合素质。深入推进课程改革，完善课程体系，改进教学方法，把发展学生兴趣特长、创造思维和自主学习、独立思考、合作沟通能力，贯穿到课程教学全过程。建立科学的教育质量评价体系，全面实施高中学业水平考试和综合素质评价。深化评价制度改革。建立促进学生全面发展的评价指标体系，关注过程性评价，全面描述学生发展的状况。建立促进教师不断提高的评价指标体系，以学生全面发展的状况来评价教师的工作业绩，以自评的方式促进教师教育教学反思能力的提高，倡导建立教师、学生、家长和管理者共同参与的、体现多渠道信息反馈的教师评价制度。

职业教育：提升中等职业教育办学内涵。加强职业教育的基础建设，调整优化校点布局，整合现有资源，优化区内部门间的职业技能培训资源。建立全区职业培训教学资源库和专家库，共享师资培训和教学资源。开展中等职业学校现代学徒制试点。推进工学结合人才培养模式改革，开展中等职业学校现代学徒制试点。以适应职业岗位需求为导向，改革教学方法，加强实践教学，着力促进知识传授与生产实践的紧密衔接，构建现代学徒制。推行工学结合，实施双导师制，学校确定专业教师作导师，下实习单位指导学生理论学习；实习单位选派技术人员作师傅，负责实习生岗位技能教授。建立健全与现代学徒制相适应的教学管理制度。制定学分制管理办法和弹性学制管理办法。实施中等职业学校建设达标工程，新建一所高规格、标准化的现代中等职业学校，重点建设 2 个省级骨干专业，提升发展 3 个市级骨干专业，再次创建 1 个市级骨干专业，使市级以上骨干专业达到 6 个，逐步形成一批"产教深度融合、培养模式先进、办学条件优良、就业优势明显、引领推动产业发展"的市内领先、省内一流、国内知名的精品专业和特色专业群。

民办教育：优质化发展民办教育。引导和规范发展紧缺型、实用型民办非学历教育，建立健全民办教育发展服务平台，构建终身教育体系。引导和促进民办教育内涵发展、特色发展、优质发展，办好一批高水平民办学校。重点扶持一批条件好、规模大、质量高的民办示范学校，以点带面，促进民办学校整体水平的提升。大力发展大众化、多样性的民办学前教育和中等职业教育，各类民办教育在功能、类型、层次、结构及比例等方面定位合理，满足市民对不同形式、不同种类、不同层次教育的需求。

特殊教育：区域特殊教育体系和随班就读支持保障体系健全，普通学校开办特殊教育班或提供随班就读条件，接收具有接受普通教育能力的残疾儿童少年学习。对不具备上学能力的重度残障儿童少年，实行多种形式的送教上门，保障特殊群体平等接受义务教育。三残适龄儿童少年义务教育阶段入学率达到96%以上。

师资建设：加强师德师风建设。以《教育法》《教师法》为准绳，以《QCP区中小学教师职业行为规范》为基本要求，加强师德学习，增强教师的理论修养和模范遵守师德规范的行为，推动教师专业发展。实施"中小学教师学历提升计划"，鼓励教师参加高层次学历进修，提高教师的整体素质。加快骨干教师队伍建设。建立骨干教师培养管理和工作激励制度。骨干教师的评选向农村教师、职业学校倾斜，使城乡学校的骨干教师的比例基本相当，中职学校教师中具有较高专业技术水平的骨干教师和专业技术带头人达 20% 以上。实施名师工程，扩大名师工作室的学段、学科覆盖面，组建"名师讲学团"，激励全体教师主动学名师、做名师。吸引区外优秀人才来区任教，培养一批高水平的、有较大影响的名优教师。完善优秀人才培养机制。完善教师队伍建设专项激励机制，进一步激发广大优秀人才的工作积极性，实现人才优势向质量优势的转化。提高培训质量，完善定期考核制度，建立能上能下的工作机制。

3.保障标准

"十三五"时期，按照省、市相关规定，政府在基本公共教育服务方面提供以下保障。

专栏 1-1："十三五"时期，政府提供如下基本公共教育服务

> ◆完善资助方式，实现家庭困难学生资助全覆盖，率先对建档立卡的家庭经济困难学生实施普通高中教育免除学杂费；
> ◆为适龄儿童、少年提供免费九年义务教育，提供义务教育补助，为农村义务教育阶段寄宿生提供免费住宿，并为家庭经济困难寄宿生提供生活补助；
> ◆逐步分类推进中等职业教育免除学杂费，提高服务 QYB 市特色优势产业的职业教育质量；
> ◆完善义务教育阶段"三免一补"政策，提供免费教科书和免费作业本；
> ◆对不具备上学能力的重度残障儿童少年，实行多种形式的送教上门，保障特殊群体平等接受义务教育；
> ◆落实教育资助政策和农村义务教育学生营养改善计划；
> ◆做好普通高中学生资助工作，力争全部免除普通高中学生学费，实施普通高中"滋惠计划"资助；
> ◆对家庭经济困难儿童、孤儿和残疾儿童予以资助，由现在的 10% 资助面逐步扩大，到"十三五"末，资助面达到 20% 以上；
> ◆给予全日制普通高等院校家庭经济困难新生一次性交通费及入学后短期的生活费用补助。

根据有关教育法律法规，《国家中长期教育改革和发展规划纲要（2010—2020 年）》《四川省中长期教育改革和发展规划纲要（2011—2020 年）》《QYB 市贯彻落实〈四川省中长期教育改革和发展规划纲要（2011—2020 年）〉的实施意见》以及结合 QYB 市 QCP 区本地基本情况，制定 QCP 区基本公共教育服务和服务标准，如表 2 所示。

表2 "十三五"期间 QCP 区基本公共教育服务和保障标准

服务项目	服务对象	保障标准	支出责任	覆盖水平
学前教育				
学前教育资助	家庭经济困难儿童、孤儿和残疾儿童		地方政府负责，中央财政适当补助	资助面由现在的10%，到"十三五"末，资助面达到20%以上。学前三年毛入学率达95%
九年义务教育				
义务教育免费	适龄儿童、少年	免学费、杂费以及农村寄宿生住宿费	中央与地方财政按比例分担	目标人群覆盖率100%，九年义务教育巩固率小学达到100%，初中达到99.9%，九年义务教育入学率达到99.6%
寄宿生生活补助	农村家庭经济困难寄宿学生		地方政府负责，中央财政适当补助	目标人群覆盖率100%
农村义务教育学生营养改善	贫困地区农村义务教育学生	无	困难地区学生每天膳食补助	无
高中阶段教育				
中等职业教育免费	全日制正式学籍一、二、三年级在校学生	免学费	中央与地方财政按比例分担	目标人群覆盖率100%，使高中阶段教育毛入学率达到100%
中等职业教育国家助学金	全日制在校农村学生及城市家庭经济困难学生		中央与地方财政按比例分担	

续　表

服务项目	服务对象	保障标准	支出责任	覆盖水平
普通高中学费	品学兼优的家庭经济困难学生		中央专项彩票公益金	
一次性交通费及入学后短期的生活费用	全日制普通高等院校家庭经济困难新生	交通费、短期的生活费用	中央与地方财政按比例分担	

4. 保障工程

学前教育：大力实施乡镇中心幼儿园建设工程，新建和改建一批公办幼儿园，到 2016 年，每个乡镇至少建成 1 所独立建制的中心幼儿园和若干所村级幼儿园。

专栏 1-2："十三五"期间学前教育重点项目

◆安阜建设安阜中心幼儿园；
◆改扩建菜坝中心幼儿园；
◆南岸东区建设南岸东区幼儿园；
◆建设岷江新区幼儿园；
◆迁建虹桥幼儿园；
◆西郊中心幼儿园建设项目；
◆改扩建牟坪中心幼儿园。

义务教育：面向所有适龄儿童、少年提供基本教育公共服务，保障适龄儿童、少年平等的入学机会，确保适龄儿童、少年免试就近入学。完善进城务工人员随迁子女和其他流动人口子女接受义务教育的保障体制，保障进城务工人员随迁子女平等接受义务教育。

专栏 1-3："十三五"期间义务教育重点项目

◆菜坝初级中学校建设项目；
◆红坝实验学校建设项目；
◆李庄镇中心小学校建设项目；
◆QYB 市中山街小学五香校区建设项目；
◆QYB 市东辰国际学校建设项目；
◆南岸东区牛马场小学建设项目；
◆南岸茶厂小学建设项目；
◆戎州桥小学建设项目；
◆西区大地坡配建学校建设项目；
◆南岸东区大溪口小学建设项目；
◆建国实验小学大地坡分校建设项目；
◆岷江路小学迁建项目。

普通高中教育：到 2020 年，基本普及高中阶段教育，满足初中毕业生接受高中阶段教育需求。创建 1 所省一级示范性普通高中（或达到省一级示范性普通高中办学标准），1 所省二级示范性普通高中（或达到省二级示范性普通高中办学标准）。

专栏 1-4："十三五"期间普通高中重点建设项目

◆岷江新区中学建设项目；
◆李庄同济中学建设项目。

职业技术教育：结合南部新区建设规划，布局新建一所公办中职学校，一所民办中职校，扩大现有中职学校规模，切实提升中等职业学校办学硬实力。

专栏 1-5："十三五"期间职业学校重点项目

◆ QYB 市工职校扩建项目；
◆ QCP 区中等职业学校建设项目。

（二）基本医疗卫生

1.基本情况

机构设置情况：截至 2014 年年末，辖区内医疗卫生机构（含市属医疗卫生机构）共计 626 个，其中市属医疗卫生机构 27 个，区属医疗卫生机构共计 599 个。在这些医疗卫生机构中，公立医院 4 个，民营医院 8 个。

床位设置情况：截至 2014 年年末，辖区内各级医疗卫生机构共有编制床位 5 540 张，每千常住人口占有床位数 6.53 张。全区区属医疗卫生机构床位 2 096 张，每千常住人口占有数 2.47 张。其中区办医院床位 610 张，每千常住人口占有数 0.72 张；社会办医院床位 654 张，每千常住人口占有数 0.77 张；基层医疗卫生机构床位 657 张，每千常住人口占有数 0.77 张。

人员配置情况：截至 2014 年年末，辖区内各级医疗卫生机构共有卫技人员 8 143 人，每千人拥有数 9.59 人；执业（助理）医师 2 591 人，每千人拥有数为 3.05 人；护士（注册护士）4 058 人，每千人拥有数为 4.78 人。其中，区属医疗卫生机构有卫技人员 3 457 人，每千人拥有数为 4.07 人；医师（执业医师和助理执业医师）1 303 人，每千人拥有数为 1.53 人；护士（注册护士）1 512 人，每千人拥有数为 1.78 人。

医疗服务利用情况：全区医疗卫生服务逐年上升，2010—2014 年医疗卫生机构总诊疗人次年均增长 26.14%，住院人数年均增长 12.64%。2014 年共提供门急诊 2 132 638 人次，出院人数 86 048 人，住院手术服务 42 295 人次。全区病床使用率逐年上升，2014 年为 66%，其中公立医院平均病床使用率为 103%，基层医疗卫生机构平均病床使用率为 69%，社会办医院为 60%。平均住院日在缩小，2014 年为 9.11 天。

"十二五"期间，QCP 区的卫生工作以党的十八大精神为指导，以"改革促进发展年"为主题，以深化医药卫生体制改革、群众路线教育实践活动为抓手，以优良作风凝心聚力，全面完成了各项工作任务，为进一步提高人民健康水平提供了有力保障。

2. 重要任务

政府以建设健康翠屏、提高人民健康水平为目标，加强政府对医疗卫生事业发展的宏观调控，充分利用医疗卫生资源，深化医药卫生体制改革，健全覆盖城乡的基本医疗卫生制度，完善公共卫生服务体系和医疗服务体系，建立健全医疗保障体系，促进城乡居民逐步享有均等化的基本公共卫生服务，更好地为城乡居民提供医疗服务，实现医疗事业与社会的协调发展。提高基本医疗卫生服务的公平性、可及性和质量水平，进一步提高居民健康水平。

（1）推动医疗卫生机构不断完善。政府强化对基本、基层、基础医疗机构的规划调控和统筹，使医疗机构功能和结构更趋合理，加强基层医疗卫生机构能力建设，更好地为城乡居民提供医疗、预防、保健和康复等医疗卫生服务，实现医疗事业与社会的协调发展。"十三五"期间重点支持社会资本举办口腔、皮肤病、心血管、老年病、烧伤整形、医疗美容等专科医院，社会办医资源占比达25%。2020年年末，社会办医院增至53个，二级及以上社会办医院达到8个。

（2）医疗卫生资源配置更趋合理。力争2020年，每千常住人口卫技人员数达到5.6人，每千常住人口执业（助理）医师数达到2.20人，每千常住人口注册护士数达到2.3人，每千常住人口医疗卫生机构床位数达到4.6张，城乡卫生资源的均衡化水平明显提高。

（3）加强医疗设备配置。根据功能定位、医疗技术水平、学科发展和群众健康需求，政府坚持资源共享和阶梯配置原则，引导医疗机构合理配置适宜设备，逐步提高国产医用设备配置比例，降低医疗成本。鼓励整合现有大型设备资源，促进医疗卫生系统合作共享，发挥整体医疗卫生服务体系的功能，提高医疗卫生系统的协同性和使用效率。到2020年，大型医用设备每百万人口CT配置达到12.5台、MRI配置达到5.5台，国产设备所占比重达到配置总数的40%，实现设备购置与机构功能定位相匹配。

（4）医疗卫生公平与保障能力不断增强。政府按照"保基本、强基层、建机制"的基本原则，把"公平可及、群众受益"作为改革出发点和立足点，破除公立医院逐利机制，打破"以药补医"利益格局，建立维护公益性、调动积极性、保障可持续的激励机制，为规划实施创造有利条件。优先保障基本医疗卫生服务的公平性和可及性；促进医疗卫生对城乡居民公平、公正；提高政府卫生投入占卫生总费用的比例，完善城乡基层医疗卫生服务；注重医疗卫生资源配置与使用的科学性与协调性，提高效率，降低成本，实现公平与效率的统一。

（5）药品供应和安全保障。全区建立和完善以国家基本药物制度为基础的药品供应保障体系。规范药品采购制度，推进和完善药品连锁配送设施与网络建设，推动基层医疗卫生机构全面实施基本药物制度，全部配备和使用基本药物，实行零差率销售。扩大基本药物制度覆盖，逐步将村卫生室纳入基本药物制度实施范围，完善基本药物价格形成机制和调整机制，动态调整基本药物目录，鼓励提供与使用中医药。完善基本药物报销办法，逐步提高实际报销水平。完善药品检验检测体系，实行国家基本药物全品种覆盖抽验和全品种电子监管，提升对基本药物从生产到流通全过程追溯的能力。健全药品安全应急体系，强化快速通报和快速反应机制，完善药品不良反应监测和发布制度。

3.保障标准

专栏 2-1："十三五"时期，政府提供如下基本医疗卫生服务

◆为城乡居民免费提供居民健康档案、电子病历、健康教育、预防接种、传染病防治、儿童保健、孕产妇保健、老年人保健、高血压等慢性病管理、重性精神疾病管理、卫生监督协管等国家基本公共卫生服务；

◆实施国家免疫规划，加强对高血压、心脑血管病、糖尿病、肿瘤等慢性非传染性疾病及性病、精神病检查等重大公共卫生项目；

◆建立覆盖全区的慢性病、重性精神病发病报告网络和死亡监测系统，加强危险因素干预，控制心脑血管疾病、糖尿病、恶性肿瘤、慢性呼吸系统等疾病发生，进一步健全重性精神病防治体系，开展重性精神病监测；

◆实施国家基本药物制度，基本药物全部纳入基本医疗保障药物报销目录，并实施零差率销售；

◆为公众安全用药提供保障，确保药品安全和质量；

◆推动开展远程服务和移动医疗，逐步丰富和完善服务内容与服务方式，做好上门巡诊等健康延伸服务；

◆推进医疗机构与养老机构深度合作，增强医疗机构为老年人提供便捷、优质医疗服务的能力；

◆坚持中西医并重方针，以积极、科学、合理、高效为原则，做好中医医疗服务资源配置。

政府根据"十二五"时期基本医疗卫生服务国家基本标准，再结合 QCP 区当地基本实情，制定出"十三五"期间 QCP 区基本医疗卫生保障标准，如表 3 所示。

表 3 "十三五"期间 QCP 区基本医疗卫生服务和保障标准

服务项目	服务对象	保障标准	支出责任	覆盖水平
基本公共卫生服务				
居民健康档案	城乡居民	为辖区常住人口免费建立统一、规范的居民电子健康档案	地方政府负责，中央财政适当补助	规范化电子建档率达到97%以上
健康教育	城乡居民	免费提供健康教育宣传信息和健康教育咨询服务等	地方政府负责，中央财政适当补助	城乡居民具备健康素养的人数达到总人数的10%

续 表

服务项目	服务对象	保障标准	支出责任	覆盖水平
预防接种	0～6岁儿童和其他重点人群	免费接种国家免疫规划疫苗，在重点地区，对重点人群进行针对性接种	地方政府负责，中央财政适当补助	以街道（乡镇）为单位适龄儿童免疫规划疫苗接种率达到98%以上
传染病防治	法定传染病病人、疑似病人、密切接触者及相关人群	就诊的传染病病例和疑似病例及时得到发现登记、报告、处理，免费享有传染病防治知识宣传和咨询服务	地方政府负责，中央财政适当补助	传染病报告率和报告及时率达到100%，突发公共卫生事件相关信息报告率达到100%
儿童保健	0～6岁儿童	免费建立保健手册，享有新生儿访视、儿童保健系统管理、体格检查、生长发育监测及评价和健康指导	地方政府负责，中央财政适当补助	儿童系统管理率达95%以上
孕产妇保健	孕产妇	免费建立保健手册，享有孕期保健、产后访视及健康指导	地方政府负责，中央财政适当补助	孕产妇系统管理率达到95%以上
老年人保健	65岁及以上老年人	免费享有登记管理、健康危险因素调查、一般体格检查、中医体质辨识，疾病预防、自我保健及伤害预防、自救等健康指导	地方政府负责，中央财政适当补助	老年居民健康管理率达到70%
慢性病管理	高血压、糖尿病等慢性病高危人群	免费享有登记管理、健康指导、定期随访和体格检查	地方政府负责，中央财政适当补助	高血压和糖尿病患者规范化管理率分别达到60%、50%
重性精神疾病管理	重性精神疾病患者	免费享有登记管理、随访和康复指导	地方政府负责，中央财政适当补助	重性精神疾病患者管理率达到70%

续 表

服务项目	服务对象	保障标准	支出责任	覆盖水平
卫生监督协管	城乡居民	提供食品信息报告、职业卫生咨询指导、饮用水卫生安全巡查、学校卫生服务及非法行医、非法采供血的信息报送	地方政府负责，中央财政适当补助	目标人群覆盖率达到70%以上
药品供应和安全保障				
基本药物制度	城乡居民	享有零差率销售的基本药物，并全部纳入基本医疗保障药物报销目录，逐步提高实际报销水平	地方政府负责，中央财政适当补助	覆盖所有政府办的基层医疗卫生机构和村卫生室
药品安全保障	城乡居民	享有符合国家药品标准的药物	中央和地方政府共同负责	药品出厂检验合格率达到100%

4.保障工程

政府积极推进基本医疗服务保障工程建设，努力改善基层医疗卫生机构基础设施条件，健全服务网络，理顺管理体制，同步完善医疗卫生机构管理运行机制和约束机制，为基本医疗卫生服务提供有力支撑。

（1）全面深化医药卫生体制改革。实行医疗、医保、医药联动，推进医药分开，建立覆盖城乡的基本医疗卫生制度和现代医院管理制度。加快公立医院综合改革，破除逐利机制，建立符合医疗行业特点的人事薪酬制度。健全药品供应和质量安全保障机制，建立临床用药综合评价制度。全面推进分级诊疗、远程诊疗，优化医疗卫生资源配置。鼓励发展社会办医和社会资本参与公立医院改革。

（2）加强健康卫生服务体系建设。全面推进卫生信息化建设，深化完善城乡区域医疗联合体建设，促进基本公共卫生服务均衡发展。全力推进分级诊疗，制定和完善基本覆盖区级医院临床科室诊疗常见病的诊疗指南，根据医疗机构服务能力的差异明确诊治范围，形成较为完整的双向转诊标准体系。依托上海同济大学资源优势，引进优质医疗资源，加快李庄同济医院等医疗卫生项目建设。加快中医药事业发展，为群众提供安全、价廉的中医药服务，提升QCP区的整体医疗服务水平。健全专业公共卫生机构与基层医疗卫生机构分工协作机制，鼓励社会力量兴办的医疗卫生机构提供基本公共卫生服务，实现每个家庭有一个签约医师。继续支持村卫生室、乡镇卫生院、社区卫生服务机构标准化建设。

（3）加快提升医疗卫生服务水平。加快健全覆盖城乡居民的基本医疗卫生制度，构建体系完整、分工明确、功能互补、密切协作的整合型医疗卫生服务体系，实现人人享有基本医疗卫生服务。建立医院和基层医疗机构之间的上下联动和分工协作机制，利用信息化技术，加强区域医疗业务协同服务，促进优质医疗资源服务基层。发展民族地区和贫困地区医疗卫生事业。推动实现医疗、医保、医药"三医联动"，推动基本医保、大病保险、医疗救助、商业健康保险、社会慈善等衔接配合，努力构建多层次的医疗保障体系。到2020年，力争实现每个家庭有一名合格的签约医生。完善疾病预防控制、妇幼保健、精神卫生、卫生监督等公共卫生服务体系，促进基本公共卫生服务均等化，提高重点传染病、慢性非传染病、地方病等防治水平，加强职业安全防护，减少职业危害，增强突发公共卫生事件防控和应急处置能力。建设区域人口健康信息平台，推进"互联网＋健康服务"创新应用，普及应用居民健康卡。大力发展中医药事业。加强基层医疗卫生服务体系建设，推进基层医疗机构标准化建设，实施基层卫生人才培训行动，加强基层卫生专业技术人才队伍建设。

（4）强化和完善医疗机构信息化建设工程。建成联通全区各级各类医疗卫生机构的卫生信息化网络高速公路和标准统一、安全可靠的区、乡（镇）、村三级互联互通人口健康信息化平台。实现与公共卫生、医疗保障、农村应急救治、食品安全风险监测、社区卫生及居民健康档案之间的信息交换与共享。积极推动QCP区区域人口健康信息平台建设项目与QCP区中医医院基于电子病历为核心的医院信息平台建设项目，争取2020年基层医疗卫生信息系统基本覆盖乡镇卫生院、社区卫生服务机构和有条件的村卫生室，区级医院、妇幼保健与计划生育服务中心数字化医院比例达到100%。建设和整合疾病防控、卫生应急、决策分析系统为一体的公共卫生业务应用和监管信息系统，专业公共卫生机构90%以上业务实现数字化。面向居民提供基本医疗卫生信息服务，大力推进居民健康卡工作，逐步形成连续、动态、个性化的健康管理模式，实现居民健康卡与新农合业务互联互通，逐步实现多卡合一、一卡通行。

积极开展整治"两非"（非医学需要的胎儿性别鉴定和选择性人工终止妊娠行为）专项行动。严肃查处医疗卫生、计划生育技术服务机构和人员"两非"行为，严肃查处"黑诊所"和游医等从事"两非"的行为，严肃查处"两非"中介，严厉打击采血鉴定胎儿性别行为，加强可用于胎儿性别鉴定器械和终止妊娠药品的监管，建立"两非"违法机构及人员数据库。针对"两非"行为出现的新情况、新问题，各级政府部门要高度重视，加强组织领导，突破难点，加大"两非"案件查处力度和宣传力度，充分发挥警示教育和震慑作用。引导广大群众自觉抵制"两非"行为。进一步完善出生人口性别比综合治理体系，落实相关部门职责，形成部门协调、区域协作的工作机制，构建全区出生人口性别比综合治理"一盘棋"格局。

专栏 2-2："十三五"时期，卫生事业重点建设项目工程

◆加快推进 QYB 市 QCP 区精神卫生中心门急诊及医技楼建设项目、QYB 市 QCP 区人民医院老年病病区建设项目、QYB 市 QCP 区中医医院康复病区建设项目申报"十三五"中央投资项目工作；

◆新开工 QYB 市第二妇女儿童医院、李庄同济医院二期项目；

◆继续实施完成李庄同济医院一期建设项目、QCP 区妇幼保健院建设项目、QCP 区区域人口健康信息平台建设项目、QYB 市第三人民医院和 QYB 市第二中医医院信息平台建设项目、乡镇卫生院周转房建设项目、村卫生室改建项目等。

（三）人口和计划生育

1.基本情况

"十二五"期间，QCP 区人口和计划生育工作以党的十八大精神为指导，践行"三严三实"，以稳定低生育水平为核心，以保障民生为重点，以依法行政为基础，不断强化优质服务，有力促进了全市计划生育工作的健康发展。符合政策生育率稳定在 90% 以上，人口自然增长率稳定在 5‰以内，出生性别比稳定在 105/100 左右正常范围。

全区基建水平、优质服务能力进一步提升。一是在项目建设上，尽力争取资金，加大了对区、镇、乡三级服务阵地的升级改造，添置了设备。二是在药具管理上，深入开展药具规范化达标活动。目前，农村免费药具发放到户率和用药随访率达到 100%。城区免费药具发放服务网点实现全覆盖。目前所有乡镇街都达到了药具规范化建设标准，村药具库库存量达到了规范要求。药具发放网络健全，及时到位。三是在信息化建设上，建立了信总网络平台，规范了人口信息采集录入程序，提高了全员人口信息数据质量，实现了乡级以上全部

实现网上办公，提高了办公效率。

2.重要任务

政府贯彻落实人口国策，全面提高依法行政水平，提高人口素质，优化人口结构，坚持现行生育政策，完善计划生育服务体系，积极应对老龄化趋势，发展妇女儿童事业，促进人口长期均衡发展。

（1）全面提高依法行政水平。坚定不移地实行计划生育基本国策，认真执行《中华人民共和国人口与计划生育法》和《四川省人口与计划生育条例》及相关法律法规。大力推行行政执法责任制、过错责任追究制。加大社会抚养费征收力度，强化行政执法考核评估，做到正确执法、文明执法、公正执法。加强人口计生宣传教育，坚持舆论导向，形成有利于人口和计划生育工作的社会环境，努力增强广大人民群众依法实行计划生育的自觉性。

（2）坚持现行生育政策。按照"总体稳定、城乡统筹、逐步完善、平衡过渡"的基本原则，遵循人口发展的自身规律与经济社会发展水平相适应、与资源环境承载能力相协调的原则，统筹考虑全区人口发展实际，推动国家最新"全面二孩"政策。完善生殖健康技术服务体系，提高人口生育质量，全面推进免费孕前优生健康检查，加强流动人口生育服务，提高妇幼保健等公共服务水平，切实降低出生人口缺陷发生率。帮扶存在特殊困难的计划生育家庭。

（3）积极应对老龄化。积极开展应对人口老龄化行动，建设以居家为基础、社区为依托、机构为补充的多层次养老服务体系，推动医疗卫生和养老服务相结合，探索建立长期护理保险制度，积极推进老年福利逐步向普惠型发展。全面放开养老服务市场，鼓励社会力量举办养老机构，重点扶持一批专业化服务、规模化经营的养老服务企业和民办非企业单位。通过购买服务、股权合作、政府补贴等方式支持各类市场主体增加养老服务和产品供给。深入开展全国"敬老文明号""四川省敬老模范县（区）"创建活动，努力保障和改善老年人民生，增进老年人福祉。

（4）发展妇女儿童事业。坚持男女平等基本国策，保障妇女和未成年人权益。全面实施妇女儿童发展纲要。加大妇女常见病防治和控制力度。加大女性技术技能人才培养力度，持续提高妇女受教育程度。加大妇女权益的法律保障力度，扩大妇女就业渠道，落实男女同工同酬。加强对儿童的健康指导和干预，依法保障儿童受教育权利。建立、完善儿童监护监督制度，积极有效预防和打击侵害未成年人合法权益的违法犯罪。依法保护农村留守儿童、留守妇女、留守老人的人身权利和合法权益。重视发挥关工委作用。

（5）促进人口均衡发展。"十三五"期间，人口自然增长率控制在2.5‰，婴儿死亡率控制在2‰。坚持计划生育的基本国策，全面实施一对夫妇可生育两个孩子政策，建立健全妇幼保健、学前教育等适应人口发展新政策的配套机制。加大出生缺陷综合防治力度，缓解出生人口性别比重偏高趋势，建立全员人口统筹管理信息系统，加强流动人口计划生育服务管理。坚持和完善计划生育利益导向机制，加强计划生育家庭帮扶工作。

（6）完善计划生育服务体系。优化区、镇乡、村三级计划生育服务网络资源配置与整合。加强优生优育技术服务，建立便捷、高效的避孕药具配送系统。完善药具不良反应监测网络和药具随访制度，提高避孕节育措施的及时有效率，降低意外妊娠率和节育手术并发症、药具严重不良反应发生率。

（7）坚持和完善计划生育利益导向政策体系，将计划生育利益导向政策作为保障和改善民生的重要组成部分，纳入政府改善民生行动计划。认真实施计划生育家庭奖励扶助制度和特别扶助制度。全面落实计划生育免费基本技术服务、城镇职工生育保险等制度。实施计划生育手术并发症人员免费治疗制度和特别扶助制度。

3.保障标准

专栏3-1："十三五"时期，政府提供如下计划生育服务

◆为城乡居民提供计划生育、优生优育、生殖健康以及人口和计划生育信息等服务；
◆认真实施计划生育家庭奖励扶助制度和特别扶助制度；
◆加强优生优育技术服务，建立便捷、高效的避孕药具配送系统，完善药具不良反应监测网络和药具随访制度；
◆推动国家"全面二孩"政策。

根据"十二五"时期基本公共教育服务国家基本标准，再结合QCP区当地实情，制定出"十三五"期间QCP区人口和计划生育保障标准，如表4所示。

表4 "十三五"期间 QCP 区人口和计划生育服务和保障标准

服务项目	服务对象	保障标准	支出责任	覆盖水平
计划生育服务				
技术指导咨询	育龄人群	免费获取避孕药具，免费享有查环查孕经常性服务、术后随访服务及计划生育、优生优育、生殖健康科普、教育、咨询服务	免费避孕药具支出由中央财政全额负担，其他服务由区政府负责，中央财政适当补助	本地常住人口目标人群覆盖率100%，流动人口目标人群覆盖率达到90%
临床医疗服务	育龄夫妇	免费享有避孕和节育的医学检查、计划生育手术、计划生育手术并发症和计划生育药具不良反应的诊断、治疗	地方政府负责，中央财政适当补助	避孕节育免费服务目标人群覆盖率100%
再生育技术服务	符合条件的育龄夫妇	免费享有再生育相关的医学检查、输卵（精）管复通手术	地方政府负责，中央财政适当补助	目标人群覆盖率100%
宣传服务	城乡居民	免费获取计划生育、优生优育、生殖健康等宣传品	地方政府负责，中央财政适当补助	家庭覆盖率达到95%
计划生育奖励扶助				
独生子女父母奖励	实行计划生育、子女未满18周岁的夫妇	奖励费每对夫妇每年不低于120元	中央、市、企事业单位共同负担	目标人群覆盖率90%以上
农村部分计划生育家庭奖励扶持	根据国家最新政策、"二孩政策"实施	奖励扶助金夫妇每人年均不低于600元	中央和地方财政按比例共同负担	目标人群覆盖率95%以上
计划生育家庭特别扶助	符合条件的死亡或伤残独生子女父母及节育手术并发症三级以上人员	伤残：4 800元/年/人 死亡：6 000元/年/人 节育手术： 一级：7 200元/年/人 二级：4 800元/年/人 三级：2 400元/年/人	中央和地方财政按比例共同负担	目标人群覆盖率95%以上

4.保障工程

"十三五"时期，政府要进一步强化综合监督执法机构建设，重点完善QCP区妇幼保健计划生育服务机构配套设施建设，合理配备人员。期间需要做好以下保障工作。

（1）强化综合监督执法机构建设。进一步完善QCP区综合监督执法机构，明确区委、区政府对镇乡和各级部门的考核目标，依法落实各相关部门计生工作职责，建立健全部门垂直负责体系和横向协作配合机制，形成优势互补、各负其责、相互配合的工作格局。全区共设置区级卫生计生综合执法监督机构1个，根据区域分布在乡镇设立相应派出办事机构，争取2016年把乡镇（街道）计划生育办公室更名为"卫生和计划生育办公室"，到2020年，全区卫生计生综合执法监督机构100%完成基础设施建设和设备配置，使其具备全面开展综合监督执法工作的良好条件。

（2）建立健全公共财政投入机制。建立健全计划生育经费保障机制，足额预算计划生育工作经费，确保法律法规规定的各项奖励优惠政策的落实，加强区、镇乡计划生育技术服务机构资源整合、计划生育经常性工作、计划生育免费基本技术服务等经费的落实。2015—2017年，QYB市QCP区妇幼保健与计划生育服务中心投资1 596万元（其中中央投资670万元）新建4 560平方米的业务用房及辅助设施。2015年投资89万元（其中中央投资71.20万元）为QYB市人口与计划生育服务中心购置计划生育流动车及孕前优生健康检查设备。

（3）加强妇幼保健计划生育服务机构建设。加快推进妇幼保健与计划生育技术服务资源的优化整合，完成妇幼保健与计划生育服务中心整体搬迁至岷江新区的迁建工作。到2020年，全区共设置区级妇幼保健与计划生育服务中心（站）18个，区妇幼保健与计划生育服务中心达到二级甲等水平。村级保留村卫生室和村计划生育服务室，到2020年，村卫生室（村计划生育服务室）规范化建设达标率达到100%。

（4）优化妇幼保健计划生育服务人员配置。加快优化妇幼保健与计划生育技术服务人员资源的优化整合，完成妇幼保健与计划生育服务人员整体配置工作。到2020年，每万常住人口妇幼保健计划生育服务人员数达到1.8人，妇幼保健计划生育服务机构中卫生技术人员比例应当不低于总人数的80%，卫生计生综合执法监督人员应达到每万常住人口0.83人。确保计划生育工作机构和人员稳定，加大培训力度，提高服务管理能力。

专栏3-2："十三五"时期，妇幼保健计划生育重点建设项目工程

◆设置区级妇幼保健与计划生育服务中心（站）18个，区妇幼保健与计划生育服务中心达到二级甲等水平；

◆设置257个村卫生室；

◆全区共设置区级卫生计生综合执法监督机构1个。

（四）公共文化体育

1.基本情况

"十二五"末，全区建成乡镇综合文化站13个，其中省级示范站3个，街道文化中心9个，行政村广播室229个，乡镇固定电影放映点7个，村级固定电影放映点6个，农家书屋233个，社区书屋80个，实现基层文化阵地全覆盖。全区现在有国家级文物保护单位6处，省级文物保护单位10处，市级文物保护单位16处，区级文物保护单位13处。非物质文化遗产名录12项，其中国家级1个，省级6个，市级3个，区级2个。

全区实现20户以下广播电视"村村通"，148个行政村、865个自然村有2 789户直播卫星建设用户，552户有线覆盖建设用户，82户地面数字电视建设用户。有13所乡村青少年宫投入使用，成为青少年爱国主义教育实践和乡村文化传承基地。

"十二五"期间，群众体育健身场地设施大为改善。目前QCP区有农民体育健身工程115个、健身路径26条，新建单位健身房8个，改造单一训练房为综合健身房1个。

QCP区现有22个乡镇街道、80个社区、229个村，有高等教育学校2所、中等职业学校9所、高级中学2所、完全中学3所、十二年一贯制学校2所、初级中学21所、九年一贯制学校15所、特殊教育学校2所、小学30所、小学教学点91个、幼儿园157所。"十二五"期间，人均体育场馆面积达到0.5平方米。

"十二五"期间主要完成的工作：

——完成了QCP区广播电视"村村通"建设。

——组织实施了送文化下基层"欢乐百姓大舞台"巡演走进乡村、走进社区、走进学校、走进部队等开展文化活动200余场；承办了"翠屏之春"文艺

会演、QCP 区"迎春春联"大赛、QCP 区迎春舞龙大赛、"流杯雅集咏戎州"等 QCP 区品牌文艺活动。

——QCP 区的体育事业取得了长足的发展。竞技体育认真落实"奥运争光计划"，以全面提高竞技水平为目标，积极做好 QCP 区带市训练的参加省运会项目，竞技体育持续发展，形成了以篮球、排球、射击、乒乓球、武术等优势传统项目。QYB 市组团参加四川省第十二届运动会，QCP 区输送的运动员有 220 余名，占 QYB 市代表团参赛人数的 75%，取得全省重点项目第三名的良好成绩。

——成功举办四川省首届钓鱼运动锦标赛（QYB 市站）、四川省自行车联赛（QYB 市站）及 QCP 区机关干部职工"红花郎"杯羽毛球比赛、QCP 区"善道杯"气排球比赛和篮球比赛，并与市教育和体育局成功联办全国自行车邀请赛、中国 QYB 市飞行节活动。

——公园和文化基地公益改造升级完成。QCP 区对位于区内的知名文化景观，如天池公园、翠屏公园、流杯池公园、真武山公园、人民公园、合江门公园等进行升级改造，并全部免费向市民开放。赵一曼纪念馆、李庄抗战历史文化陈列馆、五粮液酒史博物馆等文化基地免费开放。

——通过文艺工作者走基层，深入留守儿童学校、家庭收集素材，成功创作了关爱留守儿童的话剧《春归》，并在四川省第十四届戏剧小品（小戏）比赛中，包揽最佳剧目、最佳编剧、最佳导演、最佳演员、最受喜爱节目五个最高奖项，反映农民工的喜剧小品《采访》在 2014 年四川省群星奖戏剧专场比赛中获一等奖，2014 年打造的人偶剧《红鼻子和妞妞马戏团》荣获省"五个一工程"奖，反映留守儿童的音乐小品《天边有朵红云》也在 QYB 市第十一届戏剧小品（小戏）比赛中获二等奖，获得了观众的广泛赞誉。

——加强文物保护。按照"保护为主、抢救第一、合理利用、加强管理"的工作方针，加大管理力度，强化保护措施，推动全区文物保护工作健康开展，实现文物的长期保护和文物事业的可持续发展。

——努力营造新村文化氛围。结合新农村建设，打造了 24 个幸福美丽新村文化院坝，加强对传统村庄院落民居的保护和传承，进一步培育新型农村文化。

2. 重要任务

总体目标：到 2020 年，全区基本建成覆盖城乡、便捷高效、保基本、促公平的现代公共文化服务体系。区、乡、村三级公共文化设施网络全面覆盖、互联互通，基层公共文化基础设施提档升级，以阵地服务为主体，数字文化服务、流动文化服务等为补充的公共文化服务方式更加多样、内容更加丰富，公共文化管理、运行和保障机制进一步完善，公共文化机构法人治理结构在全省得到普遍推广，政府、市场、社会共同参与公共文化服务体系建设格局逐步形成，人民群众基本文化权益得到更好保障，基本公共文化服务均等化水平稳步提高。

到 2020 年，形成文化与城乡一体化同步发展，"一区二馆"（文化馆、图书馆）、"一乡一站"乡镇（街道）综合性文化服务中心（综合文化站）、"一村一室"村（社区）综合文化服务中心（多功能文化活动室）、"一人一册"（图书）覆盖全社会的公共文化服务体系，完成全面建成小康社会和社会主义新农村赋予文化建设的任务，社会主义核心价值观日益深入人心，进一步形成社会共同的理想信念和道德规范，更好地满足人民群众的文化需求，基本文化权益得以保障。

全区人均体育活动场地达到 1.5 平方米以上，社会指导站（点）发展到 100 个以上。全区区级体育社团全覆盖，辐射到乡镇、街道和重点村（社区），形成各级组织网络。继续开展全民健身工程，促成全区经常性参加体育健身的人口占总人口比例 39% 以上。竞技体育以市、区一体为依托，在全区形成 2～3 个名片项目。"十三五"期间向省专业队、大专院校和市业余体校输送优秀体育后备人才 320 名以上。

（1）构建公共文化服务体系

①完善公共文化基础设施网络布局。充分依托、利用市域公共文化设施，推动公共文化资源共享，逐步建成以公共文化设施为骨干，以城市、乡镇、社区文化设施为基础，布局合理、功能齐备的公共文化基础设施网络。发展以图书馆、文化馆等为骨干，以乡镇综合文化站为支撑，以村（社区）多功能文化活动室、农家书屋、文化信息资源共享网络、农村公益电影放映、文体广场（舞台、戏台）等为基础的区、乡镇、村（社区）三级公共文化服务网络。

②加强公共文化体育基础设施建设。继续推进 QCP 区 229 家农家书屋、85 家社区书屋图书更新补充工作，利用公益岗位力争设立村（社区）专职文化工作者，探索和推进数字书屋建设工程，把书屋管理纳入科学化、制度化管理。通过新建、联建、共建模式在车站、宾馆、公园等群众集聚场所加强公共

文化服务体系建设，"十三五"期间规划建设惠民书屋 50 个以上。推动各级各类公共体育设施免费或低收费开放，有条件的学校加强体育场馆对外开放的管理，继续推进实施农民体育健身工程。

③着力优化广播影视服务。全面推进应急广播平台和三级联控，完善应急广播体系。继续开展农村公益电影放映工程，在有条件的镇乡和村、社区，建设农村室内固定电影放映点，购置电影流动放映车 1 ~ 2 部，基本实现农村固定电影放映点全覆盖。

④创新公共文化服务方式。完善公共文化设施免费开放保障机制，逐步将民族博物馆、行业博物馆、非物质文化遗产展示馆（传习所）纳入免费开放范围。建立群众文化需求反馈机制，开展"菜单式""订单式"服务。将阵地服务与流动服务、数字服务相结合，扩大公共文化服务半径。加大对跨部门、跨行业、跨地域公共文化资源的整合力度，建立图书馆联盟、文化馆联盟，实现区域文化互联互通、共建共享。以县级文化馆、图书馆为中心推进总分馆制建设，鼓励有条件的地方建设 24 小时自助图书馆。

（2）繁荣发展文化艺术

①深度打造文艺精品。坚持以人民为中心的创作导向，打造精品力作，处理好普及与提高的关系，把普及基础上的提高和提高指导下的普及有机统一起来。深度挖掘翠屏丰富的酒文化、茶文化、红色及抗战文化、古镇文化资源，紧扣时代建设主旋律，着力创作一批独具翠屏文化特色的文艺精品。

②大力繁荣群众文化品牌。发挥"翠屏之春"文艺会演、欢乐百姓大舞台等 QCP 区品牌文化活动的引领作用，吸引更多群众参与文化活动。推进四川省民间文化艺术之乡建设。深入开展"书香四川"全民阅读活动。推进红色文化、社区文化、乡土文化、校园文化、企业文化、军旅文化、家庭文化建设，培育积极健康、多姿多彩的社会文化形态。以"我们的节日"为主题，组织开展群众性节日民俗活动。鼓励群众自办文化，支持成立各类群众文化团队。出台广场文化活动管理规范，指导群众文化活动健康发展。

（3）加强新农村文化建设

①推进农村文化体育设施和特色文化建设。加快文体综合广场建设，完善图书馆、文化馆以及农村公共文化设施；实施新农村文化体育阵地建设、农家书屋工程、农村文化资源信息共享、农村特色文化建设、农村公益电影放映等工程，改善、提升农村公共文化基础设施条件和服务水平，发展农村基层服务

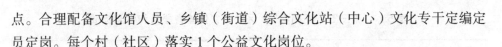

点。合理配备文化馆人员、乡镇（街道）综合文化站（中心）文化专干定编定员定岗。每个村（社区）落实 1 个公益文化岗位。

②实施重点镇乡特色文化建设工程。充分发掘李庄抗战文化、南广哪吒文化等，为 QYB 市文化注入新的人文内涵；大力推进李庄草龙舞、QYB 市面塑、川剧艺术等非物质文化遗产进校园活动，开展非物质文化遗产保护，传承优秀民族文化遗产。

③加大文化资源向农村的倾斜。市图书馆丰富藏书量，形成统一采购、统一编目的图书配送体系，充分发挥图书馆对乡镇、村图书室的辐射作用，实行图书流转，促进市、乡镇图书文献资源共享。采取援赠设备器材和文化产品、共享文化资源、开展业务合作、组织人员培训等方式，开展城乡文化对口支援活动。

3.保障标准

专栏 4-1："十三五"时期，政府提供如下公共文化体育服务

> ◆向全民免费开放基层公共文化体育设施，逐步扩大公共图书馆、文化馆（站）、博物馆、美术馆、纪念馆、科技馆、工人文化宫、青少年宫等免费开放范围，开放时间达标、开放项目健全；
> ◆为全民免费提供基本的广播电视服务和突发事件应急广播服务；
> ◆为农村居民免费提供文化信息资源共享、电影放映、送书送报送戏等公益性文化服务；
> ◆加强文化遗产保护和综合利用；
> ◆行政村有农家书屋，向村民免费开放；
> ◆为城乡居民参加全民健身活动提供免费指导服务。

根据"十二五"时期基本公共教育服务国家基本标准，再结合 QCP 区当地基本实情，政府制定出"十三五"期间 QCP 区公共文化体育保障标准，如表 5 所示。

表5 "十三五"期间 QCP 区公共文化体育服务和保障标准

服务项目	服务对象	保障标准	支出责任	覆盖水平
公益性文化服务				
公共文化场馆开放	城乡居民	公共空间设施和基本服务项目免费,全年开放	中央和地方财政按比例共同负担	除文物建筑及遗址类博物馆外,各级文化文物部门归口管理的公共文化场馆全面向社会开放
公益性流动文化服务	城乡居民	免费享有融影视放映、文艺演出、图片展览、图书销售和借阅、科技宣传为一体的流动文化服务,每学期中小学生观看爱国主义教育影片数量两部	地方政府负责,中央财政适当补助	基本建立灵活机动、方便群众的公益性流动文化服务网络,公益性流动文化服务网络群众城乡覆盖率100%
广播影视				
农村广播电视	农村居民为主	无偿提供中央第一套广播节目、中央第一套和第七套电视节目及四川省第一套广播电视节目等六套以上广播和电视节目服务,逐步增加节目套数和提高播放质量	中央和地方政府共同负责	实现所有通电行政村和户户通广播电视
农村电影放映	农村居民	行政村一村一月放映一场电影,逐步建设乡镇室内固定电影放映室和村室外固定电影放映点	中央和地方财政按比例共同负担	每年放映 2 748 场公益电影
应急广播	城乡居民	在突发公共事件发生前后及时获得政令、信息等服务	中央和地方政府共同负责	全区覆盖率100%
新闻出版				
公共阅读服务	城乡居民	农村行政村建立农家书屋,图书 1 500 册/个;城市和乡镇主要街道、大专院校、居民小区等人流密集地点设公共阅报栏(屏),及时提供各类新闻和服务信息	中央和地方财政按比例共同负担	基本实现行政村村村有农家书屋,新建惠民书屋 50 个,国民综合阅读率达到80%
文化遗产展示				

服务项目	服务对象	保障标准	支出责任	覆盖水平
文化遗产展示门票减免	未成年人、老年人、现役军人、残疾人和低收入人群	减免参观文物建筑的门票，免费观看各类公益性文化遗产展示、展览	中央和地方财政分别负担	目标人群覆盖率100%
群众体育				
体育场馆开放	城乡居民	体育馆向公众开放，免费项目或有关收费标准由地方政府制定；部分学校场地为寒暑假开放和晚上开放，其余全年开放	地方政府负责，中央财政适当补助	可供使用的公共体育场地（含学校体育场地）占全国体育场地总数的比率达到68%左右
全民健身服务	城乡居民	免费享有健身技能指导、参加健身活动、获取科学健身知识等服务，免费提供公园、绿地等公共场所全民健身器材	地方政府负责，中央财政适当补助	全市健身服务设施配套情况为镇乡100%、社区100%，经常参加体育锻炼人数比率39%

4.保障工程

（1）"十三五"期间，QCP区公共文化服务体系建设工程的建设方向是：文化设施建设进一步向镇乡、村、社区倾斜。建设内容包括：镇乡综合文化站的改扩建和村（社区）级综合文化室建设、示范综合文化站和村（社区）文化室建设。

（2）文化和自然遗产保护工程的建设方向是：进一步挖掘、整理、保护和合理利用文化遗产资源，建立和完善文化遗产保护体系；着力打造冠英街历史名街项目，在充分保护古街的同时，让更多人走进、了解QYB市历史文化，探索文化与旅游的有机结合，形成QYB市一张文化旅游新名片。

（3）"十三五"期间，传播体系建设工程：建设应急广播体系，基本实现应急广播全覆盖；采取有线数字电视、无线地面数字电视、直播卫星等方式，扩大广播电视村村通和户户通覆盖率，到2020年基本实现全覆盖。

（4）"十三五"期间，QCP区要在岷江新区推进"一场三馆二中心"建设

（"一场三馆"，即建设一处标准的体育场、一处标准的游泳馆、一处标准的体育馆和一处标准的综合馆；"二中心"，即完成全民健身中心和国民体质监测中心）。各村、社区要建成文体活动中心（一个文体活动室和室外健身场地）。在城镇社区建设15分钟健身圈，新建社区的体育设施覆盖率达到100%。

专栏4-2："十三五"期间公共文化体育主要项目

◆建设示范综合文化站和村（社区）文化室；

◆建立和完善文化遗产保护体系；

◆到2020年传播体系工程基本实现全覆盖，全民健身工程全覆盖；

◆城镇社区体育设施到2020覆盖率达到100%。

（五）劳动就业服务

1.基本情况

"十二五"期间，QCP区就业创业工作在上级部门关怀指导和区委、区政府的领导下，认真贯彻落实习近平总书记系列重要讲话精神，以党的十八大及十八届三中、四中全会精神为引领，紧紧围绕就业工作目标任务，努力实施积极的就业政策，主动服务，创新作为，圆满完成各项目标任务，全区就业工作取得新成绩。

"十二五"期间，创业创新渐成时尚，科技特派员驻点服务基层制度全面落实，区创业创新孵化园顺利开园，在李庄成功打造"QCP区创新创业基地"，QCP区被确定为"国家知识产权强县工程示范区"。

"十二五"期间，QCP区较好完成了就业工作目标任务，全区城镇新增就业15 143人，完成全年目标的126.19%；失业人员再就业4 808人，完成全年目标的126.53%；就业困难人员实现就业1 599人，完成目标值的133.25%；城镇登记失业率3.69%，低于控制目标4.2%；转移输出农村劳动力19.43万人，就业培训3 120人次，职业技能鉴定200人，高校毕业生就业率为90%，动态消除零就业家庭。

2.重要任务

政府争取在"十三五"期间城镇登记失业率维持在4.2%以内；城镇新增就业人数力争达到8万人，比2015年提升6.7%。继续通过劳务输出增加农村人口就业，通过政府开发公益性岗位、就业服务平台等方式促进困难就业人员、下岗职工实现再就业。

①大力优化创业就业环境。完善扶持就业政策，其中包括公益性岗位补贴、社保补贴、灵活就业补贴、培训补贴以及新增的技能鉴定补贴等。建立健全就业服务平台，涉及就业资源市场的建立，市场平台作为中介与企业对接寻找岗位并发布消息。健全规范统一的人力资源市场，进一步完善公共就业服务，推进基层平台工作规范化、标准化和信息化建设，为劳动者提高优质高效的城乡一体化公共就业服务，力争到"十三五"期末，基本建立起覆盖城乡、区域均衡、全民共享的公共就业服务体系，努力实现公共就业服务均等化。统筹人力资源市场，打破城乡、地区、行业分割和身份、性别歧视，维护劳动者平等就业权利。积极营造"大众创业、万众创新"舆论环境。坚持"非禁即入"原则，放宽创业限制，优化提升公共服务。完善就业创业扶持政策、创业就业孵化机制，完善城乡均等的就业创业公共服务体系。

②加强就业职能培训。一是制订三大培训（订单式培训、大学生创业培训以及农村转移劳动力培训）计划。加快构建劳动者终身职业培训体系，不断提高劳动者适应结构升级的就业能力，加强对劳动人口的对口培训，提高就业的匹配度，创造更多就业机会。二是推行终身职业技能培训制度。加强对职业技能培训的投入，培训机构发展要跟上就业形势发展速度，务工人员就业培训及时纳入就业培训体系，提高劳动者整体技能水平，满足企业各类人才需要。三是针对精准扶贫，强化贫困户家庭劳动者有培训需求和意愿的精准扶贫培训，使其获得就业技能，提高家庭收入，尽快脱贫；对于基层扶贫项目，通过联系各个乡镇、街道，创办类似于农业设备技术方面的培训。四是加强残疾人、城乡失业人员和农村转移劳动力技能培训，以培训促就业；同时大力开展农村短期实用性技术培训，提升农村劳动力的种养殖技术水平和能力；开展创业培训，以创业带就业。

③保持与市场经济同步增长。强化经济增长与就业增长良性互动，积极鼓励中小微企业发展，发挥中小微企业就业主渠道作用。大力发展商贸物流、电子商务、休闲旅游、健康养老等服务业，积极拓宽就业渠道。延伸优势工业产业链，提升产业链就业吸纳能力。着力打造一批自主创新能力强、加工水平高的农业产业化龙头企业，建设一批农业生产基地，带动农民就近转移就业。完善收入分配制度改革，规范收入分配秩序，实现城乡居民人均收入实际增长和经济增长同步，劳动报酬增长与生产率提高同步，持续增加城乡居民收入。多渠道增加居民财产性收入，严格规范隐性收入，打击和取缔非法收入。缩小地区间、行业间收入差距，达到就业与市场经济同步发展的目的。

④劳动关系更加和谐稳定。劳动关系协调机制、劳动人事争议纠纷调解仲裁机制和劳动监察执法机制更加完善，劳动者权益得到有效维护。劳动保障监察"网络化、网格化"管理更加健全，工作重心进一步下移。进一步建立健全符合社会主义市场经济要求的和谐劳动关系协调机制，切实维护企业和劳动者合法权益。

3. 保障标准

专栏 5-1："十三五"时期，政府提供如下劳动就业公共服务

◆ 为全体劳动者免费提供就业信息、就业政策咨询、职业指导和职业介绍、就业失业登记等服务；
◆ 为失业人员、农民工、新型职业农民、残疾人、农村转移劳动力等提供职业技能培训和技能鉴定补贴；
◆ 建立大学生创业孵化基地、返乡农民工基地，创造就业机会。

政府以高校毕业生、农村转移劳动力、创业大学生、城镇就业困难人员和零就业为重点服务对象，以健全就业创业公共服务体系、提高劳动者的职业素质和就业能力、构建和谐劳动关系为核心，实现更高质量就业。

根据"十二五"时期基本公共教育服务国家基本标准、《四川省人民政府关于进一步做好新形势下就业创业工作的意见》（川府发〔2015〕38 号），结合 QYB 市 QCP 区当地实际情况，政府做出以下保障标准，如表 6 所示。

表 6 "十三五"期间 QCP 区劳动就业服务和保障标准

服务项目	服务对象	保障标准	支出责任	覆盖水平
就业服务和管理	有就业需求的劳动年龄人口	免费享有就业政策法规咨询、职业供求信息、市场工资指导价位信息和职业培训信息、职业指导和职业介绍、就业和失业登记等服务	地方政府负担、中央财政适当补助	目标人群覆盖率达到100%
创业服务	有创业需求的劳动年龄人口	免费享有创业咨询指导、创业培训、创业项目推介，获得创业小额担保贷款贴息	地方政府负担、中央财政适当补助	目标人群覆盖率达到100%

续　表

服务项目	服务对象	保障标准	支出责任	覆盖水平
就业援助	零就业家庭和符合条件的就业困难人员	免费享有公益性岗位配置和政策指导、就业困难人员和零就业家庭认定、就业岗位即时服务、就业培训等，城镇有就业需求的家庭至少有一人就业	地方政府负担、中央财政适当补助	帮助100%就业困难人员就业和再就业，动态消除零就业家庭
职业技能培训和技能鉴定	失业人员、农村转移就业劳动力、残疾人、新成长劳动力	每人每年只能享受一次职业培训补贴，不得重复申请。通过初次职业技能鉴定并取得职业资格证书或专项职业能力证书的，可按规定申请一次性职业技能鉴定补贴	地方政府负担、中央财政适当补助	为3 500人次提供各类职业技能培训，双证通过率达到100%，培训后就业率不低于97%，对口就业率不低于80%；为500人次提供技能鉴定
劳动关系协调	存在劳动人事关系的就业人员	免费享有劳动关系政策咨询、集体协商，促进劳动关系和谐	地方政府负责	企业劳动合同签订率达到95%、集体合同签订率达到85%
劳动保障监察	存在劳动人事关系的就业人员	免费享有法律咨询和执法维权服务	地方政府负责	监察案件结案率达到95%以上
劳动人事争议调解仲裁	存在劳动人事关系的就业人员	协同法律援助中心免费享有劳动人事争议调解和仲裁服务	地方政府负责	劳动人事争议仲裁结案率达到95%、55%以上案件在基层调解组织解决

4. 保障工程

（1）面向大众的创新就业平台建设工程。加强创业孵化基地的建设，利用创业孵化基地吸引企业来打造岗位，通过岗位提供就业机会。申请就业配套资金。积极吸引社会资本投资创新创业孵化器，加快推进国家农业科技园科技企业孵化器集群、李庄文化科技创意产业园、四川长江工业园环保产业园等创新创业平台开发建设，搭建一批市场化、专业化、集成化、网络化的创客空间，构建面向大众的创业孵化服务平台。鼓励企业加强自主研究能力建设，加强与大专院校联合，建立企业技术研究中心，搭建企业创新平台，整合社会创新资源，提升自主创新能力。现阶段通过人力资源市场，每周开展两次免费招聘。

（2）人力资源市场建设工程。"十三五"期间，完善市人力资源综合服务配套设施，改善综合就业和人力资源、劳动关系协调、劳动人事争议调解仲裁、劳动保障监察等服务条件。

（3）着力做好民生保障工程。夯实就业保障，实施回引返乡创业工程，抓好"翠屏制茶工""翠屏面点师""翠屏月嫂"等劳务输出品牌建设，确保城镇新增就业 1.2 万人。建立、完善就业平台，为需要就业的人员提供信息与技能。切实根据企业所需岗位开展技能培训，大面积开展创业培训，对失业职工再就业制定帮扶措施。

（六）社会保障

1. 基本情况

"十二五"时期，QCP 区社会保障事业面临的挑战多、发展速度快、创新力度大、是工作成效最好的时期，为保障和改善民生、维护改革发展稳定大局做出了重要贡献。

"十二五"期间，在区委、区政府的领导下，区人大、政协的监督支持下，区政府团结依靠全区人民，抢抓"2 365"战略机遇，为推进社会保险制度提供了法律法规依据，社会保险体系基本完善。社保局按照"全面建成覆盖城乡社会保障体系"的总体要求，坚持"全覆盖、保基本、多层次、可持续"方针，紧紧围绕全区的中心工作，突出征缴、扩面、信息化建设等工作重点，严格执行社会保险政策，各项社会保险事业健康快速发展。

"十二五"期间，城乡社会保障体系逐步完善，社会福利和救助工作积极推进，社会保险覆盖面继续扩大。QCP 区基本养老保险覆盖人数达 30.23 万人，居民基本医疗保险参保人数达到 57 万人，失业保险参保人数达 3.32 万人，工伤保险参保人数达 3.8 万人，生育保险参保人数为 3.56 万人左右，QCP 区基本上实现了全覆盖。

2.重要任务

政府构建多层次的社会保障体系及新型社会救助体系，完善社会保障服务平台，推动城乡一体的社会保障体系建设，不断提高社会保障统筹的质量水平，争取"十三五"末基本实现社会保障均等化、全覆盖。

"十三五"末，QCP 区基本养老保险参保人数要力争达到 37 万人，居民基本医疗保险参保人数力争达到 58 万人。基本养老保险、基本医疗保险参保率力争分别大于 97%、98%，工伤、生育、失业保险参保率力争分别达到 90% 以上，基本社会保险覆盖率力争达到 100%，初步建成比较完善、保障有力、覆盖城乡、具有 QCP 区特色的"普惠型"社会保障体系。

①扩大养老保险参保范围。鼓励各类群体规范参保，实现法定人群全面覆盖。健全养老保险转移接续制度和养老金正常调整制度。建立医疗保险报销"一站式"结算平台，加快城镇职工基本医疗保险统收统支的市级统筹建设，优化落实医疗保险转移接续、异地结算。贯彻落实机关事业单位人员养老保险制度改革，积极做好机关事业单位人员参加基本养老保险工作。贯彻执行企业职工参加基本养老保险长缴多得、多缴多得的激励机制。继续提高城乡居民基本养老保险覆盖面，到"十三五"末，基本实现城乡居民基本养老保险全覆盖，稳步提高参保人员的待遇水平。

②实现城乡居民基本医疗保险全覆盖。抓好城镇居民医疗保险和新农合整合后的体制、机制、政策等工作，完善医保办事环境，建立医保办事大厅，规范医保办事程序，提高办事效率。继续提高居民医保补助标准，同步提高个人缴费水平，缩小政策报销比和实际报销比之间的差距。全面实施城乡居民大病保险，完善疾病应急救助制度，切实发挥托底救急作用。加速推进区内定点医疗机构门诊就诊费用即时结算。提高失业保险的覆盖范围。有序推进社会保障卡应用，保障城乡居民人手一卡。严格落实人力资源和社会保障部等四部委《关于做好进城落户农民参加基本医疗保险和关系转移接续工作的办法》（人社部发〔2015〕80 号），保障进城落户农民的权益。到"十三五"末，基本实现城乡居民基本医疗保险全覆盖。

3.保障标准

专栏 6-1：社会保障重点建设项目

◆为全体劳动者免费提供劳动关系协调、劳动人事争议调解仲裁和劳动保障监察执法维权等服务；
◆劳动争议仲裁：建立仲裁院中心厅、片区厅，配置人员，包括临港地区；
◆劳动保障监察执法：在各个街道建立监察中队，每个街道分配一个管理人员；
◆在乡镇建立监察机构；
◆职工享有职工基本养老保险、医疗保险、失业保险、工伤保险、生育保险；
◆城乡居民享有城乡居民基本养老、医疗保险。

政府坚持"广覆盖、保基本、多层次、可持续"的方针，以增强公平性和适应流动性为重点，着力完善制度，推动全民覆盖，提高保障能力，建立健全覆盖城乡居民的社会保险服务体系。

根据"十二五"时期基本公共教育服务国家基本标准、《中华人民共和国社会保险法》、《QYB市社会保险基金监督管理暂行办法》、《四川省人民政府关于贯彻《工伤保险条例》的实施意见》，再结合 QYB 市 QCP 区当地基本实情，政府制定出 QYB 市 QCP 区社会保险保障标准，如表 7 所示。

表 7　"十三五"期间 QCP 区社会保险保障服务和保障标准

服务项目	服务对象	保障标准	支出责任	覆盖水平
基本养老保险				
职工基本养老保险	职工、无雇工的个体工商户、灵活就业人员	QCP 区基本养老金达到四川省平均水平	用人单位缴纳一般不超过工资总额的20%，职工缴纳本人工资的8%，基金出现支付不足时，由企业职工基本养老保险市级统筹基金调剂支付和区县财政安排资金弥补	参保人数16万人左右

续　表

服务项目	服务对象	保障标准	支出责任	覆盖水平
机关事业养老保险	16 周岁以上，未参加职工基本养老保险的事业单位就业人员	基础养老金达到四川省平均水平	基本养老保险费由单位和个人共同负担，单位按本单位工资总额的 20% 缴纳基本养老保险费，个人按本人工资的 8% 缴纳基本养老保险费	参保人数 1 万人左右
城乡居民社会养老保险	年满 16 周岁（不含在校学生），非国家机关和事业单位工作人员及不属于职工基本养老保险制度覆盖范围的城乡居民	基础养老金不低于每人每月 75 元，并逐步提高标准	基础养老金由政府全额负担，个人缴费部分政府适当补贴	参保人数 15 万人左右
基本医疗保险				
职工基本医疗保险	职工、无雇工的个体工商户、灵活就业人员	政策范围内住院费用支付比例达到 78% 左右，最高支付限额达到当地职工年平均工资的 10 倍左右	用人单位缴纳工资总额的 6% 左右，职工缴纳本人工资的 2%，基金出现支付不足时由地方政府给予补贴	参保人数 7 万多人左右
城乡居民基本医疗保险	城乡非从业居民	政策范围内住院费用支付比例达到 75% 左右，最高支付限额达到当地城镇居民人均可支配收入的 10 倍左右	个人和政府共同负担，各级财政的补助标准提高到年人均不低于 360 元，基金出现支付不足时由地方政府给予补贴	参保率稳定在 98% 以上，参保人数 57 万人
失业、工伤和生育保险				

续 表

服务项目	服务对象	保障标准	支出责任	覆盖水平
失业保险	职工	支付失业保险金、基本医疗保险费、丧葬补助金、抚恤金以及职业培训和职业介绍补贴等，失业保险金标准不低于 QCP 区城市居民最低生活保障标准	用人单位和职工按规定缴费，基金出现支付不足时由地方政府给予补贴	参保人数3.3万人左右
工伤保险	职工	因工致残被鉴定为一级至十级伤残的，按《工伤保险条例》的规定，享受一次性伤残补助金，一至四级按规定享受伤残津贴	个人不缴费，用人单位根据行业差别费率和行业内费率档次缴费，基金出现支付不足时，由工伤保险市级统筹基金调剂支付和区县财政安排资金弥补。	参保人数3.2万人左右
生育保险	职工	基金支付生育医疗费用和生育津贴，生育津贴按职工所在用人单位上年度职工月平均工资计算为日平均工资后，再乘以产假（休假）天数计发。	用人单位缴费，基金出现支付不足时，由生育保险市级统筹基金调剂养老保险参禽困覆车和区县财政安排资金弥补。	参保人数3.5万人左右

4.保障工程

（1）加强社会保障公共服务平台建设。按照"政府主导、部门协调、政策引导、便民利民、整体推进"的总体要求，加大统筹力度，整合各方职能。争取到"十三五"末，建成多层次、全方位的人力资源和社会保障公共服务平台，包括门户网站、网上业务申报系统、网上缴费系统、语音查询系统、短信服务系统、触摸屏查询系统，为社会公众提供一站式的多元化便利服务。"十三五"末期，实现银行代收费用全覆盖。加快实现大部分业务下延到乡镇、街道办理；全面实现平台、自助终端查询业务。

（2）优化社会保障服务资源配置，建立健全创新机制。整合现有各类社会保障服务场所，成立社保服务中心。将原有平台经办人员整合成社保服务中心经办人员，整合现有的信息平台资源，建立信息资源共享机制。养老保险基金管理必须将管理机构职能分工明细化和经营管理专业化，将行政管理职能与经营管理职能分离，加快养老保险法制化建设。逐步实现医保异地报销，成立"医保监察大队"。制定新型管理制度与方法，完善健全征收环节，配置充足管理人员。积极推进城乡居民社会养老保险工作，构建覆盖城乡居民的养老保险体系，以基本医疗保险保障制度建设为突破口，建立健全商业保险与社会保险、基本医疗保险、社会救助等有机结合的社会保险保障体系。引入商业保险机构参与社会保障，利用好保险专业机构的管理经验和技术网络。减少管理成本，扩大社保补充商业保险覆盖人群。完善退休人员社会化管理服务工作体制。

（3）加快健全社会救助体系。健全以基本生活救助为支撑、专项救助制度为补充的社会救助体系。完善城乡居民最低生活保障制度，强化低保对象分类管理和分类施保，提高低保家庭中老年人和重病、重残人员等特殊群体的低保金发放比例。完善重特大疾病医疗救助制度和补充医疗救助制度，逐步提高政策范围内自付费用的救助比例和封顶线。完善临时生活救助机制，加强对意外事故导致基本生活陷入困境的家庭实施"救急难"救助。

（4）积极发展社会福利事业。加快建立智能居家养老服务信息平台，强化社区日间照料中心、农村幸福院等养老服务设施规划和建设。建立儿童福利服务网络和适度普惠型儿童福利制度，积极拓展儿童福利服务指导中心功能。发展残疾人福利事业，建立和实施残疾人"两项补贴"制度，落实福利企业优惠政策，促进福利企业健康发展。推进民政精神卫生福利机构标准化建设，加强贫困和重度精神疾病患者收养和治疗服务。到2020年，全区建成民办社会福利机构8个，床位742张。

大力发展社会慈善事业，积极推进社会志愿服务，鼓励社会组织和公民参与慈善活动。大力培育慈善公益组织，完善慈善组织体系和基层慈善服务网络，建立统一的慈善信息服务平台，完善慈善信息公开制度，加强慈善行为监管，健全募捐管理制度，完善捐赠款物使用的查询、追踪、反馈和公示机制。拓宽慈善事业社会化筹资渠道，抓好福利彩票发行。

（七）基本住房保障

1. 基本情况

"十二五"期间，QCP 区城乡面貌大为改观。城乡规划逐步健全，城乡建设步伐加快。旧城改造力度不断加大，以"五线三街"为重点的旧城改造有序推进，人居环境得到改善。"十二五"期间投入 41.6 亿元推进"五线三街"城市改造提升，旧城风貌、城市亮化、南北高速出入口等亮点纷呈，城市环境宜居宜业。

"十二五"期间，全区民生工程累计投入 42 亿元。建设保障性住房 1.69 万套，城市棚户区改造 0.9 万户，开工改造危旧房棚户区 2 068 户，基本建成保障性安居工程 1 660 套、征地拆迁安置房 3 205 套。实施农村危房改造 3 019 户。其中，2011 年完成农村危房改造（户）562 户，完成地质灾害威胁农户避险搬迁（户）15 户，建设保障性住房（套）2 800 套；2012 年建设保障性住房（套）4 789 套，棚户区改造（户）253 户，地质灾害威胁农户避险搬迁（户）10 户；2013 年安置房开工建设 5 176 套，竣工（套）826 套，实施农村危房改造（户）932 户，为缓解城镇居民住房困难，开工建设保障性住房（套）1 360 套，开工建设棚户区改造（户）160 户，地质灾害威胁农户避险搬迁（户）30 户；2014 年为缓解城镇居民住房困难，建设保障性住房 650 套，改造危旧房棚户区 888 户，地质灾害防灾避险搬迁安置 5 户；2015 年农村危房改造 3 100 户，危旧房棚户区改造 2 084 户，保障性住房基本建成 1 676 套，竣工 1 048 套，分配入住 2 266 套，租赁补贴 1 771 户。"十二五"期间超额完成安置房建设、农村危房改造、城市棚户区改造、保障性住房等重大民生工程建设任务。

2. 重要任务

（1）加快旧城改造提升。加大对旧城区历史文化建筑保护和改造，启动实施旧城落后片区拆迁改造，推动中心城区棚户区改造，加大对集中成片棚户区、非集中成片棚户区、城中村、旧住宅区的整治改造力度。

（2）加快打造幸福美丽新村。启动金坪镇市级第三轮新农村示范片建设；打造"业兴、家富、人和、村美"幸福美丽新村 148 个，建设省财新村聚居点 50 个，实施"百万安居工程"和"农村住房抗震设防加固"等项目，完成 8 893 户农村危房改造任务（含 2020 户建卡贫困户），帮助 781 户农村廉租房保障对象（部分与农村危房改造、易地扶贫搬迁项目结合）解决住房困难。

（3）健全保障住房体系。完善住房保障体系，合理制定拆迁安置房空间布局和建设规模。加快推进棚户区改造，加强廉租住房、公共租赁住房、经济适用房等保障性安居工程建设，力争"十三五"期间完成城镇保障性安居房2 055套。强化保障性住房管理，统筹解决城乡低收入群众住房困难问题，不断改善城乡居民居住条件。

3.保障标准

专栏7-1："十三五"时期，政府提供如下基本住房保障服务

◆为城镇住房困难的最低生活保障家庭或特殊供养人员提供公共租赁住房或租赁补贴。
◆为符合条件的棚户区居民实施住房改造。
◆为农村住房困难的最低生活保障家庭危房改造提供补助。
◆为城乡居民创造宜居环境。

根据"十二五"时期基本住房保障服务国家基本标准，再结合 QCP 区当地基本实情，政府制定出"十三五"期间 QCP 区基本住房保障标准，并实行年度动态管理，如表8所示。

表8 "十三五"期间 QCP 区基本住房保障服务和保障标准

服务项目	服务对象	保障标准	支出责任	覆盖水平
公共租赁住房	城镇中等偏下收入住房困难家庭、新就业无房职工、城镇稳定就业的外来务工人员	中套建筑面积以60平方米以内的小户型为主，租金水平由区政府根据市场租金水平和供应对象的支付能力等因素确定	地方政府负责，引导社会资金投入，省级政府给予资金支持，中央给予资金补助	增加公共租赁住房500套左右，新增发放租赁补贴不低于300户
棚户区改造	符合条件的棚户区居民	实物安置和货币补偿相结合，具体标准由区政府确定（有国家标准的，执行国家标准）	地方政府给予适当补助，企业安排确定的资金，住户承担一部分住房改善费用	增加棚户区改造面积约5.2万平方米，棚户区居民住房1 134户

续　表

农村危房改造	居住在危房中的农村分散供养五保户、低保户、贫困残疾人家庭和其他贫困户	每户建筑面积一般控制在 90 平方米以内，户均中央财政补助不低于 5 000 元，地方财政补助标准自行确定	省级政府负总责，中央财政安排补助资金、省级财政给予资金支持、个人自筹等相结合	具体情况以省上下达任务为准

4.保障工程

（1）土地供应。区政府要将保障性安居工程项目用地列入年度土地供应计划。实施"百万安居工程建设行动"，全面推进旧城和各类棚户区改造，规范发展经济适用住房和限价商品住房。优先安排使用收回的国有土地和储备土地，在年度新增建设用地计划中单列保障性安居工程用地计划指标，并提前组织开展农用地转用、征收报批工作，切实做到应保尽保。

（2）财税支持。区政府要将保障性住房建设资金纳入年度财政预算，通过资本金注入、投资补助、贷款贴息等方式加大投入。住房公积金增值收益在提取贷款风险准备金和管理费用之后全部用于廉租房和公共租赁住房建设。从土地出让收入中安排不低于 3% 的比例按宗提取用于保障房建设。对保障性安居工程建设和运营给予税收优惠。对各类保障性住房免收各种行政事业性收费和政府性基金。

（3）融资机制创新。鼓励建立保障性住房投资机构，规范发展地方保障性安居工程投融资平台，为保障性安居工程建设提供融资支持。支持符合条件的保障性安居工程投融资主体发行企业债券，多渠道筹集建设资金。鼓励金融机构向符合条件的公共租赁住房投融资主体发放中长期贷款。吸引社会资金投资建设保障性住房。

（4）价格监管。依据经济社会发展水平、保障对象的承受能力以及建设成本等因素，合理制定、调整保障性住房价格或租金标准。

专栏 7-2："十三五"时期，政府保障性住房建设项目

新建项目：中核建中八一二（二）期棚户区改造项目、电声厂棚户区改造项目、A1-5-05 棚户区改造项目。
续建项目：金沙雅苑、QYB 市片区监狱民警职工生活基地建设项目、吉祥苑棚户区改造建设项目、青杠坡棚户区改造建设项目、长江造林局棚改项目、半岛大院棚户区项目、江语城公共租赁住房项目、黄桷山农场农棚项目、酒都特色街区 D13-2 项目、金山小区棚户区项目、学院小区棚户区项目、丽雅乐居 1 号（丝丽雅集团）公共租赁住房项目

（八）基本社会服务

1.基本情况

"十二五"期间，QCP 区基本社会服务有了长足进步，主要表现在以下方面。

一是民生保障能力不断提升。把城乡低保、城市"三无"人员和农村五保户供养列入年度民生工程建设，保障了困难群众的基本生活。累计发放城乡低保资金 3.93 亿元，城乡医疗救助资金 5 532.7 万元。

二是救灾救济工作体系不断完善。强化区综合减灾应急指挥中心建设，着力构建省、市、区灾害互联互通信息平台，大力培训救灾救济队伍，并积极开展综合减灾示范社区创建。

三是社会事业稳步推进。圆满完成了第九届村、居换届选举任务；出台《QCP 区社区建设改革与发展规划（2009—2020 年）》《关于加强和改进城镇社区建设工作的实施意见》等规范性文件，新建城市社区 9 个，改建农村社区58 个；惠民殡葬、婚姻登记、收养登记、流浪乞讨人员救助等社会事务全面发展。

四是全区双拥工作成绩突出。双拥小品《牵挂》参加全省双拥文艺会演获一等奖，双拥论文"新形势下双拥工作的几点感悟"获全国二等奖，QYB 市第三人民医院副主治医师罗大富获评"全国爱国拥军模范""最美拥军人物"，QCP 区民政局局长、双拥办主任王刚被评为"四川省爱国拥军模范"，今年QCP 区再次被命名为"四川省双拥模范区"，实现了双拥模范区"七连冠"。

五是民政干部队伍形象不断提升。结合实际，深入开展了创先争优、中国梦、群众路线、三严三实等主题教育活动，认真贯彻落实区委"环境兴区"战略，切实履行主体责任和监督责任，着力解决机关作风等问题，提升了履职能

力和良好形象。五年来，民政系统未发生影响社会稳定的重大信访突出问题和重大安全责任事故。

2. 重要任务

"十三五"期间，区政府要把建立健全民政服务体系作为完善保障和改善民生制度安排、加快建设幸福美好翠屏的重大任务，确保 QCP 区民政事业各项发展指标到 2020 年达到全国平均水平，民政事业总体适应全面建成小康社会要求。

（1）体系更加完善。进一步完善和加强社会救助、养老服务、减灾救灾、优抚安置、殡葬管理、社会管理"六个体系"建设。到 2020 年，农村五保集中供养率达到 67%，每千名老人平均拥有养老床位 40 张，火化率提高到 75%。

（2）功能优势凸显。基础设施建设均衡发展，民政服务功能基本健全，所有项目 80% 达到园林化建设标准。农村敬老院乡镇覆盖率 100%，社区综合服务设施覆盖率城市达到 100%、农村达到 50%。

（3）普惠广为覆盖。政府投入大幅增加，民政配套资金基本到位，保障标准动态调整机制逐步健全，全区城乡低保标准年均增幅 5% 以上，城乡社区综合服务普及程度大幅提高，为老、为残、为孤福利服务实现由补缺型向适度普惠型转变。

（4）服务方便可及。以基层为重点的民政服务网络全面建立，设施标准化和服务规范化、专业化、信息化水平明显提高，城乡居民能够就近获得基本民政公共服务，社会满意度不断提高。

3. 保障标准

专栏 8-1："'十三五'时期"，政府提供如下基本社会服务

◆为城乡困难群体提供最低生活保障和专项救助；
◆为农村五保户对象提供吃、穿、住、医、葬等方面的生活照顾和物质帮助；
◆为自然灾害受灾人员提供救助；
◆为城市生活无着的流浪乞讨人员提供救助；
◆为老年人提供基本养老服务；
◆为残疾人、孤儿、精神病人等特殊群体提供福利服务；
◆为优质安抚对象提供优待抚恤和安置服务；
◆为城乡居民免费提供婚姻登记服务；
◆为身故者提供基本殡葬服务。

根据"十二五"时期基本公共教育服务国家基本标准以及《社会救助暂行办法》《四川省社会救助实施办法》《四川省生活无着人员救助管理工作规范》等，结合 QCP 区基本实情，政府制定出 QCP 区基本社会服务保障标准，如表 9 所示。

表 9 "十三五"期间 QCP 区基本社会服务和保障标准

服务项目	服务对象	保障标准	支出责任	覆盖水平
社会救助				
最低生活保障	家庭人均收入低于当地最低生活保障标准的城乡居民	保障标准按照能维持当地居民基本生活所必需的吃饭、穿衣、用水用电等费用确定，年均增长按国家"十二五"规划纲要确定的目标实施	地方政府负责，中央财政对困难地区适当补助	目标人群覆盖率100%
自然灾害救助	因自然灾害致使基本生活困难的人员	灾后 12 小时内基本生活得到初步救助	中央和地方政府共同负责	目标人群覆盖率100%
医疗救助	最低生活保障家庭、五保户以及低收入重病患者、重度残疾人、低收入家庭老年人等特殊困难群体	医疗救助起付线逐步降低或取消，政策范围内住院自负费用救助比例原则上不低于50%	地方政府负责，中央财政对困难地区适当补助	目标人群覆盖率100%
流浪乞讨人员生活救助	城市生活无着的流浪乞讨人员	免费享有临时基本食物、住处、急病救治、返乡及安置服务	地方政府负责	目标人群覆盖率100%，城区均设有标准的救助机构
流浪未成年人救助保护	流浪未成年人	免费享有生活照料、教育和职业培训、医疗救治、行为矫治、心理辅导、权益保护、返乡及安置等服务	地方政府负责	目标人群覆盖率100%，城区均设有标准的救助机构
社会福利				

续　表

服务项目	服务对象	保障标准	支出责任	覆盖水平
孤儿养育保障	失去父母、查找不到生父母的未成年人	孤儿基本生活最低养育标准由各地按不低于当地平均生活水平的原则合理确定，机构养育标准高于散居养育标准	地方政府负责，中央财政按照一定标准给予补助	目标人群覆盖率100%，新增孤儿养育床位20万张
农村五保供养	无劳动能力、无生活来源又无法定赡养、抚养、扶养义务人，或者法定赡养、抚养、扶养义务人无赡养、抚养、扶养能力的老年、残疾或者未满16周岁的村民	不低于当地村民的平均生活水平，并根据当地村民平均生活水平的提高适时调整，由地方政府确定	地方政府负责，中央财政对困难地区适当补助	目标人群覆盖率100%，集中供养能力达到50%以上
殡葬补贴	推行火葬地区不保留骨灰者和低收入家庭身故者的家庭	不保留骨灰者骨灰撒海等服务免费；有条件的地方为低收入家庭身故者遗体运送、火化以及安葬等提供补贴	地方政府负责	火化率提高到50%
基本养老服务				
基本养老服务补贴	家庭经济困难且生活难以自理的失能半失能65岁及以上城乡居民	有条件的地方根据老年人身体状况和家庭收入情况评估，确定补贴标准	地方政府负责	目标人群覆盖率50%以上
优抚安置				
优待抚恤	享受国家抚恤补助的优抚人员	不低于当地平均生活水平	中央和地方政府分级负担	目标人群覆盖率100%
重点优抚对象集中供养	孤老和生活不能自理的抚恤优待对象	不低于当地平均生活水平	中央和地方政府共同负责	目标人群覆盖率100%

服务项目	服务对象	保障标准	支出责任	覆盖水平
退役军人安置	退役军人	自主就业的，在领取退役金后，享受扶持就业优惠政策；其他分别采取安排工作、退休、供养等方式予以安置	中央和地方政府共同负责	目标人群覆盖率100%

4.保障工程

政府按照应保尽保、应助尽助的要求，实施一批基本社会服务保障工程，提升基本社会服务水平。

（1）低收入家庭认定体系建设工程。结合收入信息检测系统建设，通过资源整合，加强低收入家庭收入核定工作机构及能力建设，逐步建立居民家庭经济状况核对信息系统。

（2）社会福利机构建设工程。建设集养护、康复、托管于一体，为孤儿、精神病人、"三无"老人、生活无着流浪乞讨人员等特殊困难群体提供服务的综合性社会福利中心。

（3）综合防灾减灾工程。完善落实灾情信息管理制度、救灾物资储备管理制度、灾民救助卡管理制度、自然灾害救助应急预案和自然灾害情况会商评估机制，积极开展灾民生活救助，确保受灾群众的基本生活。完成QCP区救灾应急物资储备库体系建设，加强社区减灾工作，提升自然灾害综合防范防御能力。开展防灾减灾专业人员培训，提高灾害预警预报和灾情管理工作水平。

（4）养老服务体系建设工程。充分利用现有资源，加快专业化的老年养护机构和社区日间照料中心建设。支持有需求的失能老年人实施家庭无障碍设施改造。培养培训具有资质的专业养老服务人员。

（九）精准扶贫

1.基本情况

"十二五"以来，QCP区的扶贫开发工作认真落实中办、国办《关于创新机制扎实推进农村扶贫开发工作的意见》，坚持把扶贫开发工作作为首要政治任务，积极探索新的扶贫机制，以改革创新为动力，增强内生动力和发展活力，集中力量解决贫困突出问题，贫困村整村推进和扶贫到户同步推进，促进贫困群众增产增收、脱贫致富，加快与全省同步进入小康社会步伐。

"十二五"期间，QCP区认真贯彻落实上级部门对扶贫工作的指示精神，全区上下各司其职，通力合作，以精准扶贫、精准脱贫为抓手，以助农增收、扶贫解困为主线，使脱贫攻坚工作得以轰轰烈烈的开展。

一是对贫困户数据再次进行清退工作，动态管理精准识别贫困村、贫困户。对录入的贫困村、贫困户基本情况进行动态管理，对疑似不符合条件的贫困人员进行清退，为精准帮扶、精准脱贫工作开展打下坚实基础。二是扎实推进"扶贫解困"民生工程。省市下达给QCP区扶贫解困的目标任务数为4 635人，预计2016年年底可以完成5 100人，完成任务的110%。三是稳步推进扶贫项目实施。截至"十二五"末已落实专项扶贫资金3 458万元，其中省级资金689万元，市级资金150万元，区级资金2 619万元。干部驻村帮扶脱贫解困项目按照户均不低于3 000元的标准进行到户安排财政专项扶贫资金456万元（其中市级资金100万元，区级资金356万元）。四是健全组织机构，充实工作力量，制定行动方案。成立了以区委书记为组长，区长为第一副组长的区脱贫攻坚工作领导组，区委农工委、区府办、区住建局等单位负责人构成领导组成员，领导组下设办公室。五是强化扶贫项目资金监管。层层落实按照村、乡镇、区三级验收、上级抽查验收的四级验收模式责任，确保项目实施质量和绩效，制定了《QCP区财政扶贫资金项目管理实施细则》。六是切实推行干部驻村帮扶制度。全区贫困户和5个贫困村全部分解落实到乡镇（街道）、机关，区四大班子主要领导和区委副书记带头联系5个省级重点贫困村和贫困户，选派30名优秀同志任驻村"第一书记"，组建15个驻乡驻村工作队，安排98个区级部门"多对一"帮扶联系乡镇（街道），组织全区7 360余名机关干部"一对一"结对帮扶。七是多管齐下开展社会扶贫和行业扶贫工作。探索金融扶贫，试行扶贫小额信贷，制定《QCP区扶贫小额信贷计划方案》；积极完善社会参与扶贫公益QCP区平台建设和信息扶贫渠道；发挥行业部门职能作用，开展行业扶贫工作报告制，各行业部门将项目、资金安排向贫困村、贫困户倾斜；积极开展"扶贫日"宣传系列活动，营造积极氛围。八是加强脱贫攻坚工作宣传和简报、信息收集报送。目前已编制月扶贫动态4期，简报11期。扶贫日活动宣传期间，共募集捐款193万元。

目前，QCP区建档立卡贫困户7 965户，贫困人口26 191人和省定5个贫困村（菜坝镇水库村，明威乡白塔村、民东村，南广镇七星村，宋家乡胡坝村）。

2.重要任务

政府建立和完善精准扶贫体系，实施"五个一批"脱贫攻坚行动计划和"十个专项扶贫"方案，广泛动员社会力量参与扶贫，完善社会扶贫参与机制，坚决打赢精准脱贫攻坚战。把扶贫开发作为全面建成小康社会的重要突破口，坚持"实事求是、因地制宜、分类指导、精准扶贫"的原则，坚持设施扶贫、产业脱贫、政府兜底、造血奔小康相结合。区委《中共 QYB 市 QCP 区委关于集中力量打赢扶贫开发攻坚战确保先于全省全市全面建成小康社会的决定》（翠委〔2015〕18 号）提出，到 2017 年完成减贫目标任务 90%，到 2018 年全面完成脱贫攻坚目标任务，全面消除绝对贫困，QCP 区先于全省全市全面建成小康社会，26191 名农村贫困人口全部脱贫，让贫困户住上好房子、过上好日子、养成好习惯、形成好风气。

（1）建立和完善精准扶贫体系。建立、完善精准识别体系，进一步核准贫困村、贫困户信息数据及主要致贫原因。搭建贫困村、贫困户互联互通的扶贫信息平台，对贫困户实行动态管理。完善精准扶贫体系，科学编制扶贫项目规划，加大资金整合使用力度，把资金精准投放到村到户。因村制宜、因户施策，因村派人、强化责任。建立精准脱贫体系，制定出台贫困户脱贫标准和贫困村"摘帽"标准，完善贫困对象收入监测体系。健全扶贫工作考核评估机制。建立扶贫对象脱贫验收制度，分年验收脱贫成效，做到脱贫成效精准。

（2）构建社会扶贫新常态。广泛动员社会力量参与扶贫，创新完善人人愿为、人人可为、人人能为的社会扶贫参与机制。深化定点扶贫工作。实施2016—2019 年定点扶贫方案，积极筹措资金，落实帮扶规划。强化干部驻村帮扶，发挥驻村工作组的积极作用。实施急需紧缺人才支持计划，以人才智力扶贫促进产业扶贫。

（3）支持非公有制企业、各类组织和个人采取志愿服务、专业人才、募捐等多种形式参与扶贫开发。有计划、有重点地培育和发展一批社会扶贫组织，加强募捐活动管理。把扶贫开发纳入基本国情教育范畴，引导学生参加扶贫实践。深入实施"三支一扶"计划，鼓励和支持扶贫志愿者行动。

（4）拓展社会扶贫公益平台。大力发展"互联网＋"、电商扶贫等扶贫新形式，着力打造好"百企帮百村""种子基金""栋梁工程""爱心包裹"和"爱心结对帮扶"等社会扶贫品牌，深化区带贫困村发展社会事业，激发社会各方面力量合力攻坚。

（5）积极开展产业扶贫，强化造血功能。产业扶贫是开发式扶贫的关键，也是贫困地区群众脱贫致富的根本途径。以规划为引领，突出产业先行，以科技和质量为支撑，以投入为保障，不断强化贫困地区产业基础条件，因地制宜发展特色优势产业，大力推动农业科技创新和实用技术推广应用，努力开拓产品市场，做大做强乡村旅游产业，培育壮大新型经营主体，延伸产业链，增强贫困地区"造血"功能及自我发展能力，促进贫困群众脱贫致富奔小康。

（6）切实解决贫困子女的上学困难。通过政府主导、社会捐助、勤工俭学等多种渠道，构建建档立卡贫困户子女上学救助保障机制，切实解决学前教育、义务教育和高中教育的贫困户子女上学难问题，并从2016年秋季学期起，资助全区建档立卡的贫困户新入学的全日制本专科学生，确保每一个精准识别的贫困户子女能上学，绝不让贫困家庭适龄学生辍学。

（7）积极开展贫困人口医疗救助。以区为单位建立扶贫医疗救助资金，市、区按比例分担，财政、人社（医保）、民政、卫计（医疗机构）、扶贫、残联等部门共同构建医疗救助保障机制，围绕"看得准病、补偿吃药、治得好病、优质服务"的要求，让建卡贫困户"病有所医"，达到"减少频发、控制突发、预防多发、病了有法"的目的。

（8）精准扶智教育培训。按照中央"四个全面"战略布局、省委扶贫开发的总体思路和市委"三年全面攻坚、两年集中攻坚和巩固提升"的安排部署和"养成好习惯、形成好风尚，构建治穷扶智、建设精神家园"的具体要求，坚持全区统筹与分级负责相结合，坚持课堂培训与实地培训相结合，坚持部门培训与院校培训相结合，使精准扶智教育培训实现全方位、全覆盖。到2017年，全面提升贫困群众综合素质和能力，增强贫困群众脱贫致富的决心和信心，养成勤劳节约、清洁卫生、喜事新办、厚养薄葬的好习惯，形成知恩感恩、尊老爱幼、文明健康、遵纪守法的新风尚，做到家家有一个明白人、户户有一个致富项目、人人争当好公民，实现"住上好房子、过上好日子、养成好习惯、形成好风气"的目标。

3. 保障标准

专栏9-1："十三五"时期，政府提供子女上学和医疗救助服务

根据"十二五"时期基本公共教育服务国家基本标准，再结合QCP区当地基本实情，政府制定出"十三五"期间QCP区脱贫攻坚建设标准，如表10所示。

表 10 "十三五"期间 QCP 区脱贫攻坚服务和保障标准

服务项目	服务对象	保障标准	支出责任	覆盖水平
子女上学				
生活补助	贫困人口子女	补助学前教育阶段午餐费，义务教育阶段早晚餐费，高中教育阶段住宿费和生活费	中央和地方财政共同负担	目标人群覆盖率100%
免除学费	贫困人口子女	全面免除全区建档立卡贫困户上学子女学前教育阶段保教费，义务教育阶段教辅费，普通高中教育阶段学费、书本费、教辅费，中职教育阶段书本费	中央和地方财政共同负担	目标人群覆盖率100%
解决吃住	贫困人口子女	安排义务教育阶段、高中教育阶段贫困户上学子女住校就读，解决吃住学问题	中央和地方财政共同负担	目标人群覆盖率100%
医疗救助				
购买医疗保险	建卡贫困户	以 2015 年医疗缴费标准为基数，第一档增加部分全额补助，确保建卡贫困户全部参保	扶贫医疗救助资金	目标人群覆盖率100%
资金补贴	建卡贫困户	对政策范围内仍需要个人负担的医疗费用，由扶贫医疗救助资金按分段计算再给予补助，即 5 000 元以下补助 75%（残疾人 80%）、5 000 元（含）～20 000 元（含）补助 80%（残疾人 85%）、20 000 元以上补助 90%（残疾人 95%）	扶贫医疗救助资金	目标人群覆盖率100%

续 表

服务项目	服务对象	保障标准	支出责任	覆盖水平
医院减免	建卡贫困户	政策范围内自付部分超过一定基数由医院实施减免（在区级医院就诊超过500元的，超过部分减免20%，在乡镇卫生院就诊超过300元的，超过部分减免5%	扶贫医疗救助资金	目标人群覆盖率100%

4. 保障工程

在精准识别贫困户的基础上，政府把各项扶贫措施与贫困识别成果衔接起来，坚持分类指导，针对致贫原因通过产业扶贫、社会扶贫、专项扶贫、金融扶贫逐村逐户确定帮扶责任人员，制定并落实帮扶措施。

（1）创新产业扶贫机制。坚持"输血"与"造血"并重的扶贫方针。根据菜坝镇水库村，南广镇七星村，明威乡白塔村、民东村、新市镇胡坝村5个贫困村及其他贫困人口集聚村落的资源特色培育特色产业。建立并完善特色产业、基地、企业、农民的利益联结机制。积极探索产业发展带动贫困农户脱贫致富的新路子，逐步形成有市场、有竞争力、有特色的产业基地和产业集群。借助"互联网+"战略，选取合适乡镇推进农村电商创业平台项目试点，增强贫困村经济实力，带动贫困居民就业创业和增产增收。实施贫困户"扶志"计划，加强对贫困农户实用技术、就业创业能力的培训，实现"扶贫"与"扶志"有机结合。以乡村旅游发展为契机，探索旅游扶贫工程，通过开发贫困地区丰富的旅游资源，实现贫困地区脱贫致富。到2017年，贫困乡村产业现代化水平进一步提高，初步形成特色支柱产业体系，产业助农增收明显，每个贫困户掌握1至2项实用技术，贫困人口就业创业能力显著增强，从根本上阻断贫困代际传递。

（2）健全社会扶贫体系。巩固提升定点扶贫和协作扶贫成果，引领全社会各方面积极参与扶贫开发。积极搭建公开媒体信息平台，畅通爱心企业和爱心人士参与帮扶特困户的渠道，广泛开展"结对认亲、爱心帮扶"的公益活动，广泛动员和凝聚社会力量参与扶贫，建立公益扶贫平台，创新完善人人愿为、人人可为、人人能为的社会参与机制。探索创新社会扶贫工作机制，发挥政府对社会扶贫的规范引导、监督管理职能，培育扶贫向善、济困光荣的社会新风尚。进一步提高城乡低保、五保户生活保障，提高重度残疾人、优抚对象、高龄老人等特殊群体的生活补贴标准，完善困难群众基本生活保障体系。保障城乡贫困家庭子女教育权利，加强职业教育培训。

（3）增加专项扶贫投入。逐步增加财政专项扶贫资金投入，加大资金管理改革力度。保证涉农资金普惠到村到户，保证财政专项扶贫资金到贫困村、贫困户。将资金分配与工作考核、资金使用绩效评价结果相结合，探索以奖代补等竞争性分配办法。推行扶贫项目竞争立项，管好用好扶贫资金。

（4）加强金融扶贫。制定和推行金融扶贫措施，试行扶贫小额信贷，支持贫困村和贫困群众加快发展。全面摸底调查建卡贫困户信贷需求，制定《QCP区扶贫小额信贷计划方案》，加强与金融、保险等部门对接。

（5）落实基础设施扶贫建设。按照民生优先、城乡统筹、扩面提速、增强保障的原则，统筹推进贫困人口和贫困村所涉及区域的交通、水利、电力等基础设施建设，为扶贫开发攻坚、区域跨越发展提供有力支撑。加快村级道路、农田水利、危房改造、农村廉租保障房等建设，着力改善贫困户生产、生活居住环境。到 2017 年基本建成扶贫新村 5 个，完成 1 230 户建档立卡贫困户的危房改造。

（6）强化医疗救助和社会保障政策性扶持。完善实施居民医保政策，加强对贫困人口的医疗保险和医疗救助，将贫困人口全部纳入重特大疾病救助范围，降低贫困人口就医费用支出。加强政策性扶贫力度，扩大社会保险覆盖面，编制兜住贫困地区困难群众基本生活的社会安全网。对丧失劳动能力、无法通过产业扶持和就业帮助实现脱贫的人口，按政策纳入最低生活保障。对农村无劳动能力、无生活来源、无赡养人扶养人的特困人员实行自愿集中供养。

（7）积极开展贫困子女上学救助。构建"3+9+3+N"（学前教育＋九年义务教育＋高中＋大学）建档立卡贫困户子女上学救助资金保障机制，安排教育扶贫救助资金，全面实施减免（资助）就读费用计划，认真落实免除建档立卡贫困家庭子女幼儿园保教费、义务教育"三免一补"政策，资助建档立卡贫困家庭新入学的全日制本专科学生、资助建档立卡中职学生。科学实施学校建设规划，构建"以城带乡、以乡扶村"的发展格局。大力实施重大教育扶贫项目。实施农村边远学校"全面改薄"工程，完成农村义务教育"四大工程"建设，彻底解决全区农村学生特别是农村留守儿童寄宿难、就餐难、上学行路难和教师住房难等问题。

（十）残疾人基本公共服务

1.基本情况

"十二五"时期，QCP 区残疾人事业深入贯彻科学发展观，全面落实《中共中央、国务院关于促进残疾人事业发展的意见》，紧紧围绕区委、区政府提出的建设"生态翠屏、宜居翠屏、幸福翠屏"的总体目标，坚持"普惠与特惠"相结合，"兜底保障与就业增收"相结合，"政府扶持、社会帮扶与残疾人自强自立"相结合，"统筹兼顾与分类指导"相结合的原则，健全残疾人权益保障制度，完善残疾人基本公共服务体系，深化"量体裁衣"式残疾人服务。重点解决残疾人最关心、最直接、最现实的突出问题，让改革发展成果更多、更公平、更实在地惠及广大残疾人，为残疾人平等参与社会生活创造更好的环境和条件，加快建设川滇黔结合部科学发展领先区做出应有的贡献。

（1）民生工程项目

纳入区委、区政府的残疾人民生工程从 2011 年的 4 项增至 2015 年的 10 项，投入经费约 2 500 万元，补贴城乡残疾人居家灵活就业 16 283 人；城乡残疾人居家灵活就业直补 600 人；扶持 3 763 名农村贫困残疾人发展生产；为 1 295 名贫困残疾人适配亟须的基本辅助器具；救助 235 名贫困家庭脑瘫儿童实施康复训练和康复手术；补贴居家托养智力、精神残疾人 2 032 人，资助残疾人托养服务机构 5 家；补贴 13 063 名重度残疾人护理费用；为 378 户残疾人实施无障碍改造；救助 45 名智力残疾儿童实施康复训练；救助 22 名贫困家庭重度听力残疾儿童。

（2）视力残疾康复

2011—2015 年，QCP 区残疾人联合会与卫生部门联合开展为贫困残疾人免费实施白内障复明手术，共计 433 例；2013 年，为 73 名低视力残疾人适配助视器 103 件；2015 年为 229 人适配助视器 316 件，共计 419 件；2013 年在 QYB 市特殊教育学校组织 80 名残疾人工作者和视力残疾人举办了盲人定向行走培训班，印制了教材，为每名盲人配发了语音播放器，为盲人朋友出行提供了方便，得到了残疾人朋友的好评，近几年举办培训班，共计培训 325 人。

（3）听力语言康复

QCP 区聋儿语训学校是全市第一所专门培训听力语言残疾儿童民办专业机构，QCP 区残疾人联合会依托 QCP 区聋儿语训学校，每年给予学校 2 万元～6 万元的经费扶持，2011—2015 年共举办了聋儿家长培训 13 期，共培训聋儿家长 106 人，完成聋儿语训 36 人次，开展人工耳蜗术后培训 9 人次，使 QCP 区 0～6 岁的听力语言残疾儿童得到了早期的康复训练，为他们进入幼儿园和普小打造了良好的基础。

（4）肢体残疾康复工作

2012 年贫困家庭脑瘫儿童康复项目列为省、市、区、政府的民生工程，为加强对肢体残疾儿童的救助，QCP 区残疾人联合会对 0～12 岁有康复需求的残疾儿童，经八一康复中心专家组认定后可以获得手术治疗，救助 1 万元～3 万元的手术治疗费，救助 1 万元以内的康复训练费，需要适配辅助器具的救助 0.5 万元以内的辅助器具费用。每年区残联都会在 3 月份的时候，组织八一康复中心专家来 QCP 区进行筛查，确定符合手术治疗、康复训练、辅具适配的 0～12 岁儿童，发现一例，救助一例，在市残联领导的大力支持下，定点在四川省八一康复中心、QYB 市第一人民医院、QYB 市第二人民医院、QCP 区西郊卫生服务中心开展工作，受到了基层群众和残疾儿童家长的好评，近年来共有脑瘫儿童 231 人在康复机构得到救助，救助资金 468 万元。从 2012 年起，省残联开展"七彩梦"贫困家庭肢体残疾儿童救助、"七彩梦"脑瘫儿童救助，QCP 区共有 32 名残疾儿童得到了康复救助，救助资金 42.24 万元。

（5）精神病康复工作

2011 年 QCP 区精神病人享受特殊政策，区政府出台了重度精神病患者管控救助办法，区财政设专项救助基金 30 万元，用于精神残疾人救助，每年 QCP 区精神残疾人接受彩票公益金项目救助，2012—2015 年共计 60 人，到 QYB 市第三人民医院免费服药补贴支出救助金额 5.4 万元。2012—2015 年救助精神残疾人住院治疗，合计 96 人，每人每年 4 000 元，合计 384 万元，到 QYB 市第四人民医院实施住院救助补贴。2014 年区残联争取省级精神残疾人免费服药 100 人，每人每年 600 元，共计 6 万元。2015 年区残联争取省级精神残疾人免费服药 200 人，每人每年 600 元，共计 12 万元。

2013 年市残联开展了 0～7 岁孤独症儿童康复项目，2013 年区残联推荐康复训练 5 人，2014 年区残联推荐康复训练 9 人，2015 年区残联推荐康复训练 9 人，共计 23 人，每名儿童市残联补助经费 1.2 万元，在 QYB 市第二人民医院康复培训，救助资金 27.6 万元。

（6）残疾人辅助器具供应服务

QCP 区辅具适配工作 2011 年起被列为区政府的民生工程项目，QCP 区残疾人联合会通过辅具适配需求调查，适配符合残疾人需要的辅助器具，如轮椅、坐便椅、拐杖、盲杖、助行器、多功能护理床共计 4 885 件，资金 156.8 万元，基本满足了残疾人的需求。

（7）社区康复站工作

2011 年 QCP 区残联申请财政资金 23 万元，为 11 个社区卫生服务中心，配备康复器材 250 件，帮助残疾人开展社区康复训练，近五年来共开展智力残疾人社区康复训练 1 321 人次，肢体残疾人社区康复训练 1 996 人次，开展盲人定向行走培训 425 人。培训社区康复协调员 309 人，使残疾人能够就近享受到社区康复服务。

（8）智力残疾儿童康复训练工作

智力残疾儿童康复训练工作是 QCP 区工作的亮点，QCP 区西郊卫生服务中心（以下简称"中心"），是全市第一个省残联定点的智力残疾儿童康复训练基地，中心赵东伦主任非常重视此项工作的开展，专门派中心副主任徐强、医师钟瀚到四川省八一康复中心和自贡市残疾人康复中心学习取经。2011 年 QCP 区组织高县、筠连县宜宾市南溪区等十区县的智力残疾儿童在西郊卫生服务中心首次开展智力残疾儿童康复培训工作，培训效果良好。2015 年 QYB 市第二中医院也申请成为省残联定点智力残疾儿童康复训练机构，区政府将智力残疾儿童康复训练列为区政府的民生工程，加大政府投入。五年来，共康复训练智力残疾儿童 92 名，培训智力残疾儿童家长 216 人次，共用资金 121.2 万元。

2.重要任务

到 2020 年，QCP 区残疾人基本公共服务体系更加完善，残疾人事业与经济社会协调发展；残疾人社会保障和基本公共服务水平明显提高，有需求的残疾人基本得到"量体裁衣"式服务，帮助残疾人共享经济社会发展成果。将更加广泛的社会资源用于残疾人事业，使残疾人生活更加幸福、更有尊严。

（1）残疾人的康复工作。将更多医疗康复项目纳入医保报销和补助范围。力争把自闭症、智力障碍等各类残疾儿童康复和残疾人辅具适配纳入医保报销，或者进行专项补助。积极整合残联和卫生计生部门资源，组织开展 0 ~ 6 岁儿童残疾筛查工作，建立早期筛查、治疗和康复的工作机制，加快推动筛查、转介、康复救助等服务信息共享，实现残疾儿童早发现、早诊断、早干预的工作目标。做好国家彩金假肢、智力、辅具、精神病住院服药，"七彩梦"聋儿助听器、人工耳蜗手术植入和康复训练，孤独症等康复项目任务。

（2）残疾人的扶贫工作。组织实施残疾人扶贫对象生活费补贴，与区财政局、区民政局、区扶贫移民局联合下发具体实施办法，及时下拨补贴资金，确保制度顺利实施。

（3）残疾人的教育工作。重点掌握"未入学适龄残疾儿童少年"情况，紧盯适龄残疾儿童入学率；进一步加强为残疾考生提供合理便利服务，做好资助残疾学生入学工作；及时掌握残疾高中生和残疾大学新生的情况，做好资助工作。

（4）残疾人的文化体育工作。积极组织完成2016年9月举行的宜宾市第三届残疾人运动会，共设6个项目：田径、游泳、乒乓球、聋人篮球、盲人门球、象棋。配合市上参与2016年11月将在凉山州西昌举办的省第二届残疾人文化艺术节，市上会对声乐、器乐、舞蹈、语言（戏剧小品诗歌朗诵）、美术、书法、摄影、工艺品、微电影9个类别进行筛选，尽可能多地开展残疾人文体活动。

（5）残疾人保障工作。配合民政部门实施困难残疾人生活补贴制度和低收入残疾人帮助制度，继续推动落实成年重度残疾人单独核定纳入政策。做好残疾人就业保障金征收使用和管理工作，省上已出台的新的残保金征管办法，区财政、区地税、区残联联合联合下发贯彻意见，积极与地税、财政部门加强联系，依法行政，规范做好用人单位安置残疾人审核确认工作，精准审核用人情况，依法征收残保金。继续实施"阳光家园计划"，推动以购买社会服务为主，对三级智力、精神残疾人给予补贴。

3. 保障标准

专栏10-1："十三五"时期，政府提供如下残疾人基本公共服务

◆向贫困残疾儿童提供学前教育训练费和生活补助；
◆为0～6岁残疾儿童免费提供抢救性康复；
◆为适龄残疾儿童、少年免费提供义务教育，为家庭经济困难的残疾学生提供教育资助；
◆为残疾人免费提供就业服务和就业援助；
◆为残疾人提供盲人阅读、特殊艺术、体育健身等公共文化体育服务。

根据"十二五"时期基本公共教育服务国家基本标准，再结合 QCP 区当地基本实情，政府制定出"十三五"期间 QCP 区残疾人基本公共服务保障标准，如表 11 所示。

表 11　"十三五"期间 QCP 区残疾人基本公共服务和保障标准

服务项目	服务对象	保障标准	覆盖水平
残疾人社会保障			
社会保险保费补贴	重度和贫困残疾人	全区城乡残疾人参保率达 100%，有 975 名重度残疾人由政府按 100 元 / 人 / 年的标准代缴养老保险费	目标人群覆盖率 100%
基本医疗保障医疗康复项目	参保残疾人	全区最低生活保障对家庭成员属重病、一级残疾者，凭区民政局指定医院出具的证明或残疾证，每人每月加发保障金 100 元；对家庭成员属长期病、三级以上（含三级）一级以下残疾者，凭区民政局指定医院出具的证明或残疾证，每人每月加发保障金 50 元，增加 20 项康复项目纳入基本医疗保障支付范围	目标人群覆盖率 100%
残疾人基本服务			
义务教育阶段特殊教育	适龄残疾儿童、少年	在"两免一补"的基础上，针对残疾学生特殊需要，进一步提高补助水平	学龄残疾儿童少年接受义务教育比率达到 96%
残疾人教育资助	家庭经济困难的残疾儿童、青少年	义务教育、学前教育和高中阶段教育寄宿生享受生活费用和特殊学习用品、教育训练补助；高中阶段教育学费、杂费、课本费免费	义务教育和高中阶段教育资助目标人群覆盖率 100%，为 1 000 人次贫困残疾儿童提供学前教育训练费和生活补助
残疾儿童抢救性康复	0 ~ 6 岁残疾儿童	为 241 名脑瘫儿童实施康复救助、为 70 名智力残疾儿童实施康复训练	覆盖 70 人次左右目标人群，实施康复措施覆盖率 95%

服务项目	服务对象	保障标准	覆盖水平
残疾人就业服务	城乡有就业愿望的残疾人	免费在公共就业服务机构和基层劳动就业社会保障公共服务平台享有职业介绍、职业指导等就业服务；就业困难残疾人享有就业援助；免费在残疾人就业服务机构享有就业信息发布、残疾人职业培训等服务	补贴城乡残疾人居家灵活就业 16 283 人；城乡残疾人居家灵活就业直补 600 人
残疾人文化服务	残疾人	针对残疾人对文化服务的需求，依据各乡镇、街道文化活动室开展文化服务活动	经常参加文化活动的残疾人比率达到 30% 以上
残疾人体育健身服务	残疾人	针对残疾人对康复（健身）体育服务的个性化需求，提供康复（健身）体育项目、器材、知识、技能等指导服务，组织开展残疾康复（健身）体育交流活动	完善残疾人康复中心建设，至少建立 1 个残疾人康复（健身）体育活动室，经常参加体育健身的残疾人比率达到 30% 以上

4 保障工程

针对残疾人基本公共服务的特殊性和专业性，政府实施残疾人基本公共服务保障工程，提升残疾人基本公共服务能力。

（1）残疾人康复和托养设施建设工程。建设一处残疾人康复和托养服务中心，加快完善市级残疾人康复和托养服务体系，为残疾人提供基本和急需的康复和托养服务，配备相应的设备和专业人员，全面开展康复医疗、功能训练、辅助器具适配、心理辅导、康复转介、残疾预防、知识普及和咨询等康复服务，为全市残疾人提供"量体裁衣"式服务工作，制定"一人一策"的助残方案。

（2）特殊教育学校提升工程。重点加强薄弱特殊教育学校建设，添置必要的教学、生活和康复训练设施，进一步改善特殊教育学校办学条件。

（3）综合服务设施建设工程。科学规划现有的综合服务设施和加快建造残疾人体艺中心，按照资源共享、拾遗补缺，按需设置的原则，合理布局综合服务设施的功能定位，最大限度地发挥服务职能。加强镇乡残疾人服务设施建设，使服务功能进一步拓展和规范，服务水平进一步提升。

（4）"量体裁衣"式个性化服务。建立全面覆盖、动态跟踪、联通共享、功能齐全的"量体裁衣"式个性化服务信息管理平台。梳理现行资源、残疾人需求和残疾人潜能，为残疾人量身定做适合的个性化服务方案，采取多种形式落实方案，使残疾人最关心、最直接、最现实的利益问题得到有效解决，让残疾人得到更多的保障和服务。

（5）康复和残疾预防。以专业康复机构为骨干、社区为基础、家庭为依托，发挥卫生医疗机构、残疾人集中就业单位、残疾人福利机构等的作用，建立健全社会化的残疾人康复服务网络，全面开展医疗康复、教育康复、职业康复、社会康复，提供功能技能训练、辅助器具适配、心理辅导、康复转介、残疾预防、知识普及和咨询等康复服务。

①完善城市 9 个社区卫生服务中心残疾人康复训练基地建设，有条件的乡镇卫生院根据康复服务需求设立康复室，建立规范社区康复站。

②实施康复人才培养百千万工程项目，培训社区康复协调员 80 名。

③实施"白内障复明工程"，保持全国"白内障无障碍区"；实施"贫困脑瘫儿童救助工程"；实施 0 ～ 6 岁贫困残疾儿童免费抢救性康复项目，为肢体残疾、听力残疾、脑瘫、智力残疾等残疾儿童提供个性化康复服务；实施精神残疾人"阳光关爱"康复项目；开展爱心捐助活动，组织实施辅助器具适配项目，为残疾人发放辅助器具 1 000 件。

④建立卫生、残联、计生、安监等部门参与的残疾人预防和控制工作机制，做好残疾人预防的宣传工作，有效控制残疾发生发展。

（6）完善特殊教育保障机制。贯彻落实《残疾人教育条例》，完善从学前教育到中高等教育的残疾人教育体系，建立、完善特殊教育保障机制，保障残疾人受教育的权利。推行随便就读和就近入学，加快普及适龄残疾儿童少年义务教育。积极创造条件，使适龄重度肢体残疾、重度智力残疾、孤独症、脑瘫和多重残疾儿童少年能够接受义务教育。

四、促进基本公共服务均等化

党的十八大报告提出，到 2020 年要达到"基本公共服务均等化总体实现"的宏伟目标，不仅对我国城乡基本公共服务均等化的发展提出了更高的要求，也为今后一段时间内我国城乡基本公共服务均等化的发展指明了方向。

（一）加强城乡基本公共服务规划一体化

政府坚持科学规划，引导城乡基本公共服务均等化发展，推进城乡公共服务一体化建设，统筹布局、协调推进。涉及公共服务的各类规划，要贯彻区域覆盖、制度统筹的原则要求，以服务半径、服务人口为基本依据，打破行政区划、城乡界限，统筹空间布局，制定实施城乡统一的基本公共服务设施配置和建设标准。

（1）推进城乡基本公共服务制度衔接。积极开展统筹城乡基本公共服务制度改革创新试点，坚持改革创新，不断破除制约实现城乡基本公共服务均等化的体制机制障碍。推进 QCP 区基本公共服务框架、内容和实施步骤相互对接，减少制度障碍。实行按实际居住地进行登记的户籍管理制度，全面实现基本公共服务由户籍人口向常住人口扩展，保证就业人员自由流动。建立进城务工人员等流动人口基本公共服务以输入地政府管理为主的制度，将符合条件的进城务工人员及其子女，分阶段、有重点地纳入居住地基本公共服务保障范围。

（2）加快农村基本公共服务设施建设。以新型农村社区为重点，进一步加大公共资源倾斜力度，各级政府新增公共财力要优先投向农村基本公共服务项目。制定并推行各类机构服务项目及其规范标准，提高农村基层公共服务人员专业化水平。鼓励和引导城市优质公共服务资源向农村延伸，充分利用网络信息技术和流动服务等手段，促进农村共享城市优质公共服务资源。

（3）提升社区综合公共服务能力。以居民需求为导向，加强基层公共服务资源整合，构建以社区为基础的城乡基层社会管理和公共服务平台。因地制宜建设城市社区、新型农村社区综合公共服务设施，或与其他专业公共服务设施共建共享，开展面向社区居民的劳动就业、社会保险、社会服务、医疗卫生、计划生育、文体教育、流动人口管理等公共服务。加快建设社会工作专业人才队伍，发展壮大志愿者服务。力争到"十三五"末，城镇社区综合服务设施覆盖率达到 95% 以上，新型农村社区综合服务设施覆盖率达到 80% 以上，每百户居民拥有的社区服务设施面积不低于 20 平方米，基本建成以社区综合服务设施为主体、各类专项服务设施相配套的综合性、多功能的社区服务设施网络。

（二）促进各地区基本公共服务均等化

（1）推进落实主体功能区基本公共服务政策。对优化开发区域和重点开发区域，要根据工业化、城镇化需要，加强基本公共服务能力建设，使基本公共服务设施布局、供给规模与人口分布、环境交通相适应。政府应根据不同片区量身定制相应的基本公共服务的标准，根据不同片区的资源环境承载能力和特殊功能定位，加大财政转移支付力度，提高基层政府提供基本公共服务和落实各项民生政策的能力，保障基本公共服务水平不因经济开发活动受限而受影响。同时加大对困难地区基本公共服务支持力度。加大相对发达乡镇对欠发达乡镇基本公共服务发展支持力度，形成"以富带贫"新模式，促进个地区经济社会均衡可持续发展。

（2）加大困难地区基本公共服务支持力度。加大对贫困地区、革命老区、民族地区和集中连片特殊困难地区的基本公共服务财政投入和公共资源配置力度，政府基本公共服务投资项目优先向这些地区倾斜。鼓励发达地区采用定向援助、对口支援和对口帮扶等多种形式，支持这些地区发展基本公共服务，并形成长效机制。

（3）建立健全各地区基本公共服务均等化协调机制。完善基本公共服务政策宏观决策机制，建立各级政府之间的定期、规范、公开、透明的沟通协调机制，保持 QCP 区基本公共服务范围和标准基本一致，推动相关制度和规则对接，做好投资、财税、产业、土地和人口等政策的配套协调工作。着力强化基本公共服务均等化的规划和决策职能，重点强化 QCP 区政府服务规划、服务组织、服务实施、服务改进等执行职能，健全以各级政府为主、统一与分级相结合的公共服务管理体制。完善现有各地区协调机制，探索建立地区统一的基础设施和教育、医疗、文化、体育等公共服务共建、共营、共享。

五、保障措施

（一）组织实施

（1）创新工作运行机制。实施工作机制改革，实施双轨运行、独立履职、专人专职、授权到位，规范运作、简化程序，绩效管理、单列考核的日常运行发展管理机制。推行领导分区包片责任制和定点联系制度。加快电子政务、电子商务、网上服务的探索和建设，推进管理服务信息系统、行政审批系统、统计信息系统的应用拓展和功能提升。通过建设数字化政务平台，精简日常运行开支，提高日常运行效率。

（2）积极推进规划实施的协调工作。积极推进经济社会发展规划与城市空间规划、土地利用规划等之间的衔接配合。加强部门之间的协调，编制和协调好 QCP 区各项经济社会发展规划。确保上位规划、总体规划、专项规划的协调一致，加强经济社会发展规划、城市发展规划、土地利用总体规划之间的衔接配合，在总体要求上指向一致，在空间配置上相互协调，在时序安排上科学有序，不断提高规划的管理水平和实施成效。

（二）明确责任分工

本规划确定的各项指标和任务，要分解落实到各有关部门和各乡（镇、街道）人民政府。有关部门要按照职责分工，抓紧制定行业基本公共服务的具体标准，切实做好相关专项规划与本规划的衔接，并明确工作责任和进度。各乡（镇、街道）人民政府要在有关部门指导下，结合本地区实际，制订基本公共服务领域的行动计划。

（三）创新供给模式

（1）建立多元化公共服务供给机制。加强城乡基本公共服务一体化、均等化，加大农村基本公共服务支持力度。在政府实施有效监管、机构严格自律、社会加强监督的基础上，扩大基本公共服务面向社会资本开放的领域，推行多元化的基本公共服务提供方式。在实践证明有效的领域积极推进政府购买、特许经营、合同委托、服务外包、土地出让协议配建等提供基本公共服务的方式，抓紧研究制定分领域、分行业具体政策。充分发挥公共投入引导和调控作用，合理利用政府补贴供给方和补贴需求方的调节手段，探索财政资金对非公立基本公共服务机构的扶持，并积极采取财政直接补贴需求方的方式，增加公民享受服务的选择权和灵活性，促进基本公共服务机构公平竞争。提升社区基本公共服务能力，构建以社区为基础的城乡基层社会管理和公共服务平台。提高基本公共服务信息化水平，逐步有序扩大基本公共服务领域对外开放。

（2）鼓励社会力量参与公共服务。强化社会公众对基本公共服务供给决策及运营的知情权、参与权和监督权，健全基本公共服务需求表达机制和反馈机制，增加决策透明度。发挥各类社会组织在基本公共服务需求表达、服务供给与监督评价等方面的作用，把适合由社会承担的基本公共服务事项，以购买服务等方式交由社会组织承担。大力发展志愿服务，完善志愿服务管理制度和服务方式，促进志愿服务经常化、制度化和规范化，推动志愿服务与政府服务优势互补、有机融合。积极发展慈善事业，增强全社会慈善意识，积极培育慈善组织，完善慈善捐赠的法律法规和税收减免政策，充分发挥慈善在基本公共服务提供和筹资等方面的作用。

（3）加大投入力度，提高服务水平。扩大民生领域覆盖范围，不断优化财政支出结构，加大基本公共服务投入力度，逐步提高辖区常住人口平均基本公共服务支出水平。明确政府事权和支出责任，完善财政转移支付制度。努力拓宽基本公共服务资金来源，积极争取上级专项资金的支持。放宽准入领域，推进公平准入，鼓励民间资金、社会力量依法进入基本公共服务领域，鼓励企业、社会团体和公民个人捐赠公益事业。

（4）健全财力保障机制。各级政府要根据本地财力水平，加大财力统筹，合理确定与下级政府财政基本公共服务支出的分担比例，完善转移支付制度，保证本规划确定的各项基本公共服务目标任务及保障工程的投入，保证本级财政承担的投入分年、足额落实到位。严格规范财政转移支付管理和使用，确保资金按时足额拨付。

（四）人才培养

一是通过完善公开招聘、合同管理、专业培训机制，培养既有专业知识，又能深刻理解均等化政策目标和理念的政策执行者，逐步形成专兼结合、规模宏大、素质优良的基本公共服务工作力量，以保障执行工作的顺利完成；二是健全完善保障和激励机制，调动好基层社会工作者的积极性，设置专业社会工作和志愿服务岗位，健全社会工作者和志愿者参与基本公共服务供给的支持机制；三是建立专业队伍，优化人才队伍结构，重点加强党群工作者、村（居）干部、社会工作者、志愿者四支队伍建设；四是推行社工等级制、资格证制度、定期培训与考核制度，推动社工人才队伍职业化、专业化，着力提高社工人才履尽职责和服务城乡社区居民的能力。

（五）加强监督考核

加强基本公共服务领域统计工作，建立健全基本公共服务统计监测体系，及时掌握发展动态。区政府规划主管部门要按照全面性、代表性相结合的指标遴选原则，采用多指标综合评价、定量和定性相结合的评价方法，组织开展规划实施的中期评估和终期评估。区政府有关部门要加强对规划实施情况的动态监测分析，开展本领域基本公共服务评价，对出现的问题要及时与规划主管部门沟通并报区政府。强化人大、政协、社会公众对基本公共服务供给决策及运营的监督。建立基本公共服务综合评价制度，基本公共服务评价结果要与干部选拔、任用和内部激励相联系，增加基本公共服务绩效在干部政绩考核中的权重。增加基本公共服务预算透明度，加强对各项资金的审计和监管，建立并落实基本公共服务基础设施建设工程质量终身责任制和责任追溯。

执笔人：单琰秋、刘永华、沈霞、周陶、徐向峰、何一

参考文献

[1] 吴限，李礼，白莹，等．基于全民健康体检下的健康服务模式建设 [J]．中国农村卫生事业管理，2018, 38(11):1402-1404.

[2] 柴玉英，娜莎，陈斌．全民健康体检的实践与思考 [J]．中国现代医生，2017,55(24):136-139.

[3] 杨雪英．健康体检的意义及重要性 [J]．世界最新医学信息文摘，2015,15(2):170-171.

[4] 孙喜岩．健康管理在健康体检中的应用与价值评估 [J]．中国医药指南，2019,17(21):51-52.

[5] 黄颖．健康教育在健康体检中的重要性 [J]．家庭医药．就医选药，2016(8):100.

[6] 阮伟清，廖生武．在健康体检中开展健康教育的问题及对策 [J]．中华医学教育探索杂志，2013(11):1180-1184.

[7] 李琳，阮源．健康体检中健康管理的有效运用分析 [J]．临床医药文献电子杂志，2020(51):48,53.

[8] 周凤娟．智力低下的遗传成因、再发风险及干预措施 [J]．中国优生与遗传杂志，2008(9):134-136.

[9] 王静．大健康产业视野下农村居家养老模式和发展路径研究 [J]．农村实用技术，2019(2):31-33.

[10] 王延涛，王媛杰．我国居家养老社区支持的现状、困难及建议 [J]．现代管理科学，2018(7):45-47.

[11] 王思佳．我国社区居家养老模式的发展路径与建议 [J]．统计与管理，2017(7):130-131.

[12] 杨成波．农村居家养老服务供给模式和对策建议 [J]．农业经济，2015(11):88-90.

[13] 刘益梅．社区居家养老服务模式的实现路径探讨 [J]．新疆师范大学学报 (哲学社会科学版)，2014.

[14] 俞贺楠，王敏，李振．我国社区居家养老模式的出路研究 [J]．河南社会科学，

2011,19(1):202-205,219.

[15] 阎青春 . 四种居家养老服务模式的 "利" 与 "弊" [J]. 社会福利 , 2009(3):19-20.

[16] 孙世会 . 医养教模式 : 养老经济背景下多产业融合研究 [J]. 中国卫生事业管理 , 2018,35(4):315-317.

[17] 李权 , 张永进 , 谢朝娟 . 贵州省黔东南州健康养老养生产业发展策略研究 [J]. 凯里学院学报 , 2019,37(6):65-68.

[18] 徐杰 , 李瑞敏 . 我国县域机构养老发展中的问题与对策 : 以乳山市为例 [J]. 中共青岛市委党校 . 青岛行政学院学报 , 2018(6):99-103.

[19] 张旭 . 县域政府购买居家养老服务 : 成效、问题及路径构建 : 基于 N 市 J 区的实证分析 [J]. 云南行政学院学报 , 2019, 21(2):140-146.

[20] 石卷苗 . 社会组织参与城乡居家养老服务研究 : 基于 C 镇社会组织参与城乡居家养老服务项目分析 [J]. 中国商论 , 2018(29):178-180.

[21] 庄彤 . 激励视域下社会组织参与社区居家养老问题研究 [J]. 山西青年 , 2017(12):80-81.

[22] 张乃心 , 姜文丽 , 任素娟 . 辽宁省的居家养老服务现状与发展对策 [J]. 经营与管理 , 2015(6):140-141.

[23] 韩艳平 . 社会组织参与城市居家养老服务模式研究 [J]. 开封教育学院学报 , 2019,39(7):278-279,287.

[24] 牛梦洁 , 曾瑞明 . 城市带动农村 : 居家养老服务城乡均衡发展路径 [J]. 劳动保障世界 (理论版), 2013(10):4-5.

[25] 苟欢 . 多中心治理视野下公共服务供给机制的改善 : 以 N 市 J 区政府购买居家养老服务为例 [J]. 四川理工学院学报 (社会科学版), 2013,28(5):19-23.

[26] 黄璇 . 促进社会公平正义 , 提高人民幸福指数 [J]. 考试周刊 , 2017(20):188-189.

[27] 熊烨 . 从人民幸福指数看国民幸福感 [J]. 商 , 2016(16):72.

[28] 龚传洲 . 从幸福指数到人民幸福 : 兼论民生问题对人民幸福的影响 [J]. 党政论坛 , 2013(10)43-45.

[29] 杨钊 , 孙彤 . 基于内核驱动的区域人民幸福指数评价模型构建 [J]. 当代经济管理 , 2013, 35(6):44-47.

[30] 郑晓云 . 谈道德建设在中国人民幸福指数提升中的作用 [J]. 才智 , 2012(16):190.

[31] 梁亚雄 , 李欣 . 我国公民幸福感与社会主义核心价值观研究 [J]. 传承 , 2013(2): 8-9.

[32] 王北阳 , 赵平 . 论 "精神富民" 的内涵与实现路径 [J]. 宿州学院学报 , 2015,30(5):

7-11.

[33] 赵静.居民生活幸福指数及影响因素调查分析：基于西安市长安区的调研 [J]. 中外企业家 , 2019(20):230.

[34] 徐贵宏，唐青青.我国城镇居民幸福指数的现状调查及研究 [J]. 人才资源开发，2018(3):13-15.

[35] 喻玉峰，张义先，李一平.2016 年佛山市某镇幸福指数调查报告 [J]. 中国劳动，2017(12):52-57.

[36] 赵雨洁.新时期农民满意度调查报告：来自崇左市江州镇 X 村农民生活满意度调查 [J]. 智库时代 , 2017(14):60-61.

[37] 姚倩.城乡老人生活保障满意度的影响因素研究 [J]. 广西质量监督导报，2019(10):81-82.

[38] 石升起，姚本先，吴庆国.城市居民幸福指数调查问卷的编制：以安徽省芜湖市为例 [J]. 中国卫生事业管理 , 2017, 34(4):313-315.

[39] 石升起，姚本先.城市居民生活满意度问卷的编制 [J]. 心理技术与应用，2014(10):24-29.

[40] 刘杰，李继波，黄希庭.城市幸福指数问卷的编制 [J]. 西南大学学报 (社会科学版), 2012,38(5):92-99,174-175.

[41] 许凌凌，吴庆国.构建和谐社会背景下芜湖市居民幸福指数问卷的编制及应用[J]. 学理论 , 2012(6):20-21.

[42] 姚本先，石升起，方双虎.生活满意度研究现状与展望 [J]. 学术界 , 2011(8):218-227,289.

[43] 王伟，辛志勇.农民生活满意度的结构及问卷编制 [J]. 中国健康心理学杂志，2011,19(7):878-881.

[44] 刘畅.城乡居民幸福指数调查：以 2014 年 K 市为例 [J]. 河南财政税务高等专科学校学报 , 2017, 31(1):22-25.

[45] 方纲，风笑天.城乡居民主观幸福差异及其影响因素研究：以成都市为例 [J]. 人口与发展 , 2009,15(6):74-81.

[46] 孙雷雷.幸福的内涵及其建设问题管窥 [J]. 山东工会论坛 , 2016,22(1):103-106.

[47] 吕忠梅.寻找长江流域立法的新法理：以方法论为视角 [J]. 政法论丛 , 2018,(6):67-80.

[48] 刘陶.新时代长江流域水生态保护与修复研究 [J]. 长江大学学报 (社会科学版), 2018,41(5):60-64,98.

[49] 马建华. 深入践行新要求新思路统筹推进"四个长江"建设 [J]. 中国水利, 2018(24):45-46.

[50] 曾刚, 杨舒婷, 王丰龙. 长江经济带城市协同发展能力研究 [J]. 长江流域资源与环境, 2018, 27(12):2641-2650.

[51] 陈文彬, 王梅, 虞同文. 长三角区域交通一体化研究 [J]. 交通与航, 2019, 6(6):10.

[52] 李 强. 长江流域生态环境改善及发展策略 [J]. 长江技术经济, 2019, 3(增刊 1):13-15.

[53] 巨文慧, 孙宏亮, 赵越等. 我国流域生态补偿发展实践与政策建议 [J]. 环境与发展, 2019, 31(11):1-2, 8.

[54] 陈维肖, 段学军, 邹辉. 大河流域岸线生态保护与治理国际经验借鉴：以莱茵河为例 [J]. 长江流域资源环境, 2019, 28(11):2786-2792.

[55] 段学军, 王晓龙, 徐昔保, 等. 长江岸线生态保护的重大问题及对策建议 [J]. 长江流域资源与环境, 2019, 28(11):2641-2648.

[56] 刘冬, 杨悦, 邹长新. 长江经济带大保护战略下长江上游生态屏障建设的思考 [J]. 环境保护, 2019, 47(18):22-25.

[57] 刘鹏程. "三江合流"润夕阳：四川省宜宾市医养融合共同体创建纪实 [J]. 中国社会工作, 2017, (26):32-33.

[58] 谢明均, 杨利, 谢钢, 等. 地市级城市构建城乡区域紧密型医联体的实践探索：以四川省宜宾市为例 [J]. 现代医院管理, 2017, 15(4):18-21.

[59] 徐沛. 川渝地区医疗卫生资源与居民健康水平的时空关系研究 [D]. 华中师范大学, 2018.

[60] 陈虹. 探寻基层医联体财务运作模式：以宜宾市第一人民医院屏山院区为例 [C]. 中国武汉决策信息开发中心、决策与信息杂志社、清华大学经济管理学院. 决策论坛：科学制定有效决策理论学术研讨会论文集（下）, 2015:140.

[61] 张雪莉, 潘惊萍, 张子武, 等. 四川省民族地区和非民族地区基层医疗卫生机构卫生人力资源差异性分析 [J]. 医学与社会, 2017, 30(10):25-28.

[62] 张凤娥. 关于医疗废物微波消毒处置过程废气处理措施的探究 [J]. 山西化工, 2019, 39(6):152-154.

[63] 李培艺, 曾文麒, 陶文娟, 等. 基于 QUALICOPC 的四川省不同经济发展地区基层医疗机构服务的综合评价 [J]. 中国卫生事业管理, 2019, 36(12):881-884.

[64] 冉冉. 屏山县医疗卫生人才"岗编适度分离"改革存在问题与对策研究 [D]. 四川农业大学, 2019.

[65] 乐山市贫困县贫困村贫困户退出实施方案 [N]. 乐山日报 , 2016-12-21(001).

[66] 赵关维 . 基于公共服务均等化的贫困村退出机制探讨 [J]. 中国统计 , 2016, (12):72-74.

[67] 李慧 . 贫困退出如何"退" [J]. 共产党员 (河北), 2016, (17):4.

[68] 潘文静 . 注重脱贫质量 分级有序推进 [N]. 河北日报 , 2016-05-17(002).

[69] 佚名 . 我国贫困退出机制将逐步实施 [J]. 老区建设 2016, (9):6.

[70] 张琦 , 史志乐 . 我国农村贫困退出机制研究 [J]. 中国科学院院刊 , 2016, 31(3): 296-301.

[71] 崔慧广 . 县域基本公共教育服务均等化 : 分析框架、评价指标与测算方法 [J]. 教育理论与实践 , 2014, 34(31):18-22.

[72] 朱君 . 县级公共文化服务财政投入现状与问题研究 [D]. 上海交通大学 , 2014.

[73] 吴理财 . 构建县域现代公共文化服务体系要注重可及性 [J]. 中国乡村发现 , 2014 (3):65-68.

[74] 任丽娟 . 省直管县体制下县域公共品提供的研究 [J]. 市场研究 , 2014 (8):49-50.

[75] 杨运姣 , 郑金婉 . 基本公共服务均等化视角下的县域文化资源配置问题研究 : 以浙江杭州淳安县为例 [J]. 管理观察 , 2015, (36):36-38.

[76] 饶丽红 , 李法运 . 县域电子公共服务提供模式优化 : 以福建省县域为例 [J]. 物流工程与管理 , 2015, 37(12):81-83.

[77] 左邦莉 . 县域公共教育服务体系存在的问题与对策研究 [D]. 湘潭大学 , 2015.

[78] 郑旗 , 张鹏 . 县域公共体育设施服务质量评价与改进 : 基于 IPA 分析与实证 [J]. 上海体育学院学报 , 2015, 39(6):11-15.

[79] 师玉朋 , 马海涛 . 县域公共服务供需结构匹配度评价 : 基于云南省的个案分析 [J]. 财经研究 , 2015, 41(11):34-43.

[80] 于平 . 我国基本公共服务均等化研究述评 : 基于 CiteSpace 的可视化分析 [J]. 中共青岛市委党校 . 青岛行政学院学报 , 2016, (6):43-47.

[81] 梁朋 . 推进基本公共服务均等化是实现共享发展的现实路径 [J]. 晋阳学刊 , 2016, (6):134-139.

[82] 王云娣 . 基本公共服务均等化视阈下的信息资源协同开发研究 [J]. 情报资料工作 , 2016, (6):63-67.

[83] 冯新为 . 病理生理学 [M]. 北京 : 人民卫生出版社 , 1985.